JN200232

# 専門書を読む

## 教員と学生でつくる10講座

吉田 文／濱中淳子／渡邉浩一［編著］

ミネルヴァ書房

# はしがき

　大学生になったら専門書を抱える……という構図は，今やどのキャンパスでも通用するものではない。こうしたなかで教鞭をとるわれわれの愚痴の1つが，「学生，本，読まないよね」である。そうはいっても，専門書の読み方を教えているという話もあまり聞かない。したがって，責は学生だけにあるとは言えない。では，学生に専門書を読ませる授業をしたら，学生は読めるようになるのか，自発的に専門書を手に取るようになるのか。こんな思いを抱える人文社会科学系の大学教員が集まって，本書は作られた。

　各自の担当授業で学生に専門書を読ませ，その記録をつけ，持ち寄って議論し，書籍にまとめた。一方で授業をし，他方でそれを相対化して記録するという2つの役割の同時並行である。この企画をわれわれは「実験」と呼んだ。研究の一環としての実験には程遠いが，通常の授業の実践だけではない。授業としての成果をどこに置くかを定め，それに至る過程を企画して授業を行う。そして，実際の授業実践の過程を記録し，当初の目的がどのようにどこまで遂行されているかを振り返る。こうした取り組みを「実験」と称すことにした。そして，ここでは学生がどこまでできるようになるかということ以上に，教員としてどこまでできるかを問うことに主眼を置いた。言ってみれば，FD（ファカルティ　デベロップメント）としての意図をもつ。

　したがって，本を読む習慣をもつ学生があまり多くない大学を，意図して対象として選定した。タイトルには専門書と銘打ってはいるものの，実際に取り上げた書籍が学術専門書に限らないのは，こうした学生のタイプとも関わってのことであり，学生が少し背伸びして，読んで，理解して，議論できると思われる書籍を選んだ。書籍のタイプは，執筆者の研究領域や担当授業の内容に関連することは当然として，古典，理論書，社会問題を扱った書籍とバラエティに富んでいる。

　実施方法はさまざまであるが，そのゴール，言い換えれば，FDとしての成

果をどこに求めるかもさまざまである。そのことと関わって，取り組みのまとめ方もさまざまである。

　こうなったことの理由は，必然であった。というのは，この取り組みを通してあらためて気づいたのだが，専門書を読む授業を通して，学生は何ができるようになればよいのか，実は，明確な正解はないということだ。他方で，文章を書くことのゴールは概ね一義的に決めることができ，それに至る道筋も比較的容易に構築することができる。そのため，アカデミック・ライティングは，多くの大学において初年次教育のなかに定位置を占めている。

　それとは対照的に，本の読み方は多様であり，それでもってよしとされている。読めるようになる過程や読みの深さや幅広さなどは，どのように示すことができるのか。それを統一的に明確に示すことは，限りなく困難である。このような特性をもつ読書を，ある基準によって評価する授業のなかに置くことは，どこか矛盾を感じる。執筆者は皆，そのことをわかっていながら，敢えてそれに挑戦したのである。依拠すべきマニュアルがないなかで，これまでの経験にもとづき新たな試みを重ねつつ，学生がいかにして本を読めるようになるかを模索した。

　このように，本書は，執筆者の個々独立した記録であるため，どこからでも読むことができる。そのため，構成する単位を「章」ではなく「講」とした。

　さて，二重の意味での「実験」がどこまで成功したかといえるか，FD論として使うことは可能か，われわれの創意工夫のほどを読み取ってもらいたい。

2024年12月

吉田　文

# 専門書を読む

教員と学生でつくる10講座

## 目　次

はしがき

---

### 第Ⅱ部　理論を摑む

---

## 第4講　法学部新入生と『なぜ歴史を学ぶのか』を読む

## 第5講　『独裁者のためのハンドブック』『多数決を疑う』を
ゼミで読んでみた

## 第6講　自ら考える読書を目指して

# 大学生と学術専門書

吉田　文

## 1　要請される読書

　大学生と読書は，切っても切り離せない関係とされている。毎年4月になると，新入生にすすめる本の特集を多くの大学が公表する。たとえば，東京大学出版会のPR誌『UP』の4月号では「アンケート　東大教師が新入生にすすめる本」という恒例企画がある。これは1988年から30余年にわたって継続しており，それら数年分をまとめたものが書籍として，これまで4冊刊行されている（文藝春秋 2004, 2009, 東京大学出版会 2012, 2016）。広島大学は，教員が新入生のために選んだ101冊の書籍に解説文を付した読書案内書を『大学新入生に薦める101冊の本』として刊行している（広島大学101冊の本編集委員会編 2009）。また，全国大学生活協同組合連合会は，さまざまな読書推進活動を行っているが，そのうちの1つ「『読書のいずみ』Selection　大学生になったらコレを読もう！」（全国大学生活協同組合連合会 n.d.）で，ここでは新入生に向けた推薦図書を挙げている。それ以外にも「学生・院生からのおすすめ本」，「生協職員からのおすすめ本」といったコーナーを設け学生を読書へいざなっている。

　では，これら大学新入生のための書籍とはどのような書籍だろうか。東京大学の場合は，「①私の読書から——印象に残っている本」，「②これだけは読んでおこう——研究者の立場から」，「③私がすすめる東京大学出版会の本」，「④私の著書」という4つの観点からの書籍が推薦されている。当然ながら②〜④は教員の専門分野に関する図書であり，①に関しても教員の専門分野と関係のある図書である場合が多い。広島大学が編纂した101冊の本は，「第一章 教養

への誘い」，「第二章　人間の記録」，「第三章　パラダイムを超えて」，「第四章　戦争と平和への希望」，「第五章　現代の重要問題」と5つの観点から各20冊前後の図書が列挙されている。ここには，一方で，エンデの『モモ』や辻邦生の『安土往還記』といった小説が含まれ，他方で，フーコーの『監獄の誕生』やチョムスキーの『生成文法の企て』といった古典級の専門書も多く含まれており，東大の新入生にすすめる書籍よりもバラエティに富んでいる。

　これら大学が提示する読書リストのまとめ方の観点はそれぞれだが，1つの共通点がある。それは，いわゆる専門書，学術書と言われる書籍が一定以上の比重を占めていることである。なぜ，専門書，学術書なのか。それは，大学での学習の，高校までのそれと比較した特徴にある。言うまでもないことだが，大学での学習は，特定の専門分野（ディシプリン）を集中的に学ぶことに主眼があり，しかも，その専門分野の知識を獲得するだけでなく，それらをもとに研究というスタイルをとって知識の生産に参加することに，初等中等教育と異なる特徴がある。そして専門分野の知識の獲得においても，必ずしも教科書があるわけでも，たとえ教科書があっても，それにすべてが網羅されているわけでもない。したがって，関連する複数の図書や論文にあたって学ぶことが必要になる。さらに，研究をするとなると，先行研究の検討として，これまで生産されてきた知識を渉猟し，その到達点や問題点を探すことが前提になるため，自ずから専門書や論文を読みこなしていかねばならない。そう，大学での学習には，専門書を読むことが不可欠なのだ。そして，鉄は熱いうちに打て，の比喩の通り，大学は，新入生に対して読書の大切さを訴え，専門書を含んだ読書リストを作成しているのである。

　ところで，ウェブの検索サイトに「大学生」，「読書」といったキーワードを入力すると，検索結果には，大学が作成する読書リストとはやや異なるウェブ・サイトが，複数登場する。それらは就職転職支援の企業が作成したものであり，大学生が労働市場でよりよい機会を得るためには，読書が要になると説くことに共通点がある。たとえば，大学生は「将来について真剣に考えなければいけない」時期であると促し，その糧としての読書が必要であるという。続けて，読書をすると，「新しい考え方や価値観に出会える」，「論理的思考と考

察力を養う」など，自己の諸能力の向上に役立つという効用を説く。なかには，年収が高い世帯は書籍購入費が高い傾向にあることを根拠として，読書が収入アップにつながると，読書をストレートに金銭的効用として説くものもある[1]（DMM WEBCAMP）。これらをまとめれば，「読書をすることで他の人に差をつけられる」（パーソナルキャリア 2023）ということであり，その「差」とは，就活やその後の職業キャリアの諸条件を指しているのである。

　これらのリストをみると，大学が推奨する読書リストとは異なり学術的な専門書はほとんどなく，むしろビジネス書や自己啓発本の類が列挙されていることを共通とする。たとえば，『嫌われる勇気』，『金持ち父さん貧乏父さん』，『20代にしておきたい17のこと』，『ライフ・シフト——100年時代の人生戦略』といった書籍は，複数の企業のウェブ・サイトで推奨されている。これらビジネス書や自己啓発本は，これからの職業キャリアに対し速攻で効果をもたらすことを謳っている。

　では，大学生はどのような書籍を読んでいるのであろう。全国大学生活協同組合連合会の「『読書のいずみ』Selection　大学生になったらコレを読もう！」は，この活動に関わっている大学生が実際に読んで，そのうえで推奨する書籍から構成されている。「Step1 小説編」，「Step2 教養編」，「Step3 専門分野入門編」に分類され，各8〜9冊が挙げられている。たとえば，小説では，中島敦の『山月記・李陵』といった古典に属するものもあるが，どちらかといえば，梨木香歩の『雪と珊瑚と』のような現代の小説家の作品が多い。専門書もその傾向があり，1990年に出版された鈴木孝夫『日本語と外国語』は古い時代に出版された部類に属し，エレン・ノットボム『自閉症の生徒が親と教師に知ってほしいこと』，穂村弘『短歌ください』など2010年代に出版された書籍が多くを占める。しかしながら，就職転職支援企業がすすめるビジネス書や自己啓発本は見当たらない。

---

（1）　年収が高い世帯は書籍購入費が高いという事実をもって，読書が収入アップにつながると説くのは，論理を逆に用いた説明である。すなわち，このデータは，高収入であるがゆえに書籍購入に割く費用が多いことを示してはいるが，読書することで高収入になれることを示しているわけではない。しかしながら，読書の将来的な効用を説くために論理を逆転させた説明が用いられることに，読書の将来的な効用を示すことの困難さを見ることができよう。

このようにみると，大学関係者は，これから大学生活が始まる学生に対して，学生生活の一環に読書，それも専門学術書の読書を位置づけようとし，就職・転職支援企業は，大学生に対して，大学卒業後の職業キャリアの条件向上を目的として，ビジネス書や自己啓発本の読書をすすめている。そして当の読書する学生たちが推奨する小説や専門書は，教員がすすめる専門書よりは読みやすいレベルのものであり，ビジネス書や自己啓発書とは一線を画している。教員，産業界，その狭間にある学生，それぞれがすすめる書籍は，なかなか重なるものではない。ただいずれにせよ，大学生は，読書すべき存在，読書せねばならない存在として位置づけられている。

## 2　読書が作った身分文化

　では，大学生と読書とを結びつけて考える社会は，いつ頃から形成されていたのだろう。少し歴史をさかのぼってみることにしよう。諸研究によれば，日本では，大正期には大学生や旧制高校生の読書が，一般大衆の読書とは異なる存在として認識されるようになったという（永嶺 1997，竹内 1997）。当時の大学生や旧制高校生は，当該年齢人口比にしてみれば1％にも届かないほどであり，雲の上の存在である。それらの人々は，「知識階級[2]」というカテゴリーを付与され，そしてその「知識階級」が階級たる所以が読書であり，彼らがどのような書籍を読むのか，あるいは，読むべきかが盛んに議論されるようになる。

　では，当時の学生たちはどのような書籍を読んでいたのだろうか。大正から昭和期にかけて，文部省，あるいは，個別の高等教育機関による学生生徒生活調査がたびたび実施されている。そこには，学生や生徒の読書調査が含まれており，「最近読みて感銘を受けたる書籍」として書籍名を列挙する形式の質問項目がある。個別の書籍名を記述させる形式で調査が成り立っていることは，列挙される書籍が一定の範囲に集中していることを意味している。それはまた，

---

(2)　知識階級とは，労働者階級を中心とした大衆の識字率の上昇にしたがって，大衆読者層が成立したことに対する，それとは差異化するものとして成立した。知識階級とされるカテゴリーは，高等教育機関の学生にとどまらず，多様な職業従事者を含むが，高等教育を受け，大衆とは異なる水準の高い内容の読書をすることを共通項としていたという（永嶺 1997，p. 28）。

学生間にそれらの書籍を読むべきものとする認識が共通にあったことを意味している といってよいだろう。

　とりわけ旧制高校生が読む書籍としては，阿部次郎『三太郎の日記』，西田幾多郎『善の研究』，倉田百三『愛と認識との出発』など日本の哲学書，ゲーテ『ファウスト』，ニイチェ『ツァラトゥストラ』，カント『純粋理性批判』などの西洋の哲学書が頻出している。また，旧制高校での学生生活の回顧録などにも，これらの書籍を手にしていたことが多く記されている。

　旧制高校は，旧制中学における教科型の学習を終え，教育段階でもっとも厳しいとされた受験を踏破した特権層の集う場である。加えて，大学進学が制度的に保証されていることによる学習の自由が許された場でもあった。そこで愛好されたのが，こうした哲学書であり，それらは，旧制高校生を象徴する身分文化であったといってよい。こうした旧制高校生の読書傾向に対しては，「教養主義」という名が与えられている（筒井清忠 1995，竹内 1997）。

　これらの哲学書と並んで，あるいはそれ以上に愛好されたのが総合雑誌であり，『中央公論』，『改造』，『文藝春秋』がその代表である。これらの雑誌は，知識階級をターゲットにすることを明確に謳い，大衆向けの雑誌とは読者層を異にしていることを売りにしていた。そして，読者層もそれを受け，旧制高校生のみならず，大学生も，これらの雑誌を読むことを学生生活の一部としていた。

　哲学書，総合雑誌を片手にして議論する傾向は，大正から昭和に時代が移行する頃に，変化を迎えることになる。それはマルクス主義の登場である。マルクスの『資本論』，『ドイツ・イデオロギー』をはじめとしてエンゲルス，クロポトキンなどが，それまでの哲学書にとって代わる（竹内 1999）。しかしながら，マルクスに代表される社会主義思想は危険思想とされ，これらを信奉する学生は左傾学生と称され，彼らは官憲の取り調べの対象となり，場合によっては検挙に至ることもあった。そして，学生がこの危険思想を吸収する場が，旧制高校や大学における社会科学研究会や読書会であり，したがって読書は危険思想温床の場とみなされたといってよい。思想にもとづいた運動発端の場となる研究会や読書会は禁止されていき，関連書籍や雑誌の読書禁止，閲覧禁止と

いう措置が取られるのであった（荻野 2007）。

　このように第二次世界大戦以前の30〜40年は，大学生や旧制高校生は，大衆の手には届かない哲学書，思想書，総合雑誌のページをめくること，書籍について他の学生と言葉を交わすこと，こうした行為によって自他ともに認める知識階級となっていた時代であった。その点で，学生と読書は切り離すことができなかった。旧制高校や大学が読むべき書籍をリスト化していたわけではない。しかし，旧制高校生，大学生になったことの証として，学生は自らこれらの書籍を手にしたのであった。共通した書籍の読書によって構築されるこうした学生の身分文化は，第二次世界大戦後も1960年代まで継続していたが，その傾向は急速に崩壊していったという（竹内 2003）。

　1970年代終わりに大学生活を始めた筆者にとっては，共通の書籍の読書という学生文化の存在は，あまりなじみがない。それでも『思想』や『世界』といった総合雑誌を手にとり友人と語らうといった程度の経験は辛うじてあったし，数人の仲間と当時評判になった小説や評論の読書会をしたことはある。時を経て教壇に立つ側になって，現代の学生に『思想』や『世界』の話をしても通じないばかりか，何か共通に読む書籍があるかと尋ねてもこれと言った回答は得られない。現代の学生にとって読書は，どのように位置づいているのだろうか。

## 3　失われた読書文化

　現代の学生の読書時間に関しては，全国学生生活協同組合連合会が読書時間調査を2004年から毎年実施している。この調査で話題になるのが，１日の読書時間が０分の学生の存在である。その比率は，2004年で38.7％，2013年には40.5％と40％台に入り，それから４年後の2017年には53.1％と半数を越えた。この結果は，メディアを賑わせ，大学生の読書離れが問題視された。その後は，若干減少したものの，ほぼ50％弱で推移をしており，2023年は大学生の47.4％は１日にまったく本を読んでいない（全国大学生活協同組合連合会 2024）。

　他方で，読書する学生の読書時間はどのように分布しているのだろうか。

2022年の状況をみると，30分未満が9.0％，30〜60分未満が10.6％，60〜120分未満が18.7％，120分以上が8.7％と分布しており，60分以上を読書に当てる学生の比率は27.4％である。そして，その比率は徐々に上昇していることを指摘したい。たとえば，約10年前の2011年の60分以上読書している学生の比率は20.5％である。1日に60分以上を読書にあてる学生の比率は，10年間に2割から3割にまで増えているのである（全国大学生活協同組合連合会　2023）。さらに，まったく本を読まない学生を除いた学生の1日の読書時間の平均をみると64.7分であり，1時間を越えている。そして，この時間の2004年からの推移をみると，もっとも短い2013年の45.6分以後は徐々に増加し，2018年には60分を超え，それ以降も増加傾向にある。

　これらから，読書とまったく無縁な学生が半数程度存在するが，読書をする学生は1日に平均して1時間程度はそれに当てていることがわかる。読書に関する学生のタイプは読書をする層としない層とに二分し，読書する学生は以前よりも長時間，読書にあてているといってよいだろう。

　ところで，学生はどのようなタイプの書籍を読んでいるのか。この調査では，書籍のタイプを特定してはいないものの，「読書」にどの範囲を含んで考えているかに関して聞いている。その2020年の調査によれば，「趣味や関心のための書籍のみ」を読書と考える学生は，42.5％であるが，そうした書籍以外も読書の範疇に入ると考えている者は53.4％と，読書の範疇に書籍以外も含んで考える者の方が多い。では，「書籍」に加えて何を読書とみなしているかといえば，「趣味・情報雑誌」を含む者（26.5％），「コミックス」を含む者（19.6％），「まんが雑誌」を含む者（12.9％）となり，大学生の読書の範囲はかなり広いことがわかる（全国大学生活協同組合連合会　2020）。

　この調査では，「趣味や関心のための書籍」をコミックや雑誌とは区別しているが，大学生がどのようなジャンルの「書籍」を想定しているのかまでは，わからない。先に見た，大学や大学生協の読書リストには多くの専門書が1つのカテゴリーとして位置づけられていた。それは大学教育において専門書が重要な位置づけをもち，大学生ならではの読書の対象と位置づけられているからにほかならない。当の大学生は，ここでいう「趣味や関心のための書籍」に専

門書を含んで考えているのだろうか。それを類推できるのが、ある教育系の大学生（主に1年生）54人に対するアンケート調査である（小森　2009）。この調査では、各種の活字メディアを「読む」という言葉で表現するのが適切か、「読書」という言葉が適切か、そのあてはまりのよさの程度を聞いている。ここで、「読む」という言葉が適切とされるジャンルの上位10位をみると、新聞、エッセイ、短編小説、製品の取説、童話、漫画・コミック、聖典・聖書、ケータイ小説、長編小説などの順に並び、それらに続いて「教科・専門書」が辛うじて10位に登場する。他方、「読書」が適切とされるジャンルは、長編小説、短編小説、エッセイ、童話、詩集、聖典・聖書、日記・伝記、マナー本、絵本、ケータイ小説と並び、多くが「読む」ジャンルと重なっているが、ここに「教科・専門書」は登場しない。すなわち、「教科・専門書」は「読む」ものではあっても、「読書」の対象ではないということだ。ここから類推するに、「読書」の対象とは、一定の分量の文字数があり、ストーリー性のある内容をもつジャンルの紙媒体であり、それに自ら好んで手を出す行為が「読書」とされているのではないだろうか。大学生協の調査で用いられている「趣味や関心のための書籍」とも重なりを持つと思われる。それに対し、「教科・専門書」は、一定の分量の文字数はあるものの、そこから小説のようなストーリー性を読み解くのは容易ではなく、趣味や関心を満たすための活字メディアとされることもあまりなく、さらに言えば、自ら進んで読書するものでもないのだろう。

このように描写される現代の大学生の読書へのスタンスに、旧制高校生や大学生が読書を1つの核として形成していた身分文化どころか、学生文化をみることもできない。旧制高校生や大学生は、自他ともに認める知識階級になるためには、大衆には手の届かない哲学書、思想書、総合雑誌を読むことが必須とされ、それに励まねばならないと自覚して臨んだ。そして、それらの書籍もある程度の共通性があった。したがって、それらの書籍について、友人と語り合うこともあったろうし、読書会といった組織化された読書活動もあった。こうしたことで、書籍を介しての身分文化が形成されたのである。

こうした文化の消滅は1960年頃とされているが、新潟大学の卒業生調査は、その裏づけとなることを教えてくれる（藤村 2004）。第二次世界大戦以前の卒

業生と第二次世界大戦後から1960年頃までの卒業生がもっともよく読んだ書籍は専門書で，その比率は80％を超えている。しかし，それ以降，1980年頃までの卒業生になるとその比率は70％弱に下がる。専門書に次ぐのが教養書だが，1960年以前の卒業生は65％が教養書を「よく読んだ」と回答しているが，それ以降の世代は35％程度である。思想書に関しては，1960年以前の卒業生で「よく読んだ」と回答する者は55％程度，それ以降の世代は20％弱である。1960年以前の卒業生と1960年以降の卒業生とで読書傾向に断絶がある。そして，1960年以前の世代のこれらのジャンルの書籍，とくに，教養書の読書量に影響を与えているのが，「友人との会話」や「読書会」なのである。他方で1960年以降の世代では，「読書会」への参加は，教養書の読書量に影響を与えていない。教養書のような書籍は，友人との語らいや読書会へ参加により，皆で読む，皆で議論するという行為によって多く読まれていたのであり，それが学生の身分文化形成に与っていたと言えよう。

　現代の大学生を取り巻く活字メディアは，きわめて多様である。誰もが手にする共通の書籍はなく，したがって書籍について議論するという風潮もない。むしろ読書は，個人の趣味や関心にしたがって選択される個人的行為になったことを意味するのではないだろうか。大学から読書の必然性が消滅し，読む人は読むが，読まない人は読まないという二分化した状況になっている。確かに，オンラインも含めた読書会が復権しているとも言われる。しかし，これが大学生を中心として構成され，学生文化として位置づけられるかといえばそうではない。

　そして，個人の読みたい書籍を読むことが読書となった現在，読みたい書籍に学術専門書が入ることは多くはない。なぜならば，大学生になるまでの読書の対象は，やはり小説が中心だからである。高校生1000人強を対象にした読書調査をみると（LINEリサーチ 2021），ふだん読んでいる本のジャンルとして「小説・ライトノベル」が圧倒的に高く，男子79.9％，女子81.7％がそれを選択している。第2位に位置するのは，女子は「写真集・タレント」で27.4％がそれを選び，男子は「エンタテインメント・ゲーム」で18.5％が選んでおり，第1位の「小説・ライトノベル」との差はきわめて大きい。高校生の読む書籍

は，小説をおいて他にないといってよいだろう。

　大学生になって，これこそ読まねばならないという観念に取りつかれるような共通の専門書はないうえ，専門書は小説のストーリーを追って読むようには読めないため取りつきにくさはある。したがって，専門書を小説と同類の読書の対象と考える大学生は多くはならないだろう。大学や大学生協がどれだけ専門書を推奨しても，大学生の置かれた環境との懸隔を埋めることは容易ではない。

## 4　専門書への挑戦

　こうした大学生の読書に対するスタンスに直面しているのが，人文社会科学系の大学教員である。人文社会科学系の学問は，専門書を読むことを前提としているため，大学生の多くに読書習慣がない，専門書を読んだ経験が乏しいという状況において，専門書をどのように読ませるかに日々苦慮している。せめて新書の1冊くらい楽に読めるようになってほしい，と願う教員は少なくない。では，どのようにしたら専門書が読めるようになるのか。おそらく大学時代にしか読まない，1人だったらまず読まない専門書を，授業の中で皆で読んでみたらどうだろう。まずは，自分の担当する授業において計画をしてやってみようと，手探りの実践を始めた。その記録が本書である。

　この試みに賛同して参集したのは総勢10名。人文社会科学系を専門とするものの，哲学，西洋古典学，歴史学，経済学，政治学，国際関係論，心理学，科学技術社会論，教育社会学と多様である。教員の中には，もちろん，これまでに学生に専門書を読ませる授業を行ってきた者はいるが，それをあらかじめ計画し，それにしたがって実践し，その実践を記録し，記録にもとづき実践を振り返るという手続きを経て行ってきた者はいない。学生はどのように読むのか，読んで何を考えるのか，途上で読み方や考え方は変化するのか，こうした観点から学生と読書の関係のプロセスの詳細を記録しつつ，他方で，教員としてどのように準備し，学生にどのように対応したかも合わせて記録する。学生の変化とともに，教員としての自身の対応とそれへの反省を含んで実践記録とする。

本書の他の類書と異なる売りは，こうしたところにあると考えている。

　というのは，教員の読書指導によって大学生がどのように変容するか，その効果を測定する研究は，すでに一定の蓄積がある（たとえば，守・川島 2019，片山 2015，寺田 2022など）。われわれが目指したのは，それらとは異なる。学生側の変化を追うことはもちろんであるが，そこに教員がどのような計画のもとで，どのように関わったかという教員と学生との相互作用に着目し，そのプロセスを記録することに主眼を置いた。また，先行研究の批判的検討のうえに新たな知見を提示する，研究という手法をとったわけでもない。手探りの実践記録であり，学生論というよりはFD（ファカルティ・ディベロップメント）論を目指したと言った方が適切かもしれない。成功も失敗も含めて，学生に専門書を読ませるために，教員は何をしたかをつぶさに記録することで，次へのステップを目指すことができると考えた。

　専門書を読むとしたが，専門書の種類などに関しては厳密な定義をしなかった。それぞれの専門領域の古典もあれば，定番のテキスト，その領域で評価の高い新書などもあってよい。学生がそれまでに学んだ知識によって，使用できる書籍は多様である。また，授業に関しても，教員と学生との間で書籍をめぐる教授・学習過程があるものと緩やかに捉えることにした。講義，演習など単位が付与される授業に限らず，自主ゼミなどの取り組みも含めてよいこととした。

　教員自身が主体的に授業を実施しつつ，他方でそれを観察して記録を取るとは容易ではない。正確さを期すのであれば，録音や録画という方法がよい。しかし，敢えてその方法は取らないことにした。記録の取り方に関しては，教員が各回の授業を行いつつ，他方で学生の議論の状況などをつぶさに観察し，その過程を授業中に，あるいは，授業後に記述したものを主たる素材とした。また，教員や学生が作成した資料，ホワイトボードなどに書いた事項の写真などは，記録の一環として使用することにした。あくまでも，通常の授業として進めることが肝要であり，そのペースを乱さないことは必須だからである。

　授業を記録するとなると，学生の個人情報の問題がある。学生が特定できる個人名は出さないことは当然として，学生個々人の発言や動向を追うため，授

業記録を取ること，それを素材として書籍を執筆することについての了承は得ねばならない。学生の了承を得るのは，第1回目の授業（これから記録を取ってもよいか）でも，セメスター終了時（こうした記録を取ったが使用してもよいか）でもよいこととした。幸いにも，記録の使用に反対する声は上がらず，実践の記録は本書の各章を構成することになった。

本書は3部から構成されている。授業で使用した専門書のタイプによる区分である。

第I部は古典であり，多くの学生にはもっともなじみがない書籍群である。扱われている時代も社会も異なり，そこへ思いを馳せるためには想像力が必要だ。教員はそれをどのように引き出していくか，学生はどこまで柔軟になれるか，そのあたりが読みどころである。

第II部は，各専門領域の基礎理論である。理論とは得てして抽象度が高く，それを卑近な日常に引き付けて考えることは容易ではなく，その逆に，当たり前と思っている日常の一コマの背後で働いているメカニズムを，理論的に考察することはさらに困難である。各種の事例を盛り込んだ書籍を用いて理論を理解させようとする教員の意図が，学生にどのように伝わるかが読みどころであろう。

第III部は，現代社会の諸問題である。それら社会問題そのものは，各種のメディアを通じて垣間見ている社会現象であり，その事象そのものをさらに深く知ることはさほど困難ではない。しかし，現実に生起している事象のどこに問題があり，その問題はわれわれの生活や将来とどのように関連するのかまでを考えるという狙いが当たるためには，議論を重ねることが必要だ。まだ社会経験の少ない学生の議論を，教員はどのように深めていくか，学生はどのように変化するのかが読みどころだろう。

当然ながら，読み方はこれらに限らずいろいろあってよい。どの章からでも読み進めることが可能である。先にFD論を意図したと書いたが，読者は大学教員に限定するものでもない。当の大学生が，同世代が専門書と格闘している姿をみてどう思うか，はたまた，すでに社会人となった当時の対象となった学生たちは，自分たちが学生時代に議論した記録をみてどう思うか。聞いてみた

い。

## 参考文献

荻野富士夫（2007）『戦前文部省の治安機能──「思想統制」から「教学錬成」へ』校倉書房

片山ふみ（2015）「「読書アニマシオン」援用の試み──大学生への効果に着目して」『聖徳大学研究紀要』第26号，pp. 145-153

小森伸子（2009）「大学生の「読書」概念に関する予備的検討」『摂南大学教育学研究』No. 5, pp. 33-44

全国大学生活協同組合連合会（2020）『第55回学生生活実態調査　概要報告』https://www.univcoop.or.jp/press/life/report55.html（2024年11月30日閲覧）

全国大学生活協同組合連合会（2023）『第58回学生生活実態調査　概要報告』https://www.univcoop.or.jp/press/life/report58.html（2024年11月30日閲覧）

全国大学生活協同組合連合会（2024）『第59回学生生活実態調査　概要報告』https://www.univcoop.or.jp/press/life/report.html（2024年11月30日閲覧）

全国大学生活協同組合連合会（n.d.）「『読書のいずみ』Selection　大学生になったらコレを読もう！」https://www.univcoop.or.jp/fresh/book/izumi/news/news_detail_96.html#navArea（2024年11月30日閲覧）

竹内　洋（1997）『立身出世主義──近代日本のロマンと欲望』日本放送協会

竹内　洋（1999）『学歴貴族の栄光と挫折』中央公論新社

竹内　洋（2003）『教養主義の没落』中公新書

筒井清忠（1995）『日本型教養の運命──歴史社会学的考察』岩波書店

寺田正嗣（2022）「フォーカス・リーディングを活用した読書指導が大学生の読書習慣にもたらす効果」『読書科学』63巻 3・4 号，pp. 139-152

東京大学出版会『UP』編集部（2012）『東大教師が新入生にすすめる本──ブックガイド』東京大学出版会

東京大学出版会『UP』編集部（2016）『東大教師が新入生にすすめる本──BOOK GUIDE 2009-2015』東京大学出版会

永嶺重敏（1997）『雑誌と読者の近代』日本エディタースクール出版会

パーソナルキャリア（2023）『大学生は読書するべき？読んでおきたい本を一挙紹介！』https://hataraction.persol-career.co.jp/reading/（2024年11月30日閲覧）

広島大学101冊の本編集委員会編（2009）『大学生新入生に薦める101冊の本』［新版］岩波書店　https://seesaawiki.jp/bookguide/d/%C2%E7%B3%D8%BF%B7%C6%FE%C0%B8%A4%CB%C1%A6%A4%E1%A4%EB101%BA%FD%A4%CE%CB%DC（2024年11月30日閲覧）

藤村正司（2004）「<孤読化>する学生の読書行動：新潟大学卒業生調査から」『大学教育研究年報』9，pp. 65-77

文藝春秋（2004）『東大教師が新入生にすすめる本』文藝春秋

文藝春秋（2009）『東大教師が新入生にすすめる本 2』文藝春秋

守　一雄・川島一夫（2019）「大学生への読書指導の効果──副読本とディスカッションによる読書指導」『読書科学』第35巻第3号, pp. 104-110

DMMWEB CAMP『大学生が読むべきおすすめの本18選を紹介！』https://web-camp.io/magazine/archives/54813（2024年11月30日閲覧）

LINEリサーチ（2021）「高校生はどのくらい読書している？どんな本が好き？」https://lineresearch-platform.blog.jp/archives/37104535.html（2024年11月30日閲覧）

# 第 I 部

# 古典に挑む

すべて良書を読むことは，著者である過去の世紀の一流の人びとと親しく語り合うようなもので，しかもその会話は，かれらの思想の最上のものだけを見せてくれる，入念な準備のなされたものだ。

デカルト　谷川多佳子訳（1997）『方法序説』岩波書店，p. 14

## 第 **1** 講

# 『イリアス』を読もう

### ——講義形式の授業での試み

堀川　宏（獨協大学）

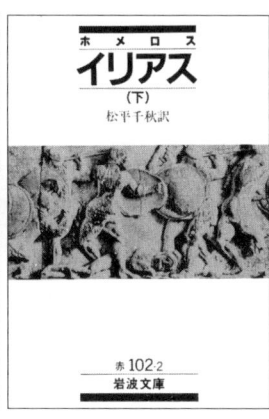

| 実施期間 | 2022年度春学期 |
|---|---|
| 科目区分 | 国際教養学部専門科目 |
| 科目名 | 文化史入門（講義） |
| 書籍名 | ホメロス　松平千秋訳（1992）『イリアス』（上・下）岩波文庫 |
| 学　年 | 学部 1 ～ 4 年生 |
| メンバー | 23名（1 年生 1 名，2 年生14名，3 年生 3 名，4 年生 5 名） |

# 1　大学の授業で『イリアス』を読むこと

　高校で世界史を学んでいると，はじめの方で『イリアス』という作品名に出会う。ホメロス作と伝えられるこの叙事詩はトロイア戦争における英雄たち——ギリシャ軍最強の戦士アキレウスやトロイアの王子ヘクトルなど——の活躍を描くと説明され，古代ギリシャにおけるもう一つの偉大な叙事詩『オデュッセイア』をはじめとするほかの文学作品や詩人たちの名前とともに，学習者の記憶に刻み込まれる。あるいは無味乾燥な暗記と試験の素材として，あまりよい印象は抱かれていないかもしれない。そこにはいかにも厳めしそうな「古典」というラベルまで貼られている。

　大学で教えるようになった数年目から，私は毎年の講義でこの『イリアス』を翻訳で読む実践を続けている。それには紀元前8世紀に成立したとされるこの作品がヨーロッパ文学の始まりを告げるという文化的事情や，その後の古代ギリシャ・ローマの文学的な営為がつねに『イリアス』を意識して展開した——つまりこの作品を抜きにしては西洋古典文学を語ることができない——という専門領域における事情も関係するが，しかし私にとっては，もっと重要な理由がある。それは古代ギリシャの人々がイメージした世界や英雄たちの姿を伝える『イリアス』の言葉が，おおよそ3000年という時間の大きな隔たりを越えて，現代を生きる私たちのもとにまで力強く響きうるという期待と確信にほかならない。

　もう少し説明が必要だろう。トロイア戦争を題材にして英雄たちの活躍を描くという教科書的な説明からは，きっと『イリアス』という作品には，アキレウスやヘクトルをはじめとする英雄たちの輝かしい武勇と栄光が横溢していると予測されるだろう。その予測は誤りではないものの，じつは『イリアス』の語りの焦点は，むしろそのような活躍を示す英雄たちを縛る有限性の方にこそある。すなわち英雄とはいえ不死なる神ではない以上，どれほどの武勇を示したとしてもいずれは死を運命づけられており，愛する家族や仲間を残してこの世界を後にしなくてはならない。そのことは物語の中で執拗に確認され，読者

はそれをはっきりと意識しながら，英雄たちの活躍や決意，ときには愚かしい判断の誤りなどを目の当たりにするのである。

　たとえばトロイアの英雄ヘクトルは物語の中盤においてギリシャ軍に猛攻を仕掛けて，敵が全滅を覚悟するほどの凄まじい活躍を見せる。しかし同時にその活躍が一時限りのものであり，敵を追い詰め切った後にはむしろ彼の死に繋がることが物語の中で繰り返し明示されるため，ヘクトルが活躍すればするほどにその死の影はいっそう色濃く感じられ，物語は実際にその方向に進んでゆく。最終的に彼はアキレウスとの対決に臨むが，彼には相手の方が遥かに強いとわかっている。そのことを十分に自覚しながら，愛する国や家族を守るために「それでも勝つのは自分かもしれない」と期待をかけて戦い，失意のうちにあえなく命を落とすことになる。このきわめて人間らしい英雄の姿を目にして，心を動かされずにいるのは難しいだろう。そこにあるのは極言すれば，ほかならぬ私たち自身の姿であるのだから。

　大学の授業で『イリアス』を読むことは，かつて暗記を強いられた作品名に（もしかしたらやや意外な）内実を与えるだけでなく，そこで描かれる英雄たちの姿を自身と接続しうるものとして捉える機会を，学生に提供することになる。そしてその接続が実現されれば，そのような英雄の姿を伝える『イリアス』という作品や，古代ギリシャにおいて叙事詩を語り，あるいは聴いて楽しんだ人々，さらには古典作品を連綿と継承してきた人々の途方もない営為にも，学生の関心を向けること——それは「人間」や「文化」を考えることにほかならない——ができるかもしれない。

　このような期待を持って私は毎年『イリアス』を講義しているのだが，さて学生たちの実情はどうか。いったいどの程度の学生が講義をきっかけに『イリアス』を読み，どのようなことを考えながらこの作品に対峙しているのだろうか。授業後の立ち話などで学生との会話が盛り上がることもままあるが，それは偏ったサンプルであるに違いない。そのように考えていたとき，今回の企画に声をかけていただいた。せっかくの好機なので例年よりもやや丁寧に記録を取って，学生とのやりとりも密にしながら授業を進めてみることにした。以下はその報告である。

## 2　当該年度の授業デザイン

　報告の対象となるのは2022年度の前期（春学期）に，獨協大学国際教養学部言語文化学科で開講された「文化史入門」の授業である。受講者の数は23名で，これは2020年度の100名，2021年度の86名に比べてかなり少ないが，今回の企画にはかえって好都合かもしれない（ちなみに2023年度の受講者数は34名，2024年度は44名だった）[(1)]。受講者のうち１名が外国語学部ドイツ語学科からの受講，それ以外はすべて開講学部である国際教養学部言語文化学科の学生である。学年別に整理すると４年生が５名，３年生が３名，２年生が14名，１年生が１名となっており，２年生の受講者が際立って多いものの，授業を進めてゆくにあたっては他学年の学生，とりわけ１年生にも配慮が必要だろう。

　この授業は先述のとおり学生のそれぞれが『イリアス』を読むことを目的とするが，授業自体は演習（ゼミ）ではなく講義形式で実施される。全14回（各回の時間は100分）の授業を通して講師が『イリアス』の読みどころ，すなわち作品理解のために大切なところや古代ギリシャの文化をよく窺わせるところなどを抜粋した講義資料に即しながら，ひたすらに解説を加えてゆく。授業内には学生と講師とのやりとりのための時間が設けられていない代わりに，学生は毎回の受講後に，その回の授業で自身が関心を持った点についての「ミニ・レポート」（標準的には400-600字程度）を書くことが求められる。講師はそれを採点するとともに，個別に簡単なコメントを返してゆく[(2)]。それが14回繰り返されて，最後に学生は授業における学習と『イリアス』を読んだ体験とを踏まえた学期末レポート（同じく1600-2000字程度）を書くことになる[(3)]。

---

（１）　この受講者数の変化には時間割と授業実施形態とが関係していると思われる。2020年度の文化史入門は時間割上の第２時限に配され，全面的に遠隔形式で実施された。それが次年度からは第１時限に移ったが，2021年度は遠隔形式を保持，2022年度は対面主体での実施形態とする旨をシラバスに記載した（2023年度，2024年度も同様）。

（２）　このやりとりには「eラーニング」のためのシステムLMS（Learning Management System，獨協大学の場合にはmanaba）が使われる。

（３）　ここで『イリアス』を「読んだ」というのには濃淡が想定されており，授業で提示した抜粋とそこでの解説によって作品の概要に触れたという程度のものから，自分で『イリアス』の翻訳を手に取ってしっかり読み込んだというものまでさまざまだろう。担当講師としては，ひとまずは

このような学期の進行の中で，当然のことながら学生は『イリアス』を読むことを強く推奨される。使用する翻訳は岩波文庫の松平千秋訳（上下巻，1992年）で，授業の前に「予習」として読んでもよいし，授業での解説を参考にしながら「復習」として，あるいは授業で扱わなかったことも含めて作品を体験しようというつもりで読むのもよいだろう。それぞれの好みやスケジュールなどを勘案して，好きなように，自分のやりやすいように，可能な範囲で『イリアス』と向き合って欲しい，学生にはそのように伝えている。『イリアス』は総計24の「歌」から成るから，1回の授業でおおよそ2つの歌を読んでゆけば1学期ですべてを読むことができる。分量としては1回につき30ページ程度。初回はガイダンスと作品の背景についての解説に充て，物語の始まりである第1歌，および作品を締めくくる第24歌にはそれぞれ1回の授業を使うとして，学期の全体は次のような進行になる。

| | |
|---|---|
| 第1回 | ガイダンスと背景説明：英雄叙事詩とは何か？ |
| 第2回 | 『イリアス』（上）第1歌：アキレウスの怒り |
| 第3回 | 『イリアス』（上）第2-3歌：戦いの始まり |
| 第4回 | 『イリアス』（上）第4-5歌：ギリシャ軍の進撃 |
| 第5回 | 『イリアス』（上）第6-7歌：トロイアの英雄ヘクトル |
| 第6回 | 『イリアス』（上）第8-9歌：激戦と和解の使節 |
| 第7回 | 『イリアス』（上）第10-11歌：追い詰められるギリシャ軍 |
| 第8回 | 『イリアス』（上・下）第12-13歌：神々の綱引き |
| 第9回 | 『イリアス』（下）第14-15歌：ゼウス騙しとその帰結 |
| 第10回 | 『イリアス』（下）第16-17歌：パトロクロスの栄光と死 |
| 第11回 | 『イリアス』（下）第18-19歌：アキレウスの戦線復帰 |
| 第12回 | 『イリアス』（下）第20-21歌：アキレウスの進撃と神々 |
| 第13回 | 『イリアス』（下）第22-23歌：ヘクトルの死 |
| 第14回 | 『イリアス』（下）第24歌：ヘクトルの遺体返還 |

ここまではおおよそ例年どおりの進め方だが，2022年度は学期末に学生の受講状況を尋ねるアンケート（その回答内容は成績に関係しないと告知したうえで）を実施するとともに，夏季休暇の期間に希望者を募って，それぞれが『イリアス』を読んだ体験について語り合う座談会をすることにした。これらの詳細は

---

前者でも構わないが，可能であればぜひ翻訳を読んでみようということを繰り返し言うようにしている。

図表1-1　古代ギリシャ神話関心調査

この授業を受講する前，あなたは古代ギリシャの
神話や文学に馴染みがありましたか？

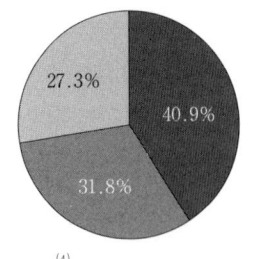

● とても馴染みがあった
● そこそこ馴染みがあった
● あまり馴染みがなかった
● まったく馴染みがなかった
22件の回答

後述することにして，アンケートで尋ねた質問のうち「この授業を受講する前，あなたは古代ギリシャの神話や文学に馴染みがありましたか」への回答状況は，この授業のデザインに大きく関係するのでここで示しておく。選択肢として示された①とても馴染みがあった，②そこそこ馴染みがあった，③あまり馴染みがなかった，④まったく馴染みがなかったという4項目のうち，①が0パーセント，②が40.9パーセント，③が31.8パーセント，④が27.3パーセントという状況である。②の「そこそこ」の内実については実際には学生のあいだでまちまちだろうと推測されるが，③と④の比率の大きさ（合計で6割近い）は注目に値する（図表1-1）。これらの回答者は，おそらく授業という機会がなければ『イリアス』を手に取ることはないだろうと思われるからだ。

　さて，講義形式という比較的縛りの緩い授業によって，学生たちを『イリアス』に誘うことはどの程度できるだろうか。

## 3　学生たちの学習状況

　この節では学生たちの学習状況を概観する。まずは授業を履修した時点での学生の興味関心がどのようなものであったかを見てみよう。第1回の授業課題の一部として履修の動機を記してもらったところ，「古代文明に広く関心がある」や「歴史が好き」といった歴史的関心を窺わせるものから，「『イリアス』を通して文化史を捉えるという授業コンセプトが面白そうだと思った」や「古代的な価値観と現代的な価値観との相違に関心がある」といった文化に関わるもの，「現代の娯楽小説やゲームのモチーフにギリシャ神話が使われているも

---

（4）　このアンケートには履修登録者23名のうち22名から回答があった。

のが多数あり，それを調べてゆくうちにギリシャ文学にも興味が湧いてきた」といった自身の経験に根ざすもの，あるいは「高校の世界史の授業で名前を見たことがある『イリアス』を実際に読めることに魅力を感じた」や「『イリアス』のような長い古典作品は一人で読み切るのが難しいため，それを 1 学期間かけて授業での解説を受けながら読めるのはよいと思った」など，じつに多様な動機が記されている。その中でも次の回答は，この授業での試みにとって特に重要かもしれない。

> 叙事詩とか古典とかなので難しそうだと思ったが，せっかくだから挑戦してみようと思った。

　あくまでも私見ではあるが，大学における授業の重要な目的のひとつに，学生の知的挑戦を促すことがある。そのためこの授業は『イリアス』のような「難しそう」な作品を平易に／噛み砕いて解説し，受講者に「わかった」という満足感を与えるだけでは十分でない。もちろん『イリアス』は受講者のほとんどにとって初めて読む作品であり，古代ギリシャというあまり馴染みのない世界を描くがゆえに，私たちには奇異に思える発想もたくさん出てくる。それらについての解説は大切だが，より重視されるべきはむしろその先，すなわち学生が「わかった」という実感を手がかりにして，彼ら／彼女らにとって決して読みやすくはないであろう翻訳に「挑戦してみよう」と思えることの方にこそある。講師が願うのはこの授業がその挑戦を支援するべく機能し，ひとりでも多くの学生が『イリアス』を実際に読み進めてゆくことである。
　では実際にどの程度の学生がそのような挑戦をしたのだろうか。それを知るために，先述の学期末アンケートの中に「あなたは『イリアス』の翻訳をどのように読みましたか」という項目を設けた。回答の選択肢は①毎回の授業を受ける前に読んだ，②毎回の授業を受けた後に読んだ，③翻訳はあまり読むことができなかった，④翻訳はまったく読まなかったという構成である。結果は①が13.6パーセント，②が50パーセント，③が31.8パーセント，④が4.5パーセントだった。ここからは授業の進行と合わせて63.6パーセントの学生が『イリ

アス』の翻訳を読み進めたことがわかる。さすが第1時限に設定された授業を
あえて履修する学生たちと言うべきだろうか，これは予想を上回る数字だった。

　先ほどから言及している学期末アンケート項目の全体像を示しておこう。

---

1．この授業を受講する前，あなたは古代ギリシャの神話や文学に馴染みがありま
　　したか？

2．この授業を受講して，あなたは古代ギリシャの神話や文学に関心を持ちました
　　か？

3．上記1と2に関連して，読んだことのある作品や読んでみたいと思った作品が
　　あれば教えてください。

4．あなたは『イリアス』の翻訳をどのように読みましたか？

5．『イリアス』に関する座談会への参加を希望しますか？

6．本授業について感想などがある方は自由に記してください。

---

　このうちすでに結果を見たのは1と4である。ほかの項目も駆け足で確認す
ると，2の質問に対しては，①のとても面白そうだと思ったが59.1パーセント，
②のそこそこ面白そうだと思ったが40.9パーセントで，③のあまり面白そうだ
と思わなかったと④のまったく面白そうだとは思わなかったを選んだ受講生は
いなかった。ちょっとこれは出来すぎかもしれない。

　続く3の質問に対しては，すでに読んだことのあったものとして「星座を中
心とした神話」とギリシャ悲劇から『オイディプス王』の名前が挙がり，これ
から読んでみたい作品としては『オデュッセイア』やギリシャ悲劇の諸作品，
具体的には『アガメムノン』や上記の『オイディプス王』があったほか，ブ
ラッド・ピットがアキレウスを演じた映画『トロイ』（ウォルフガング・ペー
ターゼン監督，2004年）を見てみたいという声もあった——まったくの余談なが
ら，この作品は公開当時から古典学者のあいだに賛否を分けての「論争」を引
き起こしたが，私は授業などで好んで紹介したり，集中講義の折には学生たち
と一緒に鑑賞したりしている。大道具，衣装，音楽，それからエリック・バナ
が演じたヘクトルの姿はとりわけ印象的である。

　座談会に関わる5には，6名が参加の意思を示してくれた。[5]この会の様子は
後述することにして，授業の感想を尋ねる最後の項目に進もう。これは回答必

---

（5）　この6名にはメールアドレスも記してもらい，後から日程などの通知ができるようにした。

須の項目ではなかったものの，15名からの回答があった。いくつか紹介してお
きたい。

　　　古代ギリシャの英雄叙事詩ということで難しい内容なのではないかとい
　　う抵抗があったが，受講してみると非常に面白く，翻訳を読んでいても高
　　揚感や次はどのような展開になるのかといった楽しみがあった。

　作品を読む楽しさを語る非常に嬉しい報告である。注目されるのは，学期の
開始時点にあった「抵抗」がみずから『イリアス』を読むことで払拭され，予
想に反して面白く読むことができたと述べられている点だろう。これは古典作
品を前にして尻込みしていてはけっして出来ない体験であり，授業をきっかけ
にして自分でも翻訳を手に取ったからこその感想に違いない。同様の感想とし
て「学期が始まるときには想像もできないくらい，この作品を楽しみながら読
めた」というものがあり，もう少し内容に踏み込んだものとしては「幻想的な
言い回しや生々しい描写が交錯していて，感情を揺さぶられる作品だった」と
いうものなどがあった。
　『イリアス』の場合には内容的に難しそうだという印象のほかに，物語の長
大さ――岩波文庫では上巻が454ページ，下巻が488ページある――もまた挑戦
を躊躇わせる原因になりうる。それに関係する感想として，たとえば以下のよ
うなものがあった。

　　　学期全体を通してひとつの物語を読み切るのは初めての体験で，とても
　　達成感があった。上下巻があり長いなと思っていたが，毎週の授業と並行
　　して読み進めたので最後まで読むことができた。

　注目したいのは「達成感」と「授業と並行して読み進めたので」という記述
である。『イリアス』のような長大な作品は，意を決して手に取ってみても，
なかなか最後まで読み通すことは難しいかもしれない。しかし毎回の授業を
ペースメーカーとして，内容理解のための手がかりを与えられながら読んでい

けば，その困難は幾らかなりとも軽減される。そして苦労しながらも全体を読み切った達成感は，次の一冊に進もうとする自信になるはずだ。別の回答として「manabaのコメントも毎週書いてくださって，とても励みになりました」とあるのも，学期の進行と並行して読書を進める効用を窺わせる。こちらは講師が伴走役を務めるというイメージだろうか。講師にできるのはあくまでも助言と励ましであり，実際に走るのはあくまでも個々の学生である。

　これらの回答がある一方で，やはり翻訳を読むのは難しかったという感想もあった。

　　　翻訳は文章が難解であまり読むことができなかったが，授業を通して
　　　『イリアス』という作品を読み進めることができ，古代ギリシャへの理解
　　　を深めることができた。

　全体としてポジティヴな感想ではあっても，ここからは授業をきっかけに翻訳に挑戦してみたものの，自身では読むことができなかったという苦しみが窺われる。本授業で指定している岩波文庫の松平千秋訳は平明な散文訳を採用し，『イリアス』の翻訳としては読みやすいものではあるが，[(6)]それでも一般的な大学生が日常的に親しんでいる文章と比べれば難解に感じられ，読むのに困難を覚えるのはたしかだろう。そのため授業の中で折に触れて「はじめは読みにくいと感じると思いますが，読んでいるうちに段々慣れてゆくはずです。学期が終わる頃に読めるようになっていれば大丈夫ですよ」だとか，この翻訳の文体的な特徴を踏まえて「声に出してみると心地よい散文なので，それを楽しむのも面白いですよ」とかいったアドバイスをするようにしている。しかし学生の反応はさまざまかもしれない。これについては次節で検討しよう。

---

（6）『イリアス』の日本語による翻訳としては，ほかに土井晩翠訳（富山房），呉茂一訳（旧版岩波
　　文庫，後に平凡社ライブラリー），高津春繁訳（筑摩書房），小野塚友吉訳（風濤社）などがある。
　　このうち土井訳と呉訳は七五調を主とした翻訳形式を採用している。

## 4 毎回の授業レポートから

　学生が『イリアス』に対峙している状況をより詳しく見るために，本節では毎回の授業で課される「ミニ・レポート」における記述を検討する。授業の感想と履修の動機を書いてもらった第1回は別として，残りの13回のレポートでは，授業中やその後で『イリアス』を読んだ体験を踏まえての記述を求めた[(7)]。分量は先述のとおり400-600字を標準とするが，書きたいものが多くある場合には超過しても構わない。これを改めて読み返してみて，特徴と言えそうなものを拾っていくことにする。

　やはりと言うべきか，初期の段階では読みにくさを訴える記述が多くあった。たとえば「言いまわしが古くさく感じる」や「馴染みのない日本語が出てくる」といったもの，あるいは「登場人物をいちいち○○の子と呼ぶのがわかりにくい」や「カタカナの人名がたくさん出てきて混乱する」あたりが代表的だろうか。これらのうち前二者については，現在のところ前節の最後に示したようなアドバイスをすることしかできていない。授業の後などに何度か様子を尋ねてみると，困難を感じながらも読むうちに比較的スムーズに読めるようになる学生もいれば，学期の後半になっても難しさを感じたままの学生もいるようである。あくまでも推測ではあるが，ゆっくりでも読めるようになってくれば物語の大筋を追いかけることができ，語り口に慣れることによって，やや細かな叙述や内容にも注目して楽しめるようになるだろう。その一方で，たとえ興味があったとしても「読めない……」という体験を繰り返すうちに，次第に翻訳を読もうとする試みを放棄してしまうということがあるかもしれない。そうすると「段々慣れる」ことが不可能になるので，自分で翻訳を読むことへの道は閉ざされてしまう。ここをどうするか——これは今後の課題としたい。

　それに比べて残りのふたつは対応が比較的容易である。古代ギリシャの英雄

---

（7）　正確には以下のような指示である。「第○回の授業やその後で『イリアス』第□歌を読んだ体験を踏まえて，自身が興味深いと思ったトピックについて論述をしてください。扱うトピックは1つでも複数でも構いませんが，授業への応答になるように注意すること。また，なるべく読みやすい報告になるように配慮をお願いします」。この○や□にはその時々の数字が入る。

叙事詩では登場人物がしばしば「〇〇の子」と呼ばれるが，たしかにこの種の表現に慣れない読者には読みにくさを感じさせるだろう。たとえば「ペレウスの子」がアキレウスのことで「プリアモスの子」がヘクトルを指すというのは，神話の世界に馴染みがないと理解が難しい。しかし講義で使用する『イリアス』からの抜粋中で出会うたびに説明を加え，対応する人物名を資料に書き込むうちに，自然に慣れることができるようである。あるいはこの種の表現を父称と言い，当該人物を一族の家系の中に位置づけるということから，敬意を込めた呼び方になるという古代ギリシャにおける発想を説明すると，納得したり面白いと思ったりする学生も多い。

　カタカナの人名が多くて混乱してしまうという学生に対しては，物語の中で重要な役割を果たす登場人物が誰かを明示し，それ以外の人名についてはあまり気にしなくてもよいというような，やや思い切った助言をするようにしている。主要登場人物だけに絞ってしまえば，覚えるべき人名は格段に少なくなるし，重要な人物ほど繰り返し出てくるから馴染むのも早い。そのようにして主要登場人物を押さえたうえで，どこかの段階で既に読んだ部分を再読する機会があれば，そのときにはややマイナーな人物にも注意を向ける余裕が出てくるに違いない。ここで大切なのは，やはり学生が主体的に『イリアス』の翻訳に向かうということだろう。

　ここまで記してきたことを凝縮したような学生の報告（第2回課題での記述）をひとつ紹介しておきたい。


　　　講義を受ける前に自力で『イリアス』を読んで理解しようとしましたが，登場人物の名前の表し方が特有であったり，ギリシャ神話に関する知識がなかったりでまったく理解できず，やっぱり難しいと感じていました。しかし講義を聞いてから再度読んでみると，おおかた理解できるようになり，それだけでなく登場人物に共感したり，古代ギリシャ人の物事の捉え方に驚かされたりして，とても楽しく読むことができました。


注意すべきなのは，これが普段から趣味として本を読む習慣のある，物語を

読むのが得意な学生の体験だということである。第 3 節で示したアンケート結果では，翻訳をあまり読まなかった学生が31.8パーセント，まったく読まなかった学生が4.5パーセントいた。この数値を無視してはいけないだろう。しかし今回の試みでは，その層にあたる学生を特定し，詳しく話を聞くということとまではできなかった。

学期が進んでゆくと，毎回の授業レポートの記述内容は次第に安定したものになる。それぞれに一週間のペースができてきて，履修している全授業のうち，どの授業にどれほどの準備が必要か，課題にはどれくらいの時間をかけられるのかが定まってくるからだろう。講義での説明を頼りに叙事詩的な語り方や独特な比喩表現の読み取りに慣れ，人間世界に介入する神々をどのように理解するかといった問題を考察しながら，毎回の課題をこなしてゆく。なかには講師が授業で語った内容の範囲を出ない（授業への応答とは言えない）レポートも出てくるが，幸いにもそれは少数で，多くの学生が少しずつ『イリアス』について語る自分なりの言葉を獲得していったようである。

そのような全体的には淡々とした進行の中で，学生たちの記述が熱を帯びる講義が何回かある。前半では第 5 回，有名な「ヘクトルとアンドロマケの語らい」の場面を中心とした第 6 歌を扱う講義である。ここは一時的にトロイアの街に戻ったヘクトルが，再び戦場に出てゆく前に妻アンドロマケと束の間の言葉を交わす場面だが，二人のあいだに生まれたまだ幼い息子（赤児である）の成長への期待が，いつかは必ずやって来るトロイアの滅亡——どんなに強大な国もいずれは滅びねばならない——とともに語られる。ヘクトルはその滅亡を何としても遠ざけ，愛する家族やトロイアの民を守るべく戦うのだが，一方で神話伝説に馴染んだ古代ギリシャの聴衆は，ほかならぬこの戦争でヘクトルが死に，トロイアが滅亡することを知っている。私たち読者もそれを知ったうえでこの場面を読まなくてはいけない。講義でそのように説明したところ，面白いレポートが返ってきた。

この時に先生からトロイア戦争によってトロイアは滅びてしまうというネタバレをされてしまい，その時は正直「えー！」と思った。しかし，結

末を知っていることで自分の中の読み方が大きく変化したと思う。この場面でトロイア側の登場人物の人間的な一面，ここではアンドロマケがヘクトルに戦場に行ってほしくないという気持ちや，ヘクトルが自分の息子に対して優しい父の姿に戻る場面などに触れるたびに私は，トロイア方に対して悲しく，複雑でもどかしい気持ちが増していくのを強く感じた。

　この学生によると，現代における本や映画，ドラマなどでは「いかに読者や視聴者の予想を裏切るかが醍醐味」だそうである。そのような慣れ親しんだ仕方とは異なる「古代ギリシャ的」な作品への対し方を知り，さっそくそれを実践してみたら『イリアス』の登場人物たちが生き生きと立ち現れてきた。この体験は刺激的だったようで，たとえば「アンドロマケとヘクトルのやり取りを読んでいて，読者側（私）はトロイアの滅亡をわかっているので，この会話に希望がないことが余計に感じられて泣きそうになりました」など，ほかにも多くの学生が同趣旨の記述をしている。そのような体験を経たうえで記された「約3千年も前の人の言葉が現代の自分のもとにまで届き，共感を得ることができるというのは凄いことだなと思った」という述懐も注目に値するだろう。どうやら『イリアス』の言葉は，今を生きる学生たちにも響き始めたようである。

　そこから物語はギリシャ軍とトロイア軍との一進一退の攻防，そして両軍に対して思惑を異にする神々のやりとりを描きつつ進行する。そのじりじりした展開は，ヘクトルの活躍でトロイア軍がギリシャ軍の防壁を突破し，その船陣にまさに火を放とうとする――船を焼き払われてしまえばギリシャ軍は逃げることさえできない――ところまで追い詰める。物語がここまで進んだところで第10回の講義がある。第16歌で語られるパトロクロスの栄光と死を扱うこの講義はいわゆる「伏線」が回収されて物語の進行が一気に加速する契機となる回なのだが，そこで学生たちは人間の有限性と運命，あるいはそれを鮮烈に印象づける『イリアス』の構成や語りの工夫などについて，非常に充実した思考を展開しているように見える。たとえばトロイア軍を船陣から追い散らす大活躍のあと，急転直下アポロンの攻撃を受けて倒れるパトロクロスに関連して次の

ような報告があった。

　　（パトロクロスは）英雄であってもあくまでも人間だから神々のような不
　滅な存在ではなく，命は有限で儚いものであり，その時々で輝くこともあ
　るが，どこかで突然消えてしまうということを表そうとしているんじゃな
　いかと思った。

　古代ギリシャの人々は時間的にも空間的にも限りない神々との対比によって，
人間という存在を捉えていた。この有限性への強い自覚は『イリアス』の理解
にとって非常に大切なので講義でも再三確認することになるのだが，上記の報
告はそのような講義における解説を，新たに触れる場面の理解に積極的に適用
し，自身の考察に繋げようとしている点で価値があるように思われる。表現こ
そ十分に整理されてはいないものの，『イリアス』と対峙しながら考えたこと
を，なんとかして言語化しようとしている点も素晴らしいことである。
　このような人間の有限性はしばしば「運命」とも表現されるが，それに関す
る考察として非常に深く，面白いものもあった。

　　今まで私は『イリアス』で語られる運命を，生き延びることができる残
　り時間と捉えていました。しかしそれは現代の価値観から見てのものであ
　り，『イリアス』の本質からは外れているのではないかと思うようになり
　ました。運命とはそれぞれが得るべき名誉とその対価（ときには友人であり，
　時には自身の命でもあります），またそれを達するための機会の連続的な総体
　と捉えるべきものなのではないかと考えます。

　長めの報告（986文字）の一部を切り取ったこともあり，これだけだと記述の
意図がわかりにくいかもしれない。『イリアス』におけるこの場面の重要性と
合わせて手短かに確認しておくと，パトロクロス——彼はアキレウスの無二の
親友である——の死は，物語の冒頭でアガメムノンとの諍いから戦列を離れ
たアキレウスを再び戦いへと向かわせる。アポロンに倒されたパトロクロスは

最終的にヘクトルの手で殺されるが，その死を受けてアキレウスの心はヘクトルへの復讐に向かって逸る。これは親友を失ったアキレウスにとって必然的な選択ではあるものの，しかしこの出撃は，トロイアの地における死を彼が受け入れることを意味している。ここに至るまでの場面において彼にはすでに，トロイアで戦えばその地で死ぬという運命が語られているからだ。もちろん聴衆／読者もそれを知っている。

　このような事態の正確な把握を踏まえて，上記の報告はパトロクロスの死とそれを受けての出撃の決断とを，アキレウスが名誉のために受け入れねばならなかった運命として捉えている。この学生は『イリアス』を読みながら運命を「生き延びることができる残り時間」と捉えていたが，この場面を読むことで理解が改まり，運命とは時間的なものではなく，むしろそこに配されたさまざまな局面の総体であると考えるようになったという。やや敷衍して述べ直すならば，死を極限とする時間におけるそれぞれの局面を生きること，あるいはその不断の蓄積こそが運命であり，そのような生の結果として英雄にもたらされるのが不朽の名誉——それは物語に歌われて後の世までも生き続ける——であるということだろう。講義での解説をもとにしながら，そこで語られた内容を大きく超えた理解の深まりには，率直に言って賛嘆を禁じえない。

　英雄の行為選択と死——物語の終盤はこの関係をめぐって展開する。アキレウスとヘクトルという『イリアス』の中心的な英雄は，ともに自身の死を予感しながら，戦うことを選択する。アキレウスは殺された親友のために，ヘクトルは愛する妻子やトロイアの人々のためにと動機は異なるが，『イリアス』の語りでそれよりも際立つかたちで示されるのが，ほどなく自身に訪れる死への対し方の差異である。その差異は第16歌におけるパトロクロスの死の場面と，第22歌におけるヘクトルの死——彼はアキレウスとの決戦に挑み殺される——の場面との周到な照応によって，きわめて効果的かつ明示的に描き出される。第22歌を扱った第13回の授業レポートから，この照応を読み取った学生の言葉を見てみよう。

　　　ヘクトルの死に際のアキレウスとのやり取りが興味深かった。なぜなら

この場面は，パトロクロスが死ぬ場面でのヘクトルとの問答と酷似している一方で，アキレウスとヘクトルの英雄性の違いを表しているからである。ヘクトルはパトロクロスを殺した後，アキレウスとの勝負はどちらが勝つかわからないと言い，生存への希望を持っていた。他方でアキレウスはヘクトルが死ぬ際に，自分はあくまでも運命（死）を受け入れると発言していた。ここは人間的で，神々からすれば愚かとも言える英雄ヘクトルと，復讐に燃えて運命を受け入れる英雄アキレウスが，鮮やかに対比させられている場面であると思った。

パトロクロスは死に際して，自分を殺したヘクトルも程なくアキレウスに殺されると予言していた。それを受けてヘクトルはすでに絶命したパトロクロスに向かって，自身の力がアキレウスに遠く及ばないことを自覚しながら，それでも勝つのは自分かもしれないという期待を込めた言葉を吐く。まるで自身に言い聞かせているかのような切実な姿であるが，しかし第22歌ではそのヘクトルに死がやってくる。彼の死はパトロクロスの死とまったく同じ言葉遣いで語られ，両場面の対応が明確に示されたうえで，息絶えたヘクトルに向かって発せられるアキレウスの言葉——もうすぐ訪れる自身の死に対する諦めと覚悟を伴った「死ね」という言葉——によって，ヘクトルとの違いを際立たせる。

ヘクトルは家族と祖国を守るために戦い，好調な戦況とそれを支援するというゼウスの約束にギリシャ軍撃退の希望を賭けて，仲間からの数度の制止も振り切って攻撃を続けてきた。彼は最強の戦士アキレウスとの対決に際して，自身が戦いを制して生きることを切実に望んだが，それに対してアキレウスは，定められた自身の死を完全に受け入れたうえで，この対決に臨んでいるのである。『イリアス』の最終盤におけるアキレウスの恐ろしいまでの強さはまさにこの点を踏まえて読む必要があり，それに対峙するヘクトルの姿は，そこまでの行為選択の愚かさ——この世界に生きる私たちがともに持つきわめて人間らしい愚かさに違いない——との関係で理解されねばならない。先ほどの学生の報告には，この理解が十分に示されていると言えるだろう。

復讐を果たしてもなおアキレウスの怒りは収まらない。やる方ない思いを抱

えたまま彼はヘクトルの遺体を戦車に括りつけて，朝が来るごとにパトロクロスの墓の周りを引き摺って駆ける。その惨たらしい仕打ちの奥にあるはずのアキレウスの心情や，敵陣に忍び込んで最愛の息子の遺体を返すように求める老王プリアモスの姿とアキレウスの応答，さらには遺体が返還された後，読者もそこに列席するかのように語られるヘクトルの葬儀――『イリアス』はその描写によって幕を閉じる――などについても興味深い報告がさまざまあるが，残念ながらそれを紹介する余裕はないようである。

## 5　学期末レポートから

　授業全体の締めくくりとして学期末のレポート課題では，それぞれが『イリアス』を読んだ経験を踏まえて，現代の日本に生きる私たちが古代ギリシャの叙事詩を読むことの意義を1,600〜2,000字程度で記述してもらった。私たちの生きる日常が古代ギリシャ世界と大きく異なることはもちろんだが，それらは『イリアス』を介してどのように響き合いうるのか。この問題に対する学生たちの記述をいくつか紹介しよう。

　たとえば「運命を知りながらそれに対峙する英雄たちの行動に勇気をもらえる」や「古代ギリシャの人々と同じ物語を楽しめているという不思議な感覚を味わうことができる」といった比較的素朴で単純な意味づけから，「古代ギリシャ人の思考様式を知ることで，自分たちが当然と思っている価値観を問い直すことにつながる」や「私たちとは異質に思える文化への驚きや戸惑いを乗り越えることは，多様性の理解や尊重につながるはずだ」といった自身にとっての自明性への異議申し立てに繋がりうるもの，あるいは『イリアス』で使われていた物語の技法，たとえばドラマティック・アイロニー（劇的皮肉）やクライマックス（漸層法）などが現代のエンタメ作品にも見られることから，この物語を読んだ経験が「私たちの普段の生活を豊かにすることにつながる」と述べられるなど，じつにさまざまな反応があった。その中でとりわけ目を引いたのが次の記述である。

　『イリアス』を読む前は，古代ギリシャ世界を現代から切り離された，遠い過去のものとしてイメージしていた。しかし『イリアス』を読んでみると，そこには私たちにも通じるような人間がいた。そのような物語を作った詩人はもちろん，それを聞くことを好んだ聴衆たちや，文字化された物語を書き継いできた人々のことを想像することができ，この授業のテーマである「人間にとって文化とは何か」ということを考えるきっかけになった。

　この授業が「文化史入門」として開講されていることの意義にまで踏み込んだ記述であるほか，古代から連綿と続く伝統——正確にはさまざまな途絶も考えねばならないのだがここでは措く[8]——に目を向けている点が特筆に値する。『イリアス』が描き出す英雄たちの姿は，神の寵愛を受けて通常の人間には持ちえない力や美しさに溢れているが，それでも死を運命づけられ，その有限性の中で力強く生きようとする点できわめて人間的である。古代ギリシャの人々はそのような人間性を歌いあげる物語を好み，後代の人々もまたそれに呼応しながら『イリアス』を継承し，その現時点での末端に，ほかでもない私たちがいる。このような経緯を想像することは過去の事柄に対する歴史的視点の獲得につながるだけでなく，私たち自身を歴史に位置づけ，私たちが生きながら担う／担わない——選択は私たち自身に委ねられている——文化的継承の意義やあり方，あるいはその可能性についての考察を促すだろう。その意味でこの授業のテーマは「人間にとって文化とは何か」だが，突き詰めれば「私たちはこの世界でどう生きうるか」という問いかけであると言ってもよいかもしれない。

　学期末レポートからはもうひとつ，次の記述を紹介しておきたい。上記の課題への応答としていくつか意義を示したうえで最後に付された，本書の試みにとってきわめて重要なひと言である。

　『イリアス』を読んだという達成感が，別の新たな挑戦を促すこと。

---

（8）　西洋古典作品の伝承については，レイノルズ・ウィルソン（1996）に詳しい。より簡便なものとして池田（1991）もおすすめできる。

けっして読みやすい作品ではなく，授業での解説がなければ最後まで読むことはできなかったと思うが，読み切った達成感はとても大きかった。次は『オデュッセイア』に挑戦してみたい。

繰り返しになるが，たとえ翻訳ではあっても『イリアス』を読むことは難しい。古代ギリシャが時間的にも空間的にも遠く離れていることによる文化的な差異，翻訳の日本語への抵抗感，作品の長大さなどが折り重なって，ちょっと読んでみようという気軽で自然な挑戦に立ちはだかる。しかし読み終えたときの達成感はその分だけ大きく，困難を乗り越えたという自信——この学生は「本を読むのがあまり得意ではない」とも記している——にもつながるだろう。それだけではない。今では古代ギリシャについての知識も増えて，馴染みのない発想に対しても理解のコツが摑めている。はじめは厄介に思えた翻訳の日本語もスムーズに読めるようになってきたし，古代の叙事詩は面白いものだな……だったら次は『オデュッセイア』だ。やや理想的すぎる展開ではあるが，授業の担当講師としてはその船出を拍手とともに見送りつつ，楽しく豊かな旅路になるように願わずにはいられない。

## 6　おわりに——座談会をやってみて

学期が終了してしばらく経った九月初旬に，希望者を募って『イリアス』を読んだ体験を振り返りながら共有する座談会を開催した。まずは担当講師の問題意識——ひとりで読むのは難しい古典作品を大学の講義をきっかけに読みうる可能性の追求——を確認したうえで，ごく単純に『イリアス』を読んだ感想を尋ねたり，読んでいて難しかったところ，それを乗り越えるのに講義中のどのような説明が役立ったか，読み進めるなかで物語への対し方がどのように変化したか，それぞれの専門分野や実生活と『イリアス』がどのように結びつくかといったことを語り合った。予定していた100分は本当にあっという間に経過し，それぞれに名残惜しさを抱えながらの散会となった（と思う）。

参加者は5名。古代ギリシャへの関心は共有するものの，神話，思想，古代

文化，歴史や社会制度，情報メディア，物語構造や語りの視点など，目のつけどころはそれぞれに異なる点が興味深かった。たとえば人間世界と神々の世界との二層的な描写によって物語が実現されていること，戦いの様子を描き出すために用いられる精彩な比喩表現の魅力，長大な物語の中に見て取られる緊密な構成，子どもの頃から馴染んでいた神話世界の魅力，神々の奔放さや感情の激しさへの驚きとそのような神々をどのように理解すべきかという問題，作品の奥にたしかに感じられる古代ギリシャを生きた人々の存在，ヘクトルの死を悼みつつトロイアの滅亡を予感させる静謐な最終場面などなど，じつにさまざまな話題をめぐって積極的に言葉が交わされ，それに触発されて担当講師も，学術的な研究の文脈で議論されていることや自身が『イリアス』を読みながら考えていることなどを，つい熱っぽく語ったように思う。

　このようなやり取りを通して強く実感されるのは，自身が読みえたことや考えたことを言語化しながら，同じ作品を読んだほかの仲間たちに伝えようとし，その言葉に耳を傾け理解しようとすることの大切さである。自身の発した言葉が聞き手に届き，その思考を促すことで新たな言葉を発生させる——この連鎖こそが古代ギリシャの文脈においては『イリアス』を生み，人々の間にそれを広め，後には時代を超えた伝承を可能にさせ，古代から途方もなく遠く離れたところに生きる者たちに物語が届いてきた原動力であるように思われるからだ。その意味においておそらく，21世紀の日本の関東地方，埼玉県草加市の獨協大学の教室という場所で実現された『イリアス』をめぐる活発な議論は，文化の発生やその継承との関係で非常に重要なことだと言いうる。

　そしてもうひとつ驚くべきことに，この座談会で学生たちが示した関心や，彼ら／彼女らが継続して考えてみたいと語ったことの中には，専門的な研究の最前線における問題と通じるものも少なくなかった。この長大かつ緊密な構成を持つ作品がどのようにして出来たのかという疑問，それは研究者がホメロスの実在性をめぐって，あるいはそれについての議論を出発点として論じ続けている問題に繋がるし，奔放で感情の激しい神々と人間，さらにはこの両者と運命との関係なども，私たちが古代ギリシャの文化や思考から，まだまだ汲み尽くしていない興味深い問題へと通じている。もちろん専門研究にはそれなりの

手続きが必要だけれど，考えてみると面白い問題それ自体は，学生が自身の関心に応じて『イリアス』を読むという体験の中にすでに胚胎しているのだ。それに気づけたことは担当講師にとっても収穫であったし，また決して小さくない希望を感じさせる出来事だった。

　以上，本稿は大学の講義をきっかけにして，学生たちに『イリアス』を読むことを促す試みについての実践報告である。挑戦しようと思ったものの翻訳を読み続けることができない学生への対応という課題は残るものの，工夫次第ではもう少し多くの学生たちをこの英雄叙事詩へと誘い，それを読んで語らうことの楽しさを実感してもらえるのではないかと思う。担当講師としては今回の報告を次年度以降の授業に活かすという決意とともに，学生たちにメッセージを残して終わりとしたい――『イリアス』を読むことはこんなにも楽しいことです。あまり先を急ごうとするのではなく，必要なことは調べながら，じっくり読み進めてみてください。行ったり来たりして構いません。同じ場面を繰り返し読むことになっても大丈夫です（古代ギリシャの人々も同じ場面を何度も聴いて楽しんでいました）。最初の挑戦でうまく読めなかったとしたら，少し時間をおいてみるのもいいかもしれません。何事にも適した時というものがあります。幸いなことに『イリアス』は，本棚の隅でいつでも，ふたたび開かれるのを待っていてくれるはずです。どうか皆さんそれぞれに，自分なりの仕方でこの作品を読む楽しさを感じながら，心に残る場面や言葉を探してみるとよいと思います。

**参考文献**

池田亀鑑（1991）『古典学入門』岩波書店

L.D. レイノルズ・N.G. ウィルソン　西村賀子・吉武純夫訳（1996）『古典の継承者たち――ギリシア・ラテン語テクストの伝承にみる文化史』国文社

# 第2講

# デューイ『民主主義と教育』上巻を読んだ

##### ——哲学書から現代の教育を考える

吉田　文（早稲田大学）

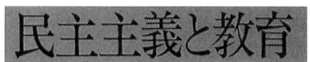

| 実施期間 | 2021年度春セメスター（6月〜）〜秋セメスター（〜10月） |
|---|---|
| 科目区分 | 教育学部専門科目 |
| 科目名 | ゼミ（演習） |
| 書籍名 | ジョン・デューイ著・松野安男訳（1916 = 1975）『民主主義と教育（上）』岩波文庫 |
| 学　年 | 学部3年生 |
| メンバー | ユウジ，タクヤ，ユウコ，アサ，ミズキ，ホノカ，サクラ，トモヒコ（以上8名，いずれも仮名） |

# 1　2021年新学期3年ゼミ

　2021年の新学期が始まった。2020年度がサバティカルであった私にとっては，久々の授業であるとともに引き続くコロナ禍の中での授業開始であった。3年生から始まるゼミ登録者は8人。従前と比較すればやや少ない。サバティカルのため2年生対象の必修授業をしていないことによるように思う。そうだとすれば，この8人が私のゼミを選択した理由は何か，逆に不思議である。4月のゼミ開始日にその理由を問うたところ，サバティカルの間，非常勤にお願いしていた教育社会学の授業が面白かったからだという。非常勤の先生に感謝するとともに，その面白さをさらに伝えたい。

　ここ数年，3年生のゼミの最初に読んでいるのが，上野千鶴子の手による『情報生産者になる』（2018年，ちくま新書）である。大学における「研究」とは何か，それをどのように進めるのかを，事例を入れつつ丁寧に説明した書籍である。自分で問を立て，それを自分で解いて答えを導くのが研究（情報生産者）であり，多くの知識を獲得する勉強（情報消費者）ではないということを，まず知って欲しいと思ってのことである。この了解がないと，4年間の集大成としての卒業論文が「勉強」の域を出なくなるからである。ゼミの3回目から読み始めたが，早々に「勉強と研究は違うということ知らなかった……」という反応があり，読む手応えを得た。

　毎回の担当者は，私が指示をしたわけではないが，担当章のまとめにコメントを付したパワーポイントを作成して発表をした。プレゼンはこんなに慣れているのかというのが，率直な印象であった。ここ数年間に学生のこうした技量は格段に向上している。

　これまで，新書は読んだことないという者が大半であるにもかかわらず，皆，読めているというのが5月中旬の感触であった。そうであれば，きちんと専門書を読むことも可能だろう。そこで，1人では読み通せない，おそらく大学時

---

（1）　筆者が担当している2年生必修の授業において，毎年のように新書を読んだことある者の挙手を求めているが，それは皆無に近い。多くの大学生にとって新書が身近ではないと考える。

代にしか読まない専門書を皆で読んでみないかという提案をしたところ，多くの賛同を得た。では，何を読むか，2回の議論を経てジョン・デューイ『民主主義と教育』となった。6月1日のことである。

　なぜ，ジョン・デューイのような古典が挙がってきたのか。1・2年生の何かの授業で紹介されたからという声が多かった。他にマックス・ウェーバーの『プロテスタンティズムの倫理と資本主義の精神』なども候補であったが，教育学部に来たのだから教育の専門書を読もうという意見が強く，ジョン・デューイに決まった。私が専門とする教育社会学からはやや遠い教育哲学の書籍であり，私もきちんと読んだことはない。この際に理解を深めよう，ゼミ生と同等のレベルで議論しようと腹をくくった。

　輪読にあたって全員が必ず読んでくることを課題とし，輪読の目的は書籍の内容の理解と共に，各自が何を考えながら読んだか，読んだ後に何を考えたか，論点を出して皆で議論することにあるとした。ゼミ1回で読む分量，分担，発表の形式などすべて任せることにした。その結果，「岩波文庫の薄い書籍なので1回で2章分（各章ほぼ20ページ）は読めるよね」，「まあ，そうだね」，「そのくらい何となるね」（これがのちに桎梏となることつゆ知らず，である）ということになり，各回の担当者（マネージャー）は2名，マネージャーは，内容の簡単なまとめとともに議論したい論点を相談してレジュメを作成することが決まった。また，私からは，ゼミ後にゼミでの議論を振り返って「まとめ」を作りMoodleにアップロードすることを勧めた。[3]

## 2　実験の始まり——ジョン・デューイの輪読経過

　第1回，6月15日から始まった輪読は，夏休みをはさんで，第11回の10月26

---

（2）　これがこの書籍を編むための実験であることは，学生には知らせずに始めた。翌年度，授業の記録をもとに執筆する許可を得た。

（3）　これは，1，2回は続いたが，次第に立ち消えになった。勧奨のレベルでしか言わなかったことが原因である。大学設置基準によれば授業の前後に予習復習が必要とされている。しかし，3年生の後半から始まる就活に備えて，学生は，低学年のうちになるべく多くの単位を取得しようとする。3年生になったとはいえ，ゼミが始まり，専門科目が増え，学生は意外なほどに自由な時間がない。どこまで時間外学習を課すかは，悩みどころである。

日まで続き，上巻を読了した。当初予定よりも大幅に遅れたが，何とか上巻を読み切った。上巻の目次構成は図表2-1のとおりである。

　どのように読み進めたのか，そこで何が議論されたか，読み方がどのように変化したか，特徴的な授業5回に絞り，ゼミにおける議論のフィールドノーツをもとに再現する[4]。加えていえば，書籍の内容を正確に理解した上での議論か否かというよりは，書籍を読んで何を考え，何を議論したかを中心にまとめたい。ゼミの参加者は冒頭の表にある8人である。

図表2-1　ジョン・デューイ著・松野安男訳（1975）『民主主義と教育（上）』岩波文庫の目次構成

| |
|---|
| 第1章　生命に必要なものとしての教育 |
| 第2章　社会の機能としての教育 |
| 第3章　指導としての教育 |
| 第4章　成長としての教育 |
| 第5章　準備，開発，形式陶冶 |
| 第6章　保守および進歩としての教育 |
| 第7章　教育に関する民主的な考え |
| 第8章　教育の諸目的 |
| 第9章　目的としての自然的発達と社会的に有為な能力 |
| 第10章　興味と訓練 |
| 第11章　経験と思考 |
| 第12章　教育における思考 |
| 第13章　教授法の本質 |
| 第14章　教材の本質 |

## （1）読書開始（6/15, 輪読第1回, 第1章「生命に必要なものとしての教育」・第2章「社会の機能としての教育」）マネージャー：アサ，ミズキ

　初めて読んでどうだった？という私の問いかけに対して異口同音に，「こんなに難しいと思わなかった」，「何が言いたいのかよくわからなかった。こんな難しい本は初めて」という回答が返ってくる。初めから苦戦したようだ。文庫本ならとの思惑が外れたようだ。読書において，最初からわかることは多くはない。試行錯誤しつつ，繰り返し読むことが大事。これまで，繰り返し本を読んだことある？という私の言葉に対して，繰り返し読むのか……という反応。そんなふうに本を読んだことはないのだろう。

　第1章，第2章は，人間社会における持続性（次世代育成）に教育が不可欠であり，人間社会が次第に複雑になるにつれて，大人社会の見様見真似ではな

---

（4）　このフィールドノーツは，ゼミの中での学生たちの議論，私も入れての議論をゼミの中でメモし，ゼミ終了後に私が記憶も含めて作成した。学生の発言をそのまま記録するように努めたが，すべてが正確な発言とは言い難い。本書ではその一部を取り出し，ゼミでの発言として記す。

く，子どもを大人にするための特別な社会環境として学校が必要になるといったことを論じている。

　ここで議論になったのは，デューイがいう「間接的な教育」（制度化されていないが大人たちの仕事に直接参加することによる学習）である。デューイは社会が進化するにしたがって間接的な教育が次第に制度化された教育にとって代わられ，両者の懸隔が深くなることを憂慮している。

　しかし，担当マネージャーは，この「間接的な教育」とは，コロナ禍の中で多く利用されるようになったオンライン教育（＝非対面教育）をその1つとして理解しており，その議論に終始した。というのも「間接的な教育」とは，体験を伴う教育，授業外の教育効果のような意味で捉えており，コロナ禍でそれが減少していることをもって間接的な教育の機会が減少している危機と問題提起したからである。大学2年生からの突然のキャンパスの閉鎖，オンライン教育への移行の心理的ショックが議論を喚起していたように思う。

　もう1つの解釈として，「塾や予備校がその（筆者注：間接的な教育）代表例」（アサのレジュメ）として把握されていることを指摘したい。「近所の公立小学校の子どもたちが同じ塾に通い，学習塾が学校の延長線上にあるということが起きている。このような事例を踏まえると，間接的教育は非制度的な教育の中で起こり，必ずしも間接的教育＝非制度的教育となるというわけではないと考えた」（同上）という問題提起となった。

　デューイとはまったく異なる意味で「間接的な教育」を捉えているのであるが，それを指摘する者はおらず，正規の学校ではないが類似の機能をもつ教育機関として議論が進んだ。議論が一段落した段階で，デューイの意図を説明しつつ，直接的な教育と間接的な教育との懸隔を憂うるデューイに対して，皆がそれを埋める提案があるか否かを聞いた。それに対し，ゼミ後に興味深いまとめをアップロードしてくれた者がおり，その一部を記す。

　「「演劇教育」などが分裂を回避させるのではないかと私は考えた。たとえば，子どもが「会社員のお父さん役」をやることになったとする。その役を生き生きと演じるためには，「会社員のお父さん」についてよく知る必要が出てくる。そのために，会社で働く人の姿を観察しに行ったり，そもそも会社とはどうい

うところなのかを調べたりする必要が出てくるかもしれない。このような過程は，まさに非制度的であり，訓練ではなく教育といえると私は考える」（サクラの事後のまとめ）。さらにこのコメントに続き，イギリスの学校の「ドラマ」という授業にも言及し，「「ドラマ」は制度的な教育かつ非制度的な教育であると言えると私は考える」（同上）とまで論じている。

　演劇で役割を演じること，いわゆる疑似体験をすることが両者の懸隔を埋めるのだという指摘は面白い。デューイが意味していたこととは異なるものの，デューイがこの言葉を聞いたら何と反応するだろうか。デューイの文献解釈をすることが主たる目標ではないこと，デューイが書いていることを参考にして，自分が何を考えたかが大事と言った以上，こうした考え方が出てくることは歓迎である。初回にしては上出来だと思う。

### （2）デューイが生きた時代とは（6月29日，輪読第3回，第5章「準備，開発，形式陶冶」）マネージャー：タクヤ，ホノカ

　先週（6月22日，輪読第2回）は予定通り第3・4章を読み進めたが，そこでトモヒコから疑問が呈せられた。「デューイってアメリカの哲学者だとは聞いているけれど，この本を書いた1916年って，アメリカの社会や教育はどんな状況だったのだろう。それを知らないままにこの本読んでいても，真意が理解できないんじゃないか」（トモヒコの発言）。他のメンバーからも，「確かにそうだ。背景を知れば，本に書いてあることの理解も深まると思う。来週（読む章）は，初めて聞く哲学者の名前もたくさん出てくるし，特にヘーゲルについてページが割かれている。ヘーゲルが誰かを知らずして，デューイの考え方を読んでもきっとわからないよね」（タクヤの発言）など，トモヒコへの賛同意見が出て，1週間でデューイについて調べて，それを皆で共有しようということになった。

　ここで驚いたことに，2限のゼミが始まる前に来て，教室のホワイトボードに調べてきたことを書いて，共有しようという発言が出てきたことだ。そして，翌週の6月29日，下記の3つの写真が，メンバーの調べた成果である。当時のアメリカの教育政策，アメリカの民主主義と教育の関係，ヘーゲル哲学の概要の3つを手分けして調べてきた。この3つのテーマは，もちろんゼミ生たちが

考えたものである。

　図表2-2は，デューイが生きた時代のアメリカの教育政策について調べたことが記載されている。19世紀後半から20世紀前半にかけて教育拡大を遂げていくアメリカ社会が説明された。面白かったのは，アメリカで義務就学法が制定されたのが1852年であることに，皆，驚いていたことである。それは早いという意味ではなく，意外と遅いという意味である。アメリカをはじめとする列強により開国をした日本が，近代的な教育制度を制定したのは1872年。近代化の進展の差が大きかったことと比較すれば，日本の教育への力の入れ方は早いという意見に，少し感嘆した。

図表2-2　19世紀後期から20世紀初期のアメリカの教育をめぐる法律と時代背景

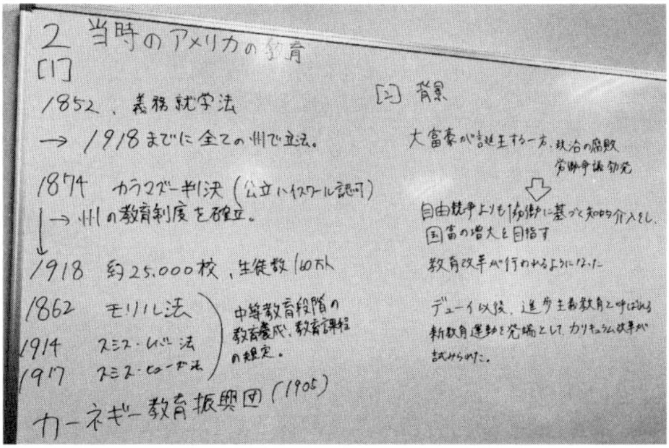

　図表2-3は，民主主義の進展と教育との関係を調べた結果である。19世紀後半に登場した新教育運動の中でデューイの思想も誕生したことが説明された。民主主義の進展と教育の進展とが両輪のように扱われ，個人の主体性の育成が教育の課題となったことがこの時代の特徴であり，学校が民主主義社会の要としてとらえられていたことが説明された。本日，読む予定の第5章の担当マネージャーのホノカは，この説明を聞いて，「なぜ，デューイがこんな本を書いたのか少しわかった気がする。アメリカが国家として画一的な教育を推進しようとするなか，それへの反発として進歩主義教育を提唱したんだ」（ホノカの

図表 2-3　19世紀後半のアメリカの民主主義の理念

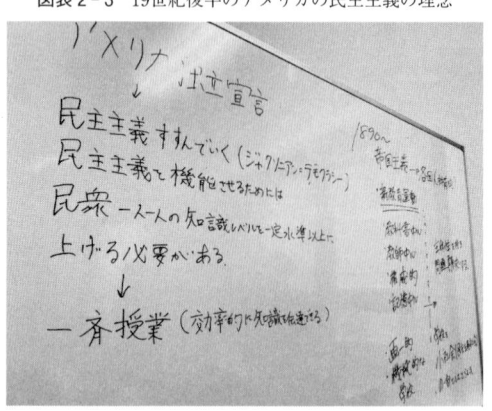

発言）と納得していた。

　図表 2-4 は，ヘーゲルの哲学，とくに絶対精神についてのまとめである。絶対精神が強調されているのは，デューイが，その部分を引用していることによる。カントが現象界と物自体界（白板にある「物事体界」は誤記）の二元論に立ち，人間の認識は現象であり物自体ではないと論じたのに対し，ヘーゲルは，弁証法によって主観的精神と客観的精神を統一させ，それを絶対精神としたこと。そして，絶対精神を獲得すれば，人間は神と同様，世界の真実を知ること

図表 2-4　ヘーゲルの哲学の解説

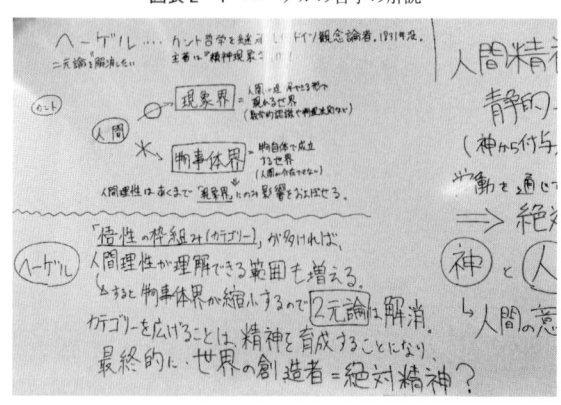

ができ世界の創造者になるといった流れでの説明であった。しかし，こうした抽象的な議論に接する機会はほとんどないとみえて，担当のユウジがとても苦労して説明していたことが印象に残っている。

その後，第5章を読んだ。デューイのいう教育は，準備説，開発説，形式陶冶説すべてを否定し，連続説を強調するが，担当マネージャーのタクヤのレジュメは簡潔ながら的確であった。その一部を記す（図表2-5）。

図表2-5　タクヤによる第5章のレジュメの一部

教育＝連続的な成長の過程で，各段階の目標は成長する能力をさらに増進させる⇔教育とは，成人の生活に伴う責任と特権に対しての準備の過程。
**準備説**は，未来への準備のために現在の可能性を無視したり，漠然として見込みの中でそれを学びや活動の主要動機になってしまう点から，教育方式として間違っている。
**開発としての教育**＝ある特定の態度や行為が完全という目標に近づきつつあるのか否かを判定するための明確な基準を設ける必要がある。子どもが本当に望んでいるものを得られている場合に，正しく開発されていると言える。
（中略）
**形式陶冶**＝精神が本来もつ知覚，記憶，意志，判断，一般化，注意などの力が反復練習によって訓練された結果とその訓練の方法を指す。
（デューイの）主張として，能力は材料からも能力同士でも切り離してはならない。諸活動の広範囲にわたる連続的な相互作用内の，独創性や発明力，再順応力といった能力が犠牲にされ，専門的な閉ざされた能力の訓練を強調してしまうから。

そのうえで，議論したい点として挙げられたのは，図表2-6のように日本の教育制度の問題点であった。準備説が受験のための準備教育として理解されること，きわめて現実的ではあるが，その後の準備教育とは何かという対立する意見は興味深い。

図表2-6　タクヤによる第5章を読んで議論したい点

『現在の日本の教育制度は準備説的な側面を強く持っていると思われるが，どういった変革がもたらされれば制度的な学校教育においてデューイが理想とする子どもの開発や成長を実現できるか』

　この問題提起に対する議論は面白かった。受験に向けての教育は準備教育だとする意見と，将来の仕事に役立つようなことを学校で教えていないから準備教育ではないという意見が真っ向から対立したのである。では，仕事に役立つ教育とは何か，という私の質問に対して，「徳川家康が何年に幕府を開いたかを教えるのではなく，彼がいかにしてリーダーシップを発揮して幕府を構築していったかを歴史の授業で教えれば，仕事にも役立つ」（トモヒコの発言）という回答があった。さもありなん。

　また，「デューイは，訓練，練習，反復することは，連続的に成長することではないので，教育ではないという。でも，練習しないとできるようにならないことも多い。私の意見は，デューイとは違う」（サクラの発言）という意見も出た。少しずつ読めるようになったかなという感触であった。

　ところが，ここで弱音が出る。「毎回2章分読み進めると決めたが，結構しんどい。一回でわからなかったら何度でも繰り返して読めと先生には言われているが，それでもよくわからない」（タクヤの発言）という吐露がなされた。それに頷く周囲。どういう進め方をするかは皆で決めてよいのだから，2章ではなく1章にしてはと提案したところ，「でも，決めたことだし，まだ2〜3回しか読んでいないのだし，読み進めればわかるようになるかもしれないから，もう少し頑張ろうよ」（ホノカの発言）という意見に押され，来週は2章分を読むことにした。

## （3）噛み合う議論（7月13日，輪読第5回，第8章「教育の諸目的」・第9章「目的としての自然的発達と社会的に有為な能力」）マネージャー：アサ・ホノカ

　それから2週間後。夏休み前のやや中だるみ状態，いろいろな私用が重なったようで出席者は5人と少ない。でも，その中で議論が白熱した回であり，ある意味，輪読の転換点であった。今から思えばそのような評価ができる。とりわけ第8章「教育の諸目的」が議論の中心になった。担当マネージャーのホノカからのいきなりの「現代の教育はデューイのいう「良い教育目的」（p. 174）にあてはまっているか」（ホノカの発言）という漠とした問いかけに対し，もう

１名のマネージャーのアサは本文に記されている英語に着目して考えては，という問題提起をした。「目的には，aimとendsが当てられている。その違いは何？　また，endが「結末」として使われているが，「目的」に対する「結果」にresultが当てられている。これは何だ？」（アサの発言）となった。翻訳者がわざわざ英単語を記しているということは何か示唆したいことがあるのではないか，という私の発言を受け止めてくれ，議論が噴出した。その結果を「ホワイトボードにまとめよう！」という声が上がり，下記のようなまとめが図式化された。

　教育のaim，ends，result，endの意味について，本文162ページから164ページを読み込み，議論のうえの合意となった。

・目的（aim）：外部からではなく活動の中に含まれるものとしてのaim，秩序だっている，内的連続性がある，累積的に成長。
・目的（ends）：先行したことの終結・完成，事象が連続する，成長しない，本能的（例：蜜蜂の行動）。
・結果（result）：目的がない，偶然に生じた結果，無秩序（例：砂漠の砂の移動）。
・結末（end）：終結を予見できる，想像する。

　これらの議論の結果が図表２−７であり，当初の「目的（aim）」が予定通り進めば，直線の先の「目的（ends）」に至るが，実際には，そうはならないこ

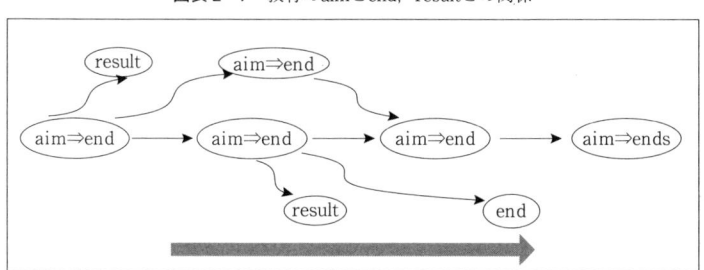

図表2−7　教育のaimとend，resultとの関係

とを図示している。目的が連続して予想する結末に至るend，それを追求する過程で派生する結末（end）や結果（result）をいかに示そうかとしたものである。

　「こんなイメージじゃないかと思う。1つひとつ当面の予見された結末が，ある目的があって進み，それを1つ達成すると，それをベースにして次のaimとendのセットに進み，時には，うまくいかないこともあって，方向転換したりもするけど，再適応して，全体として秩序だっていて成長していく。蜜蜂は考えて行動しているわけではないし，でも，行動は決まっている。人間はそうじゃない。その時々に合わせて対応するのが人間」（タクヤの発言）と黒板に図を書いた。「そうそう，これでわかった」と賛同の声があがった。

　著者の意図の理解の正しさはさておき，これら教育のinputとoutputに関わる4つのタームを図式化できたという点で，この書籍を読み進めてきた1つの到達点であると思う。

　その後の議論では，最初の問いかけ「現代の教育はデューイのいう「良い教育目的」（p. 174）にあてはまっているか」について議論した。

　「良い教育目的になっていないと思う。学習指導要領で縛られているし，授業は先生に言われたことをやってただけ。自分で予見できる結末なんて考えてこなかった。これって外から与えられた目的」（ユウコの発言）と，いきなり否定的な意見が出る。

　それに刺激を受けて，「私，子どもの頃，公文に行かされていたけど，あれって課題を解くだけで，単純な骨折り仕事。手段と目的が入れ替わっている」（アサの発言），それに対しては「でも，私，今，公文でバイトしているけど あれはあれで意味がある。課題をどうやって解くのかをきちんと教えて，そのうえで問題をやらしているからできるようになる。学校で解き方をきちんと教えていないところも結構あったりするから……」（サクラの発言）に対して，「でも，それって外からの目的だよね」（アサの発言），「それでも頭のいい人は，わかっているんじゃない。今やっていることがどこにつながるか，何と関係しているか……」（サクラの発言），「そうかもしれないけど，そんな人，普通はいないよ……」（アサの発言）と応酬が続いた。

そこで,「みんな,大学に入る前,将来何をしたいか,そのために今,どんな勉強しようかと考えていた?」と,問いかけてみた。それに対しては,「全然。とにかく大学に入る。早稲田に受かる。受かってから考える。という状況だった」,「予備校の教師からも,大学で何をやりたいなんて,受かってから言え!と言われていた」と異口同音の回答が続く。

では,「大学生になった今はどう?」という私の次の問いかけに対しては,「今は,就活のこと考えなくてはならない。でも,それって大学の勉強とは関係ないし……」(ユウジの発言),「就活用のテストって,大学と何も関係ない。そうすると授業に出る意味ってあるのか,なんてことを考えることもある」(ホノカの発言),「大学で勉強したことよりも,大学で頑張ってきたことを聞かれるって言うし……」(アサの発言)と就活を心配し,大学における教育学の勉強が就活に役立たないことを嘆く声が続く。デューイを読み込めるようになったことは,現在の彼/彼女にとっては,将来と無関係な事柄なのだろうか。

## (4) Zoom初体験(10月5日,輪読第8回,10章「興味と訓練」)マネージャー:ミズキ

9月28日から後期が始まり,初回は上巻を読み終わった後に何をするかで大方の時間を使ってしまった。結局のところ,下巻を読むという話にはならなかった。上巻で精一杯ということのようだ。それとは別に,9月には再度コロナ感染者が増加の途上にあった。そこで,「後期は部分的にZoomでいいんじゃない……。大分,お互いのことわかってきたし……」という意見も出た。これまで,前期15回の対面授業+その間の有志での昼食会+ラインでのやり取りがあり,授業以外の場でのつながりが一定程度できており,それがZoomでも議論ができるという意見表明になったと思われる。

そして,10月5日はZoom初体験となる。対象は10章のみであった。初めてのZoom授業にやや緊張気味の担当マネージャーのミズキの「では,読んだことを前提にして議論を始めます。213ページの2行目の「すなわち〜」の一文をもとに,デューイがいう教材とは何かを議論しましょう」(ミズキの発言)という発言で始まった。その一文を示せば,「したがって,教授上の問題は,次

のような教材を発見することである。すなわち，それは，人間を，彼にとって重要なつまり興味のある目標または目的をもつ活動で，しかも，事物を体操用具としてではなく目的達成のための条件として取り扱うような，特定の活動に従事させるような，そういう教材を発見することである」となる。「いきなりそういわれてもわからない」，「タイトルの「興味と訓練」が何を意味するか確認して考えた方がいいよ」ということで，「興味」と「訓練」の意味するところを探った。

　興味とは，「204ページの後ろから5行目に説明があるよ。「興味（interest）という語の語源的には，間にあるもの──もともとは離れている2つのものを結び付けるもの──を暗示する」とある」，「なぜ，興味が中間にあるの？　それって最初にあるものじゃない？」，「だけど，興味が続かなければ目的に到達しないから，中間段階といっているんじゃないかな。他でもデューイはプロセス重視だったよね。206ページの5行目くらいからの「現在行われている活動が予知され欲求された目的に発展するかどうかがそれらいかんにかかっているからこそ，興味あるものとなるのである」が，そのことを言っていると思う」ということで，十分に得心しているわけではないが，とりあえず，決着して，「訓練」の説明を探す。

　訓練に関しては，「207ページの後ろから3行目にある「訓練とは，意のままになる力，つまり，企てた行動を貫徹するために有効な手段を使いこなすことを意味するのである」が端的に表現しているね」，「訓練って無理やりやらされていること？」，「でも205ページにdisciplineってあるよね。これって日本語だと躾だから，必ずしも強制だけではないんじゃない。何か，鍛え上げていくような感じ」，「でも，これって自分1人でできること？　能動的なこと？」，「207ページに「訓練される」とあるから，他者の働きかけがあるんじゃない」。

　「では，興味と訓練の関係はどうなるの？」という私の問いかけにもとづき，章のタイトルの「興味と訓練」が何を意味するかの確認作業を始めることにした。「208ページに両者関係があり，対立するものではないとある」，「これってどういうこと？」，「最初に興味があって，そこから目的までプロセスがあって，その間，興味を持続させるような力をつけることが訓練じゃない？」と議論は

続いた。<sup>(5)</sup>

　夏休みを挟んで，デューイを忘れたと言っている割には，議論はそれなりに充実している。本文を読みこみ，それをもとに考えた発言ができるようになったと思う。

　そこで，Zoomのブレークアウトルーム機能を利用して３人ずつの２グループ（第１グループ：タクヤ，アサ，サクラ，第２グループ：ミズキ，ホノカ，トモヒコ）で密な議論を20分間することにした。この章に関連することであれば，何を議論してもよいとした。私は，第１グループに参加した。ここでは，教材の話が中心であった。気に留めた発言のやり取りの一部を記すと，「英語の授業であれば，英文法のドリルではなく，映画をみて日常の表現を学んだり，日記を毎日書いて添削してもらったりの方が，英語が楽しくなる」，「そうだよね。教材は目的達成のための条件なので，何よりも個々人が興味をもつものにしなくてはならない。そのためには個々人のレベルに合わせる。楽しくなければやる気にならないので，漫画とかを使う。公式を教えられて，あとは問題を解くなんてつまらない。いろいろ試してみて，どうしてこういう風に解くのかがわかるようなものがいいね」，「そういうのって，日常の環境の中にいろいろ教材があるのでは。家族とか友人とか。料理をうまくなりたければ，周囲にそういう人がいないか探すなど」と，興味を引き出し，かつ成果をあげる教材について議論が続いた。結構，高度なことを期待していることにやや驚いた。この先，では学校で教えられる知識とは何か，学校的知識とは何かという議論に発展する契機があったが20分が経過してしまい，そこまではいかなかった。

　ブレークアウトルーム終了後，それぞれのグループの議論の交換をし，さらに全体で議論をした。そこで，出てきたのは，TIMSSやPISAで日本の生徒の成績は優秀だが，しかし，数学や理科が楽しいと回答する生徒は少ないという状況がなぜ生じるのかという話になった。

　数学に関しては，「数学って，今の生活や将来の生活に何が関係しているのかまったくわからない。高校の微積は最悪。だから嫌いになった。」（アサの発

---

(5)　この回，議論が白熱し，そこに私自身も加わっていたので，各発言が誰のものかがあやふやである。そのため，今回の発言者の情報はすべて記さないことにする。

言），「そうそう，先生が公式を教えて，解き方を教えて，それに従って問題を解くだけ。もっと試行錯誤して，解き方を発見するような授業だったら楽しかったと思う」（トモヒコの発言）と高校教育を批判する意見が多かった。理科に関しても，「理科でやたら実験をさせられ，その後でそれを総括するような授業しても，実験の意味がよくわからなかった」（タクヤの発言）といった意見が多かったものの，「私はその反対。実験をいろいろやって，その結果をレポートにまとめ，そのあとで実験の意味を先生が説明してくれることで，理解が深まった」（サクラの発言）といった意見もあり，これは，本人の学習態度とともに学校や教員の教え方の特色が出ていると思った。興味を持続させる力としての訓練が本章の趣旨だが，学生の議論はもっぱら興味を喚起させるものに集中した。

　Zoomという方式でも輪読はできるという確信を得て，次回もZoomとすることになった。

## （5）最終章へ到達（10/19，輪読第10回，第13章「教授法の本質」・第14章「教材の本質」）マネージャー：アサ，サクラ

　最終章くらい対面で集まろうということで，2週間のZoomでの授業を経ての対面授業となった，何となく久しぶり感が満載。基本的な目的は，Zoomで十分達成可能である。むしろ，ブレークアウトルームを利用して密度の濃い議論もできる。でも，対面でしか感じられない雰囲気，3次元で息遣いを感じるということだろうか。それは捨てがたいと，皆，思っているようであり，議論は活発であった。

　最初に上がった議論は，教材と教授法の関係である。デューイによれば両者は別のものであり，前者は「体系的に分類されている自然と人間の世界の諸事実と諸原理」，後者は「存在する教材がどうしたら精神にもっともよく呈示され印象づけられるかという方法についての考慮」（p. 261）である。その両者の関係については，「方法は，対象に対立するものではなくて，望まれた結果に向けて対象を効果的に方法づけることなのである」（p. 263），当時のゼミ参加者での基本的な理解とされた。

　そのうえで，263ページにあるピアノを弾く事例が議論の好材料となった。具体的には，「3歳の子どもがピアノを始める事例，ピアノを習い続けて中学生になったケース，ピアノのプロ。それぞれピアノを弾くが，その当面の目的は異なり，したがって，教え方，練習方法は異なってくる。それぞれに適切な方法を用いないとうまくいかない。これが，デューイが言いたいことを卑近な例で示している」（サクラの発言）に納得した雰囲気となった。

　これに対しては，もう少し検討の余地はあるかもしれないと思いつつも，結構議論が継続したのでそのまま見守った。詳細をノートに記すこができなかったが，私の了承を得ずして議論するようになった点は進歩だと思う。

　第14章に関しては，マネージャーのアサからの重要な問題提起がなされた。それは，「われわれの生きる時代はデューイとは異なる。もっと自由な選択，自己成長いう点から，将来の仕事を考えることできるのではないか。そうしたとき，現代ではどのような教育が大事なのか，そこをきちんと考えてもよいのではないか。コミュニケーション能力が大事とよく言われるけど，どこまで本当に大事なのだろうか。そういうことを考えるべきだと思う」（アサの発言）。

　それに対して，「誰にとってもよい教育などないと思う。マジョリティに合わせるのか，マイノリティを考慮するのか，そこを考えないといけない」（タクヤの発言）。誰もが首肯して，こうした問題を考える必要性を認めたものの，残念ながら時間切れで十分な議論ができなかった。誰にとってもよい教育はないというタクヤの発言は確かにそうである。マジョリティ，マイノリティとは社会階層と言い換えてもよい。社会における法的立ち位置は皆平等である。しかし，そこに，社会的諸状況を加えたら「平等」はあっけなく崩れ去る，という議論に近づいたことでもって，1つの小さな成果としたい。


## 3　学生は何を学んだのか


　上巻を読み終わって，最後に内容の振り返りをし，読後感を聞いた。内容の振り返りに関しては，担当章の簡単なまとめを作成して順に報告した。それでもって，この本が何について書いたものか，その全体像を少しでも把握できた

らと考えた。どのようにまとめるかは，各自に任せたが，多くが担当章の簡単なまとめ，その回での議論内容が書かれていた。皆で議論した内容が記憶に残っていることにやや驚いた。

　どのようなまとめが作成されたのか，一例として第9章「目的としての自然的発達と社会的に有為な能力」の担当者によるそれの一部を提示する。教育の目的とは何かを論じたこの章では，「自然的発達」，「社会的に有為な能力の形成」，「教養の獲得」の3つが近代における教養の目的と論じられる。この第9章のうち，第2節「社会的に有為な能力」のまとめと取り出してみよう。

図表2-8　ホノカによる第9章第2節のまとめ

| |
|---|
| **2．目的としての社会的に有為な能力**<br>・社会的に有為な能力＝産業上の有能さの重要性を指す<br>　社会的に意味を持つ仕事の中で，個人の生まれつきの能力を積極的に使用することで獲得<br>・経済上の相違が，将来の職業を規定<br>・市民としての有為な能力……良き市民<br>　社会的に有為な能力＝経験をやり取りする過程に参加する能力　自分も価値を提供し，他人の価値に豊かに参加できる能力<br>・以上から社会的に有為な能力＝外面的奉仕<br>　広い意味では，経験をもっと伝えやすいものにすること　社会階層の柵を打破すること |

　デューイによる社会的に有為な能力とは，外面的奉仕であることが，簡潔にまとめられている。

　次に，この章で何が議論されたかが，図表2-9のようにまとめられている（一部を抜粋）。

図表2-9　ホノカによる第9章の授業で議論されたことの一部

| |
|---|
| **議論から**<br>テーマ：デューイの時代に課題とされていたp. 198「社会的に有為な能力」という課題は，解決に向かっているか。 |

> ・資本主義社会→私利私欲を抑え，社会に貢献・発展させなければならない
> ・競争に取り残されないように必死の世の中で，教養との両方は難しい

　ここで議論されたことは，社会的に有為な能力は外面的奉仕といっても，それは現代社会では仕事の成果として把握されるので，市民として生きる能力や個人の人格を形成する教養という目的と両立できるのかという問題であった。フィールドノーツを見返すと，「今の日本は，高度経済成長期よりも良くなった。ライフワークバランスを重視するようになったし」，「でも，ブラック企業だってある」，「ブラックだといわれるようになったことがいいことなんじゃない。昔だったら，働くしかなかったじゃない」，「そうそう，今は，いろんな文化を楽しめるようになったし……」と次々と語られていた。「現在の生活に満[(6)]足していること，幸福感がよくわかる会話」という私のメモがある。

　さらに，このまとめでは，「感想」まで書かれている。それを全文引用しよう。

図表2-10　ホノカによるデューイ『民主主義と教育』（上）の読後感

> **感想**
> 　この本でデューイは一貫して教育の過程，環境を重要視していたと思う。そのうえで教育と関係するさまざまな社会的事柄，たとえば通信（コミュニケーション）精神，生活，環境，自然などを定義し，教育のあり方を検討していた。読み書きや知識の暗記といった基礎的というか作業的な教育に留まらないで，経験や実生活に根付いた教育，新たな経験を積む教育を行い，自律的に思考することができる人を育てることが民主主義社会には必要だと唱えているように感じた。
> 　難しすぎて書いてあることがあまりくみ取れなかった。自分の実生活にあてはめたり，具体的に例えたりすることがこのような難解な本を読むには必要だと感じた。自分は深く考えられず何ももたらせなかったことを反省しているが，授業での他の方の意見は，新しい視点ばかりで勉強になった。

　後段の「難しすぎ」ては，皆の本音であった。それでも基本的な部分は読め

---

（6）　ここの議論もメモを取るのに精一杯であり，誰の発言か正確に記すことができない。そのため，発言者の氏名はすべて記さないことにする。

ていること，第1段落の感想が示している。そのために，どのような努力をしたかも第2段落からわかる。

　もう2例。読後感をめぐる発言を示そう。まず，1例目。

　「①難しい，回りくどい。高校時代に国語力つけておくべきだった。②経験を重視していること，共感した。③でも学校教育に多くを求めすぎているように思う。勉強は皆するものだという考えがあるが，もっと多様性があってもよいのではと思う」（アサの発言）。多くを求めすぎているってどんなこと，もう少し説明して，という私の問いかけに対して，「カリキュラムのありかた，教授法，知識と経験の関係，社会集団や共同体のメンバーになることなど，こんな教育をしたら教員はとても大変。あれもこれもしなくてはならなくなる」（アサの発言）と答えてくれた。この回答も，内容は難しいと言いつつ，自分の環境に引き付けて考えていることはわかる。

　もう1例。「わかったようでわからない本だった。読むには読んだけど，自分の身になっているのかわからない。繰り返し読み返す作業をしたが，皆で議論することで何か考えたことは確か。でも，将来，これが何かに役立つのかわからない」（タクヤの発言）。

　それに対し，私からの精一杯のメッセージ。「本を読んだから，それが自分の将来の何に役立つのかを考えても意味がない。そこでどれだけ考えたかをふと思いだすことがあるかもしれないし，自分の思考の何かに役立っていることすら気づかないことが多いのではないかと思う。それでも読書は賢人との対話であり，自身の思考力を高めてくれる」と伝えた。初めて読んだ専門書，それも古典，加えて，教育哲学という，彼/女だけでなく私にとっても新たな領域の書籍であった。半年ほどの試行錯誤は思い出にはなったろうが，新たな知恵になったかどうか，「学修成果の可視化」が求められる近年，危うい思いである。

## 4　付記（2023年3月）

この8人のうち，4年次に卒業論文を書いて普通に卒業したのは，4人であ

る。残る４人のうち２人は，４年次になる年に長期インターンや資格取得のために１年間の休学をし，2023年度に４年生として復学した。休学期間中に，すでに就職先を決めた者もいる。残る２人は留年である。そのうち１人は，卒論は執筆して合格点には至っているものの，それ以外の単位取得がはかばかしくなく留年となり，もう１名はいろいろ考えるところがあってと，卒論執筆もせずに留年した。[7]

通常と比較して４年ストレートで卒業する者があまりにも少ない学年であったが，ストレートに卒業しない４名がゼミへの参加度が低いというわけではないことを強調しておきたい。とくに，長期インターンや資格取得のために休学をした２名は，ゼミをリードする者であった。留年した２名は１つのことにこだわると，それをとことん追求しなければ気が済まない性格のように見受けられる。

書籍を読み進めるなかで，１名の発言は強く記憶に残っている。「デューイは，教育ってよいものだとして論じているけど，教育を受けるなかで被害を受けたっていうか，よい思いをしなかった人たちのことを考えなかったのだろうか」という問いかけである。これは，学校教育にどこかなじめない経験をし，大学でもそこから抜け出せず，結果的に留年をすることになった者の発言である。本人にとっては何気ない発言だったのだろうが，私にとっては本人の悲痛な叫びを聞いたような思いであり，忘れることができない。こういう者は大学教育に何を見出すことができるのか，われわれ教員は何を与えることができるのか，私自身の課題である。

ところで，１人では読み通せない書籍を読むという企画は，学生からすればさほど楽しいことではなかったであろう。１回読んだだけでは理解できない，読んだとしても何が得られたかはわからない。確かに，苦痛であろう。しかし，真面目に勉強することに慣れている彼／彼女は，文句も言わず従った。教員からみれば，読書による内容の理解や思考力はそこそこの域に達していると評価することはできる。それでも，教員としては，大学時代くらい，今後，おそらく読むことはないであろう本に，もっとくらいついて欲しいと思う。それは，

_____

（7）　留年をした２名は，心配したものの思い思いの進路を決め2024年３月に卒業した。

くらいつくことで何かが残るのではないか，という（淡い）期待があるからだ。さて，この期待が実現したか否か，10年後，20年後の彼／彼女との邂逅を心待ちにしている。

**参考文献**

上野千鶴子（2018）『情報生産者になる』ちくま新書

ジョン・デューイ　松野安男訳（1975）『民主主義と教育』（上）岩波書店

# 第3講

# フランケンシュタインとマルサス

## ——一般教育の2つのゼミでの読書

渡邉浩一（福井県立大学）

| 実施期間 | 2022年度前期 |
|---|---|
| 科目区分 | 一般教育科目①必修②選択 |
| 科目名 | ①導入ゼミ（演習）②学術ゼミ（哲学）（演習） |
| 書籍名 | ①廣野由美子（2005）『批評理論入門——『フランケンシュタイン』解剖講義』中公新書<br>②マルサス　斉藤悦則訳（2011）『人口論』光文社古典新訳文庫 |
| 学　年 | ①学部1年生　②学部2〜4年生 |
| メンバー | ①16名　②7名 |

# 1　学生と一緒に読むこと

　学生は本を読むべきであると，ほとんどアプリオリに信じている。その信念のもと……かどうかは記憶の限りではないが，大学時代は濫読に明け暮れた。しかし最近の学生は総じて本を読まない。それは一人の本好きとしてさびしいことであるし，大学教員としてはやはり嘆かわしいことである。

　とはいえ嘆いていても何が変わるわけでもない。むしろ，もし本当に学生が本を読むべきだと思うなら，教師たるものあらゆる機会をとらえて学生を読書へと誘うべきである。読書の意義を説き，おすすめの本を紹介するにとどまらず，もう一歩踏み込んで，正課の授業において読まないわけにはいかない状況を作り，一緒に読んでみることが必要である。

　われながら暑苦しいことだが，ただの本好きが大学教員になり，いつしか単に自分が読むだけでなく学生にも読ませねばならない——文化の再生産のためにも，若者の知的訓練のためにも——という考えをもつようになった。その意義や効果に疑いがきざすこともないではない。ただ一方で，読書の楽しみを知らないだけで，一緒に読めばハマる学生もそれなりにいるに違いないという確信もある。そんなこんなで，逡巡しながらも試行錯誤を続けている。

　以下は，現在の職場である福井県立大学で担当している一般教育の二つのゼミ——初年次の「導入ゼミ」と2年次以上の「学術ゼミ」——での，2022年度前期の実践報告である。福井県立大学は開学以来，比較的充実した一般教育課程を維持してきた大学で，これらのゼミはその特長の一端をなすものである。しかしながら，学生定員増とコストカットを背景としたカリキュラム改革の余波により，実施から出版までのあいだに様相が大きく変わりつつある。それゆえ，現在形で書かれた本文がしばしば近くて遠い過去を指し示すものとなっていることをあらかじめおことわりしておかなくてはならない。

## 2　「身にする読書」──初年次ゼミで新書を読む

### （1）福井県立大学の初年次ゼミ

　「導入ゼミ」は１年生対象のいわゆる初年次ゼミである。福井県立大学では一般教育科目の一科目（前期１単位・必修）として，かつての大学の教養部に相当する学術教養センターの教員を中心に──学部教員・非常勤教員のサポートも得ながら──，１クラス15名程度の規模で運営されている（2022年度は１年生478人に対して30クラス）。

　ゼミ運営に関して緩やかな申し合わせはあるものの，内容は基本的に各教員の創意工夫に委ねられている。学生はシラバスの概要を見て申し込み，人数が超過した場合は抽選によって振り分けられる。当年度の担当クラスは16名で，各学科の学生がバランスよく混ざり合う形となった（経済３，経営４，生物資源３，創造農学１，看護２，社会福祉１，先端増養殖科学２）。

　科目名には内容を踏まえたサブタイトルが付くが，「身にする読書：フランケンシュタイン解剖？」とした。私は一般教育の哲学・倫理学関連科目の担当者で，研究上の専門は哲学史（カントおよび新カント派）である。しかし，それを前面に出すことはしていない。ここではできるだけ間口を広くとって，《しかるべき本をしかるべき仕方で読めるようになること，またそれに即してしかるべき表現ができるようになること》をテーマとしている。自分の学生時代にもそうした手ほどきがあれば……という思いもあってのことだが，その成否は最後に当の学生に聞いてみることにしよう。

### （2）何をどのように読むか

　できるだけ早い時期にしかるべき読み・書きのトレーニングを，というのは前職以来のわが「格率」で，職場を移って一年目の2021年度は「読書会のすゝめ」と題して，ビブリオバトル，読書会，文献購読をメニューに掲げた。ゴールのイメージはタイトルの通り，学生たちの自主的な読書会である。しかし読書経験も興味関心もバラバラの履修者に対しては性急だったようで，さまざま

な文章（・映像）のつまみ食いに終始してしまった感があった。その反省から2022年度は共通のテキストを指定し，目標もレジュメまたはスライドづくり（とそれに即した発表・質疑応答）に限定することにした。

　そこで問題は何をテキストに選ぶか——大学１年生にとって「しかるべき本」とはどのような本か——であるが，自然と廣野由美子『批評理論入門——『フランケンシュタイン』解剖講義』（中公新書）が浮上してきた。大学入学直後の学生にとって「読書」とは普通，小説を読むこと，それもその冒頭からおしまいまで物語の筋をたどることを意味している。一方，大学教員が身に付けてほしいと思っているのは，専門書に即した必要に応じて行きつ戻りつする分析的な読み方である。この点，『フランケンシュタイン』という小説に即して分析的読解を行う本書は，二つの読み方の橋渡しとして最適ではないか。

　もちろん，新書の中でも老舗の中公新書の一冊だから，内容は１年生にはかなりハイレベルである。難易度に関する懸念はあったが，全28項目——「Ⅰ　小説技法篇」（15項目）「Ⅱ　批評理論編」（13項目）の二部からなり，各項短いものは３ページ，長いもので14ページ——という構成が割り振りに好適で，その利点が上回った。履修者それぞれに求めたのは次のことである。

---

　①『批評理論入門』のいずれかの項目を選び，レジュメかスライドを作成

　②各回２名ずつ，レジュメかスライドに即して発表・問題提起

　③発表者以外は，事前に当該項目に目を通し，コメント・質問を準備

---

　詳細はおいおい述べていくが，発表時間に関しては，各回２名で１人当たり40分程度なので，考えてみれば学会なみである。しかし，そうした無茶ぶりにもかかわらず16人全員がしっかりゴールしてくれた。この点，先走りつつ遅ればせながら，みなさんに拍手を贈りたい。


（３）学生のレジュメ／スライド発表と質疑応答

　初回授業は，アイスブレイク，メンバーの自己紹介，大学生活全般にわたるガイダンスといった初年次ゼミの定番メニューに加えて，①読むこと・書くことについてのアンケート，②テキスト購入課題（＝入手できたら教員にその旨を

メールする）のアナウンス，③作文課題，という盛りだくさんな内容となった。
①のアンケートからは，《月に1，2冊程度，主に小説を読む》《入試の小論文
がこれまで書いた中で最長の文章》という大まかな傾向が見てとれた。

　本題のレジュメ／スライドづくりにあたっては，2回目以降，まず教員側で
実例をつくってみせることにした。たとえば，テキストのⅠ-1「冒頭」に即
して作成したレジュメ——河野（2018）の「テキスト批評」に準拠——を用い
て発表を行い，そこでの問題提起に即したグループワークに取り組んでもらう，
という具合である（第2回／作成要項は下記の通り。図表3-1　＊「GC」＝Google
Classroom）。

図表3-1　発表資料の作成要項

| |
| --- |
| 1.　レジュメ・スライド例を参考に，WordまたはPowerPointで作成 |
| 2-a.　Wordの場合：A4　1枚以上／①目的・②要約（紹介）・③問題提起の3パートは必須<br>　　　③問題提起は、内容に即しつつ，**参加者間で意見交換・議論できそうなもの**<br>　　　**を2つ以上** |
| 2-b.　PowerPointの場合：スライド6枚以上／①目次・②要約（紹介）・③問題提起の3パートは必須<br>　　　③問題提起は，内容に即しつつ，**参加者間で意見交換・議論できそうなもの**<br>　　　**を2つ以上** |
| 3.　ファイルは発表の前日の18時までにGCのフォームから提出 |
| 4.　発表担当者以外は，当該章に目を通した上で，発表者への質問を考えてくる<br>　　　（発表者は，質問を予想しつつ，資料を作成する） |

　なお，テキストで分析対象とされている当の小説『フランケンシュタイン』
については，要求水準が上がりすぎるので教科書指定はしなかった（参考書指
定のみ）。そのかわりに，物語と主要登場人物の確認・共有のため，Ⅱ-2「ス
トーリーとプロット」に即したグループワークを行った（第3回）。

　レジュメ／スライドに即した発表がスタートしたのは5回目からである。発
表に際しては参加者間の質疑も重要なポイントになるが，序盤の取り組みの様
子から《その場で即座に考えて挙手》というのは難しそうに思われたので，後
述の「コメント用紙」で補完・代替することにした。

　以下，参加者が作成したレジュメ／スライドと質疑応答の様子を少し詳しく
見ることにしよう。図表3-2は，Ⅰ-3「語り手」を担当した学生によるレ

図表 3-2　「語り手」を担当した学生のレジュメ

> **語り手にはどのような種類があるのか？**
>
> HM・生物資源学部生物資源学科・1年
>
> **（1）目的**
> ・廣野由美子『批評理論入門』の「1－3 語り手」
> ・三つの小見出しについて、語りの形式や物語の構造などについて要点と論点を示す。
>
> **（2）語りの形式と物語の構造**
> ○一人称の語りと三人称の語り
> ・主な語りの形式は、語り手が物語世界の中に属している場合の"一人称"と、語り手が物語世界の外側にいる場合の"三人称"がある。
> ・「フランケンシュタイン」では、ウォルトン、フランケンシュタイン、怪物の3人が語りの役割をしていて、一人称の語りの形式がとられている。
>
> ○枠物語
> ・「フランケンシュタイン」は、「枠物語」という物語形式をとり、また「書簡体小説」の範疇に入る。
> ・三重の枠組み構造で成り立っているため、物語が複数の視点から見ることができる。
> 　この作品は、異なったものの見方や声が混ざった小説である。
>
> ○信頼できない語り手
> ・ウェイン・ブースは、語り手の言葉が真理として受けとめるに足る権威を帯びている場合を「信頼できる語り手」、語り手の言葉が読者の疑いを引き起こす場合を「信頼できない語り手」とした、が、その区別は難しい。
> ・「フランケンシュタイン」の3人の語り手たちも全面的には信頼できない語り手自身が、正しい判断力を持っているとは言い難かったり、自己矛盾に気づいていなかったりするため。
> ・この3人の声が呼応した衝突したりする中で、人間というものがいかに現実を歪めたり隠したりする存在であるのかが、次第に露わになってくるのである。
>
> **（3）問題提起**
> ・一人称と三人称、それぞれの形式をとったときのメリット、デメリットには何があるのか？
> ・「あまりに雄弁でレトリカルであることが、かえって読者の信頼度を減じる方向に働くこともある」のはなぜか？

ジュメである（第6回／HM・生物資源）[1]。全体のトップバッターで、緊張がひしひしと伝わってきたが、すっきりまとまったレジュメ本体とその行間を補うための手控えを用意して発表に取り組んでくれた。

　参加者は「コメント用紙」に「事前に当該章に目を通して疑問に思ったこと・考えたこと」をメモして当日に臨み、さらに発表後、スライドの内容・形式に関する質問・コメントを記入して質疑応答に移る。ただ、それでも挙手して発言するのはハードルが高いようで、一部の「勇者」だのみになることも少なくなかった。

　問題提起を受けての議論は、参加者の多くになじみのあるフィクションの実例を挙げることが着手点となった（他の回も同様）。1つ目の「一人称と三人称、それぞれの形式をとったときのメリット、デメリットには何があるのか？」という問いかけに対して、まず、それぞれの好きな作品に即してその語りの人称

図表 3-3　人称の確認

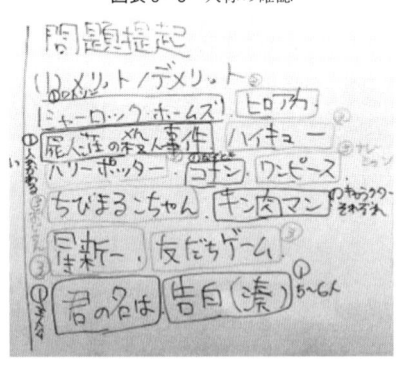

を確認するという作業を行った（図表3-3）。そのうえで、2つ目の「『あまりに雄弁でレトリカルであることが、かえって読者の信頼度を減じる方向に働くこともある』のはなぜか？」というテキスト本文の記述に即した問題提起をめぐる意見交換に移った。

　「自己陶酔しているように感じる。過剰にうまいと、人間味を感じられない」（KT・経済）、「さぎ師やネット通販などは、良いように言いがち。そのよ

---

（1）　学生の発表資料・コメントからの引用は本人の了解を得たうえで匿名で行う。以下同様。

うな人は信頼しに
くい」（HT・生物
資源）といった現
実の経験に即した
コメントがある一
方，「雄弁でレト
リカルである人は
現実では少数派な
ので，逆に読者に

図表 3-4　「フェミニズム批判」の問題提起

## 問題提起

①p174にある「二分論的なイデオロギーの欺瞞」とは？

②p177に「彼女が序文でこの小説を、醜いわが子と呼んでいることも、特別な意味合いを帯びてくる。」とあるが、特別な意味合いとは？

とってわかりづらかったりする」（SH・生物資源）という図らずも日本文化の特質に触れたコメントもあり，それに対して「自分にはない発想で面白かった！」（MH・社会福祉）との声も見られた。

　図表 3-4 は後半のII-6「フェミニズム批評」のスライドの問題提起部分である（第10回／KM・看護）。デザイン面では教員よりも学生の方が気が利いていることはしばしばだが，それに加えて，テキスト本文に即した国語の現代文の問題のような提題も印象的な発表だった。

　「①p174にある『二分論的なイデオロギーの欺瞞』とは？」という問いは，さしあたり「二分論的」「イデオロギー」「欺瞞」という大学 1 年生にはなかなかハードな組合せの意味を確認するものである。テキスト本文に即せば，『フランケンシュタイン』の作者メアリー・シェリーが直面していた「男は外の公的世界で，女は家庭の私的世界で生きるべしという考え方」（廣野 2005：173）が，その答えとなるだろう。

　しかし「ゼミ」ともなれば当然，議論はより一般的な問題へと展開していく。メアリー・シェリーを含め当時の女性作家たちはそうした性別役割分業イデオロギーのために匿名での出版を余儀なくされていたが，今現在の状況に照らしてそのイデオロギーをどう評価するか。

　「現在では女性差別はなくなっている」「身近な大人の仕事のあり方をみるとまだ根深い」「そもそも役割分業は『自然』なもの」「それを無条件におしつけるのはおかしい」等々，それぞれの立場経験に応じて意見は対立・拡散する。

一方で，そうした二元論的な見方自体を疑う意見も――先立つ「脱構築批評」を応用し，続く「ジェンダー批評」を先取りするような仕方で――出される。

　では，具体的に創作の場面ではどうか。「まんがアニメだと恋愛＝女性／アクション・戦い＝男性という考えがある」「『鬼滅の刃』の作者も女性だが特別性差を感じない」「作者の性別が作品の評価に影響することは現在でもあるのではないか」等々，メアリー・シェリーの時代との異同を浮かび上がらせながらも，やはりさまざまな見方が示される。……できれば「さまざま」からもう一歩進みたかったが，そこは教員の力不足で，再度「理論」に到達するには至らなかった。

### （4）学期末の学生の振り返りから

　質疑応答の後，「コメント用紙」は教員が直ちに回収するのでなく，まず発表者に手渡される。発表者はそのコメント内容をピックアップしてまとめ（A4一枚），それを持参のうえ研究室で個別にフィードバック面談（＋雑談）を行う。ここまでが一連の流れである。

　レジュメ／スライドづくりと発表に関しては，総じてみなとてもよく頑張ったのではないかと思う。ほとんどの学生にとって初めての作業・活動であったにもかかわらず，提示した要件をきっちりこなしてくれた。多くを求めすぎかという危惧もあったが，やってみた結果，こちらの工夫によってはもっとできそうな気がしている（究極の理想はやはり自主ゼミ，読書会である）。

　テキストの読解については，いくつかのレベルがある。

　まず，（教員が期待しがちな）精確な読解という点についていえば，まだ緒についたところである。文学に関する固有名詞・専門用語が頻出する一定量の文章に取り組むのもやはり未経験のことで，それだけに担当章については頻繁に辞書を引き（検索し），重要と思われる箇所に線を引き，メモを取り，という作業をせざるを得なかった様子がある。自分の学生時代をかえりみても覚えがあるが，言葉を理解するのに四苦八苦する段階で，その言葉によって語られている事柄そのものが腑に落ち，その是非を論じるところまでは距離がある。

　このことはレジュメ／スライドの「問題提起」からも見てとれる。全体の傾

向として，小説技法に関してはその「メリット／デメリットは？」と問うもの，批評理論に関しては「あてはまる実例は？」と問うものが多かった。著者の読解の方向性に対して異を唱えるような問題提起もあらまほしいが，そのためにはやはり相当量の経験と理論の蓄積が不可欠ということだろうか。

　ちなみに少し方向性の違う問題提起としては，「生命を創造し，『感謝を要求する資格』を完璧にもつ，とフランケンシュタインは言ったが，親は子供に感謝を要求できるのか。また，何をすれば感謝を要求できるのか」（SY・経済）や，「現代で売れる映画や小説を作ろうと考えた場合，どのような文化的背景と結び付ければ，売れる作品に仕上がるのだろうか」（RN・先端増養殖科学）というものがあった。

　一方，この授業でテーマとして掲げた「身にする読書」という点に関しては，最終回に行ったアンケートを見る限り，学生自身もある程度実感をもてたようである。

　「『批評理論入門』を読んで，自分の「読み方」に何か変化はありましたか？」という質問に対する代表的な回答は次のようなものである。――「本を読む際に，用いられている表現技法と自身が学習した表現技法を照らし合わせながら読むことが増えました。アニメ，漫画，映画でも，意識しながら見ると気づくことが多く，面白いと感じました」（MH・社会福祉）。ただし，「変化なし」という爽快な回答も見られるのではあるが（2名）。

　また「書き方」の変化についての質問に関しても，特定の技法の活用に言及するものや，「読み手の読み方，見方を考えて書くようになった」（SI・経済），「読んでおもしろいと思う表現を使う」（CH・経営）など意識の変化を語るものが目につく。この点は学期中の作文課題（初回，中盤の講演会，終盤の3回）からもある程度，読みとれる。特に2回目の課題では全クラス共通の講演会にことよせて，「これまで学んだ小説技法のいずれかを使用して，かつ，本日の講演会について何らかの仕方で言及しつつ，自由に作文すること（400字以上，上限なし）」という課題を出した。結果，冒頭，語り手，時間，アイロニーといった面でさまざまなチャレンジが見られた。その意識は第3回の作文課題にも引き継がれている（一方でいわゆる感想文に戻ってしまったものもあったが）。

## （5）半年後の学生の振り返り

　とはいえ，以上はあくまで学期進行中および直後の話である。少し時間をあけて振り返ったとき，この読書は何らか身になったと感じられるだろうか。講義の半年後，2022年度の終わりに有志のコメント（200字以内）をお願いしたところ，本稿のドラフトに目を通したうえで6人の学生が回答を寄せてくれた。

　導入ゼミでレポートの基本的な書き方を知れたことで，1年の授業で失敗せずに済んだ。フランケンシュタインを高校の時に読んだことがあったが，構成が複雑で面白くなかったが，時間の観点から読んだり，ジェンダーに注目して読んでみると，面白く読めるようになったのが印象的だった。（SY・経済）

　読書をすると言えど，これまで新書を手に取る機会はなく，大学に入学しゼミをきっかけに初めて触れました。読み進めるうちに，まだ知らない分野の知識が身につくと同時に，決定的に自身の語彙力が欠けていることに気づきました。そのおかげで，講義で出てきた興味のある分野に関する本を図書館で探すようになったり，小説以外の本も手に取るようになりました。ゼミをきっかけに考え方が広がったと思います。（HT・生物資源）

　原稿の最後の方にも書いてある通り，このゼミでは本を「読む」，文章を「書く」といった中での意識に変化を与えてくれました。これは恐らく，読書離れが進んでいる世の中で多くの人は出会えることのできない，一冊の本をじっくりと吟味し，その内容について話し合うという貴重な機会でもあります。そしてこの経験は実際に，課題のレポート等で文章を書く際に確実に生きていると私自身実感しています。（KT・経済）

　分析する読書という意味では高校の国語の授業に近いようにも感じるが，より自由な分析が生徒間で飛び交い，今思えば大学で初めてのディスカッションという貴重な経験であり，相手と議論することへの抵抗感が和らいだ瞬間だったと感じた。このような分析本を通して読むことは初めての経験であり，文章の内容だけでなく，作者の生きた時代背景や家族関係，ジェンダー的な視点からの分析をしたことで読書に新たな視点が加わった。（KT・経営）

　導入ゼミではレポートの書き方を学べたので助かっています。また，今までなんとなく読んでいた本でも，技法や批評を知ることで新しい面白さを感じ取ることが出来るようになりました。おかげで読書の頻度も増えました。（RN・先端増養殖科学）

テキストの中で一番記憶に残っているのは，自分の担当した章である。発表のスライド作りのためにわからない言葉を調べたり，何回も読んだので，一番面白さが理解できた部分でもあった。今まで大学の図書館にあるような本はタイトルは面白そうであっても，難しい言葉ばかりでつまらないのだろうと思っていたが，今回のように読み込んで見ると結構面白いことがわかったので，次は難しそうな本にもチャレンジしてみたいと思った。(KE・経営)

　本文の授業実践報告ともども解釈は読者にお任せするが，申し合わせたわけでもないのに焦点化している読書体験がバラバラなのが，授業担当者としては興味深かったとだけ付言しておく。

## 3　哲学書にチャレンジ──「学術ゼミ」での取り組み

### (1) ゼミでの濃密な読書への入口
　本講執筆時点では，福井県立大学には学部の専門のゼミとは別に教養のゼミが存在している。学術教養センターの教員が担当する「学術ゼミ」がそれで，2年次以上の学生が継続して履修可能な選択科目という位置づけである。
　「学術ゼミ」の目的は，少人数のゼミ形式で学生が各自の専攻以外の分野について講義科目よりも一歩踏み込んだ深い学びを得ること，端的に言えば，《教養を深めること》にある。そこで担当者にとって考えどころは，それぞれの専門性をベースにしながら，一般教育・教養教育のゼミとしてどのような授業設計を行うかである。
　私の専門は既述のとおり哲学史で，学部・大学院時代のゼミ──いわゆる文学部哲学科でなく，旧教養部系の学際学部の中の哲学専攻だったが──では西洋哲学の原典の一語一句ゆるがせにしない講読がスタンダードだった。一コマの授業で一パラグラフしか進まないというのもよくあることで，学期・学年をまたいで単位と関係なく学部生・院生が参加する。あれは間違いなく「読み」の鍛えられる濃密な空間だった。教員になった今，できればすべての学生に一度は体験してもらいたいと割と本気で思っている。
　とはいえ一般教育のゼミで最初からそれを求めるべくもない。少数ながらリ

ピーターも現われるが，履修者の大半は在学中に半期一コマのお試し参加である。哲学への関心はまだぼんやりしたもので，哲学書を自分で読んだ経験があるわけでもない。……それじゃあ，とりあえず比較的とっつきやすい哲学書（原典翻訳）にチャレンジしてみようか。それを「教科書」としてそれぞれ購入して，半期かけてとにかく一冊読み通す。よくわからないところ・響いたところについてあれこれ意見交換（おしゃべり）しよう。最初から精確に読めなくてもそれはそういうもので，時間がたってまた読み返してみると前より理解が進んだり，新たな発見があったりする（私もそうだった）。「本棚に哲学書のある人生」って，なんかいいと思わない？

　そんなことを嘯きながらゼミをスタートさせたが，着任初年度の2021年度は前期３名，後期１名と履修者数の点では苦しい出足となった。前期の対象書籍はショーペンハウアー『幸福について』（光文社古典新訳文庫／２名）とマキアヴェリ『君主論』（中公文庫，１名）の２冊，後期はプラトン『饗宴』（光文社古典新訳文庫）。ちなみに私も学部時代に教員とのマンツーマンのゼミを経験した覚えがある。休むに休めない緊張感はあったが，そこで受けたニーチェの*Zur Genealogie der Moral*の手ほどきは明に暗にその後の研究に影響している。

　年度がかわって2022年度前期の履修者は７名（うち１名は事情により個別対応）。内訳は２年生３名，３年生３名，４年生１名（経済３名，経営２名，生物資源１名，創造農学１名）で，講義科目で接点のあった学生もいるが，ゼミはみな初参加である。[2]

## （2）マルサス『人口論』にチャレンジ（序盤）

　一般教育の選択科目なので初回・２回目は参加者の出入りがあるが，ひとまず初回にゼミの主旨を説明のうえ，講読候補を３つほど示すことにしている。前期はカント『永遠平和のために』（岩波文庫），マルサス『人口論』（光文社古典新訳文庫），プラトン『パイドロス』（岩波文庫）を提示してみた。

　時節柄『永遠平和のために』に傾くものと予想していたが，初回参加者４名

---

（2）　導入ゼミの履修者で私の学術ゼミに来る学生はほとんどいない。要因はさまざまに考えられるが，「トレーニング」と「楽しみ」のギャップ（《鼎談》参照）もその一つとみられる。

の間で票が割れ，最終的に『人口論』となった。決定打となったのは「もしか
して卒論の材料になるんじゃない？」という経済学科生の一言である。

　マルサス（Thomas Robert Malthus, 1766-1834）の『人口論』は，著者存命中に
幾度も増補改版が行われているが，光文社文庫版はその初版（1798年）の翻訳
で，後の版と比べてコンパクトかつ「哲学的」である。全19章で，毎回1〜2
章ずつ読み進めれば，半期の授業で十分読み終えることができる。参加者は当
該章に事前に目を通し，分かりにくかった箇所やマルサスの主張への賛否を授
業時に確認・共有しながら進めていくイメージである。

　もっとも，比較的読みやすい哲学書といっても200年以上前の書物である。
本書に由来するマルサスの人口法則——「人口は等比級数的に増加するが，食
糧は等差級数的にしか増えない」——こそ有名だが，経済学部生でも専門の授
業でかろうじて聞き覚えがある程度（ダーウィンへの影響も知られるが，生物系の
学生にもこれはさすがに専門的すぎる）。そうした「法則」の仮説・検証を行うプ
ロセスを追うためには，まずマルサスその人の経歴や時代背景について前提知
識の確認・共有が必要と思われた。

　そういうわけで学期序盤は教員の発問・解説を軸に，前提知識と著者のテー
ゼへの賛否を確認する形で進めていった。

　『人口論』の背景をなすのは，市民革命・産業革命期にあたる18世紀当時の
「社会の改善」をめぐる論争——今後も人間はその知的・道徳的完成に向かっ
て無限に進歩し，社会の平等化が進むと考えるコンドルセ，ゴドウィンら啓蒙
の哲学者たちと，そうした思弁を空理空論と一蹴する現状肯定派（保守派）の
対立である。これに対してマルサスは，前世紀のニュートンに代表される自然
科学の成功を踏まえて，人間社会に関する「法則」を仮説的に提示し，入手し
えた歴史・統計データをもとにその実証を試み（1〜7章），返す刀で人間と社
会の「完成可能性」を説くコンドルセ，ゴドウィンの論駁を行う（8章以下）。

　まず明らかになったのは，参加学生たちが総じてマルサス主義者であった
（！）という事実である。マルサスは本論冒頭で「食料は人間の生存にとって
不可欠である」「男女間の性欲は必然であり，ほぼ現状のまま将来も存続する」
という二点を自明の前提とし，そこから件の人口法則を導入する。食料の増加

率を上回る人口増加は人類の生存を困難にするが，その結果，「貧困と悪徳」が生まれ，これによって人口が抑制され，結果的に食料と人口のバランスは回復する。それが「自然の法則」であり，それゆえ人間が将来にわたって無限に進歩していくということはない（1章）。この議論は学生たちにとって，一定の留保つきながら——農業のその後の進歩や，性の多様性の承認——，受け入れやすいものだという。「私は学生時代，コンドルセ派だったんだけど，バブル後とはいえ社会にまだ右肩上がりの感覚があったからかなぁ」という呟きがもれた。

　一方で，参加メンバー間での議論・疑問の焦点になったのは，「貧困と悪徳」についてである。

　「悪徳」という語で示唆されているのは，生計の不安から結婚や出産を抑制することと表裏一体に生じると考えられる売買春，避妊，中絶等だが（2章），牧師でもあるマルサスの含みのある書き方や文化・歴史の隔たりなどから，直ちには読み取りかねる事柄だったようである。もっとも，関連する以下のようなくだりは実にわかりやすい。

> 　教養はあるが，収入は紳士階級レベルの社交がぎりぎり可能な程度の男は，もし結婚して家庭をもてば，この社会における自分の位置はどうしても並みの農場経営者か下層の商人レベルに下落せざるをえない，と絶対にそう予感するはずだ。教育のある男が当然に選択の対象とするのは，自分と同じ趣味とセンスをもつように育てられた女だろう。しかし，彼女が結婚によって落ち込まざるをえない世界は，彼女がそれまで慣れ親しんだ社交の世界とまったく異なる。はたして男は，自分の愛の対象者を，彼女の趣味やセンスとおそらく合致しない境遇に引き込んでもよいと思うだろうか。（第4章／マルサス　2011：63）

　好きになれば相手の収入や趣味は関係ないという声もあれば，いや現実を考えればマルサスの言う通りではという声もあり，（「男」という部分を適宜変換しつつ）ロマンティックとリアルの間で議論はそれなりに盛り上がりをみせた。

他方「貧困」は，ある意味「身近」な社会問題である。マルサスにしたがえば，「悪徳」とセットの事前予防的な人口抑制に対して，「貧困」は既に始まった人口増加をおさえつけるメカニズムの1つであるが，これに関して次のようなあけすけな主張もなされる。

> 個々のケースでは厳しい言い方になるかもしれないが，人に依存せざるをえないような貧困は恥と考えるべきである。こうした厳しさこそが，人類の大多数の幸福を促進するためには絶対に必要である。（中略）独立して家族を養える見込みがほとんど，あるいはまったくないのに，教区での食糧配給をあてにして結婚する気になっている男たちがいる。彼らは不届きにも，自分自身と子どもたちに不幸と依存心をもたらすばかりでなく，無自覚のうちに，彼らの階級全体に害をおよぼす。家族を扶養することもできないのに結婚する労働者は，ある意味，彼の労働者仲間全体の敵であると考えてよい。（第5章／マルサス 2011：76-77）

今日の生活保護制度についてのメディアイメージとも関連づけつつ，やはり参加者の意見が分かれるところだったが（それにしても自己責任論の浸透力たるや……），それは学期後半に平等や格差をめぐる独自の議論へと離陸していくことになるだろう。

### （3）『人口論』からの離陸？ （中盤）

マルサス『人口論』は思いのほかおもしろい。まずもって教員がそんな思いを抱きつつある中，ともかく前半を通読した。マルサスの主張と議論のスタイルは掴めてきたので，7・8回目は一息いれて，ここまで気になったことについて報告・問題提起してもらうこととした。

提題者は4名で，それぞれ①生活保護と戦争の死者，②教育格差，③晩婚化と幸福の基準の変化，④アメリカの妊娠中絶を題材に，5分程度話題提供の後，参加者間でフリーディスカッションを行った。どれもマルサスの議論に即したアクチュアルなテーマだが，とくに④は「理論」の大胆な導入によって，今学

期のゼミの一つのハイライトをなすものとなった。以下は発表者（GM・生物資源２年）に再構成してもらった発言内容である（一部添削）。

みなさんは『真・女神転生』シリーズという作品をご存じでしょうか？　この作品には、「ロウ」と「カオス」という重要な対立軸が設定されています。ロウは神が定めた法・秩序に絶対に従う、一方でカオスは自身の力のみで成り上がり、善を為すも悪を為すも何もかも自由という思想です。主人公はこの二つの思想のどちらか、もしくは「第三の選択肢」を選ぶことになります。私はこの考え方を元に、アメリカの社会問題、特にマルサスの『人口論』でも取り上げられていた妊娠中絶から、アメリカの社会について考察してみました。

　アメリカの政党には市場を重視し政府の介入を極力抑える考えの共和党と、社会福祉と生活保障を重視し政府の積極的な介入を求める民主党（リベラル）の２つが存在します。また、アメリカ社会を代表する３つの社会問題、銃の非合法化と同性婚、そして妊娠中絶について、それぞれ共和党はNO、民主党はYESの立場をとっています。私は初めてこの構造を知った時、自分になじみのあるロウとカオスの思想に照らして違和感を覚えました。なぜなら、市場経済の自由を重視する民主党が大きな市場の見込める銃を非合法化しようとしている、社会福祉や生活保障といった貧困を抑制しようとする民主党がリベラルと形容されている、などといったことが矛盾しているように思えたからです。そこで私は、荻野美穂先生の『中絶論争とアメリカ社会——身体をめぐる戦争』（岩波書店、2001年）に学びつつ、ロウとカオスの思想に即してこの矛盾の解消を試みました。

　まず中絶論争の根底には、ロー対ウェイド事件（ロー判決）という1973年にアメリカ最高裁判所が下した判決があります。紙数の都合で詳細は略しますが、これによってアメリカの女性は一定の条件はありながらも中絶の権利を得ることができました。しかし、この判決には多くの反論があり、結果として中絶反対派であり「生命」を擁護する者を意味するプロライフ派と、中絶擁護派であり「選択」を擁護する者を意味するプロチョイス派という対立軸が生まれました。

　中絶反対派は胎児を一人の人間と見る道徳観、また伝統的な家族観を守るために

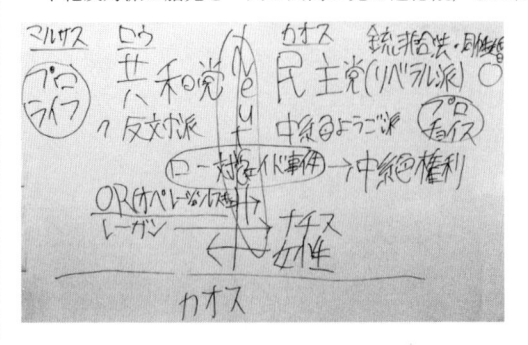

中絶を反対しています。たとえば共和党のロナルド・レーガンは著作『私は許さない——中絶と国民の良心』で、中絶の是認はナチスドイツがユダヤ人を脱人化して虐殺したホロコーストと相関があり、なし崩し的に大量虐殺社会に繋がっ

ていくと主張しました。妊娠中絶に反対する共和党は，こうしてみるとロウの思想に当てはまると考えられます。

　一方でプロチョイス派は個人の意思に基づく「選択」の自由を，日本語で言うところの「自己決定権」あるいは「個人の自由」として考え，女性にとって妊娠は人生でおそらく最も重要な決定であり，基本的な権利があるのなら妊娠を継続するのか，やめるのかを選択する権利があるのは当然であり，尊重されるべきと主張しています。このように，中絶擁護派は女性の権利といった観念，またフェミニズムによる男女平等の観点によって従来の家庭の在り方を解体しようとするために中絶を擁護しています。このことから，妊娠中絶に賛成する民主党はカオスの思想に当てはまると考えられます。

　ところで，プロライフ派にはオペレーションレスキュー（OR）という中絶を辞めさせるための抗議活動があり，中でも過激なものとして，クリニックを襲撃して中絶を行う医師や関係のない従業員を銃殺し，胎児が中絶によって殺されることを未然に防ぐ，といった事件も起こっています。アメリカの妊娠中絶の論争をロウとカオスの思想によって分けることはできましたが，実際にはどうすればこういった問題を解決することができるのでしょうか？

　私は，真・女神転生シリーズで主人公がとる第三の選択肢である「ニュートラル」の思想，中立の存在が必要だと思いました。ここまで紹介してきた中絶反対・擁護派には，反対・擁護の意見について思想の振れ幅が存在し，1つにまとめられない側面があります。その中で反対・擁護両方の意見を認めることができる人たちが中立の勢力を作って防波堤となり，また中絶反対・擁護派の両方が納得できるようなルールやモラル（道徳）を広めることができれば，少なくともORの話題の中で出てきた直接的には関係のない人々が亡くなるような事件は防げるのではないかと思います。

　提題を受けて，「ロウ／カオス」と「プロライフ／プロチョイス」の対応，問題解決策の当否をめぐって賛否の意見が参加者間で行き交った。しかしそれも含めて，予想外の・すぐれて過剰な自己表現が見られたことはゼミの進行にとって大きかった。他の参加者が少なからず「煽られた」ことは間違いない。

　『人口論』の中盤以降は，論敵であるコンドルセ（第8・9章）およびゴドウィン（第10〜15章）の論駁にあてられている。

　対立構造が明確なだけに「コンドルセとマルサスのどちらの意見により共感をおぼえるか？」という話になりやすいが，公平を期すために――もしくは教員の判官贔屓で――論駁対象のコンドルセ『人間精神進歩史』について，マルサスの引用部分の前後を原典邦訳（コンドルセ 1951）と対照しつつ読むことに

した。マルサスが槍玉に挙げるのは，コンドルセの未来予測（人口増に伴う食糧難の到来時期，また人間の長寿化の限度の見積り）の甘さである。そこだけ見ればマルサスに軍配が挙がるが，実はその前後の箇所でコンドルセは教育の平等についても論じている。義務教育・普通教育の理念の濫觴と知って，学生たちも少しコンドルセを見直すところがあったようである（……誘導？）。もっとも，本文の漢字が旧字体であるため，まずその「解読」に四苦八苦しながらの荒行であったが。

　続くゴドウィン論駁パートでは，しかし，再度皆マルサスに説得される格好となった。未来における平等社会の到来を説くゴドウィンの『政治的正義』の文体や思想的熱情をほめたたえつつも，マルサスは「自然法則」としての人口法則からして社会の不平等，貧困は不可避だという。「彼らは，人生という宝くじで，空くじを引いた不幸なひとびとである」（マルサス 2011：154）。昨今の「親ガチャ」概念のはしりとも言えそうな一節だが，それだけにゴドウィンのユートピア思想よりマルサスの「リアル」な認識の方がよくわかるというのは，世代の感覚として自然なことかもしれない。なお不平等・貧困という問題をめぐる熱量は，福井・石川出身の学生よりも大都市圏出身の学生のほうが目に見えて高く（「タワマンむかつく！」），それが終盤にかけてゼミのクライマックスとなっていく。

　ところで「リアリスト」マルサスだが，実はゴドウィン論駁パートにはこんな一文もある。──短い章なので，ここでは原書のコピーを用意し，「特に印象的な一文を，原文を踏まえつつ紹介すること」を課題とした。

　　ただしい恋愛のほんとうの喜びを経験したことがあるなら，たとえ知的な
　　快楽がどれほど大きいかを知っていても，恋愛の時期こそが自分の生涯で
　　もっともかがやかしい時期だったと思い返すはずだ。彼は甘い思い出にひ
　　たり，深い後悔の念とともに昔を懐かしみ，できれば何度でもその時期を
　　生き直したいと願う。（第11章マルサス 2011：159）

　　Perhaps there is scarcely a man who has once experienced the genuine

　　delight of virtuous love, however great his intellectual pleasure may have been, that does not look back to the period, as the sunny spot in his whole life, where his imagination loves to bask, which he recollects and contemplates with the fondest regrets, and which he would most wish to live over again. (Malthus 1986 [1798]: 76)

　英語の構文のややこしさをどうにかしのぎつつ，「the sunny spot（ひだまり）って表現ステキですよね～」，とひとしきり恋バナ（？）に興じる一幕も。

### （4）アウト・オブ・コントロール？（終盤）

　ゼミのクライマックスは，続く12回目の授業だった。講読箇所は第12・13章で，そこでマルサスは引き続きゴドウィンの描く未来像――人間の長寿化，肉体に対する精神（理性）の優位化――を批判している。この長寿化に関して植物との類比がなされ，またこれまでの章でも植物の品種改良に擬えて人間の身体能力の改善の可否・程度が論じられていたことから，「『エンハンスメント』って言葉，知ってる？」と話を振ってみた。

　マルサスとゴドウィンはその終着点の見通しこそ異なっているが，人工的な「改善」を是とする点では実は共通している。しかしこれは，時代と地域を隔てたわれわれにとっての常識ではなく，実際，参加者間でもエンハンスメントの是非については「なし」派――生まれつきの身体を是とする――が多数を占めた。そしてそこから「デザイナーベイビー」が話題になったところで……「ちょっといいですか」，とひとりの学生（大都市圏出身）がホワイトボードを背に立ち上がり，以降，教員は提題と反論の応酬の観客となった。以下は，その場のやりとりを参加者に事後的に再構成してもらったものである。

> 提題：能力至上主義（？）の現代社会で，デザイナーベイビー（精子バンク含む）を作りたいと思うのは自然な欲望であり，選択肢として許される
>
> 提題者／KF（経営4年）：現代は能力主義的であるため，子どもに社会で優位に立つための能力をつけさせる（＝デザイナーベイビー）のも選択技の1つとなるのでは？　能力が高ければ幸せな生活が送れるが，生まれ持った知能指数や環境等により，実際には後天的にその能力をつける（勉強等を頑張って社会階級を上昇させ

る）ことは難しい。

反論①／NI（経済3年）：能力主義社会であっても，人格・徳性が優れていることは社会で優位に立つためにやはり必要。Fくんはそこを過小評価している。

KF：人格や徳性は社会的承認があって初めて充足するもの。社会から排斥されている人々が向社会的になるのは難しい。その一方，能力が高く社会的に承認されている人物は，上記の理由から結果的に能力のみならず人格や徳性も高めることができる。これも現代における「マタイ効果」の一種なのでは。そうであるならば，一連の起点となる「能力」という部分を人為的に操作するのは，人格や徳性の観点からも仕方がないのでは？

反論②／AN（経済2年）：デザイナーベイビーは，（ポケモンの）ミュウツーのように「自らのアイデンティティ」に悩み苦しむ人々を生み出すのでは？

KF：その視点はなかったので反論しづらい。しかし個人的な考えとしては，「無能力者」として人々から蔑まれるぐらいであれば，「自らのアイデンティティ」に悩み苦しむ「有能力者」がマシなのではと感じる。

KF：デザイナーベイビーというと仰々しいが，現代ではすでに「精子バンク」を通じて高学歴・高収入者の遺伝子を取引している実情がある。これも競争社会では仕方のない事なのではないか。実際，（ニュース記事によると）日本より競争の激しい中国・韓国の人々は精子バンクへの抵抗感が低く，「精子バンクを利用してでも息子を優秀に」といった思いが強いそうだ。

反論③／GM：デザイナーベイビーや精子バンクといった技術にアクセスできる人々は限られている。そんなことをすれば格差の固定化を進めかねないのでは？

KF：確かに。ただ現状，教育環境にはさまざまな知能的・環境的格差があるのに，結果として上手くいかなかった子に「努力不足」の烙印が押されるのは忍びない。

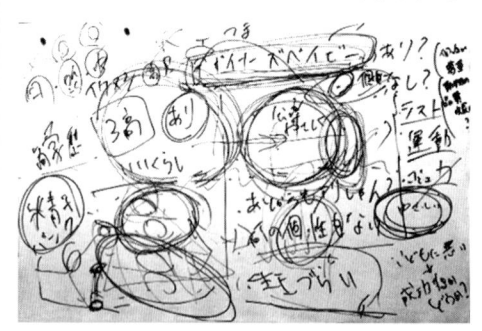

もし，デザイナーベイビーみたいなものが合法化され，努力ではなく先天的な形質によって大まかな社会階級が確定する社会であれば，いわゆる「勝ち組」の人々も現代では忘れられている「ノブレス・オブリージュ」の精神を取り戻し，もっと社会格差への関心を持つようになるのかもしれない。

　かくして担当教員の解説・発問ベースで進んできたゼミは，学生に「乗っ取られた」。その次の回以降は，ある程度「復権」し，一応『人口論』を通読す

るに至ったが，学期を終えての履修者の感想はおしなべて「この乗っ取り回が
いちばんゼミらしかった」というものだった。私もそう思う。

## （5）学術ゼミおよび全体の振り返り

　履修者が前学期の1名から大幅増（当ゼミ比）となって手探りの授業進行
だったが，振り返ってみると，「通読」という目標にとらわれてすぎたかもし
れない。読み進めるために序盤・中盤はとくに教員の解説・発問の比率が高く
なったが，自分発信で参加者ひいては教員に提題・発問できる学生が複数参加
していた。中盤以降は，ときに「先生の意見はどうなんですか？」と逆にツッ
コまれて「うーん，そうだね……」となる場面もしばしば。哲学史の研究者と
してどうしても「精確な読み」にこだわってしまうが，このゼミはもっと自由
でもよかったかもしれない。

　とはいうものの，冒頭に記した事情で，初年次の「導入ゼミ」含め福井県立
大学の一般教育のゼミの現状および今後の展望は明るくない。「学術ゼミ」は
私のクラス含め履修者の少なさが当局から問題視され，対策の結果，学期に
よってはもはや「ゼミ」とは呼べない履修者数となっている。

図表3-5　「学術ゼミ（哲学）」の履修者推移

| 年度 | 21前 | 21後 | 22前 | 22後 | 23前 | 23後 | 24前 | 24後 |
|---|---|---|---|---|---|---|---|---|
| 履修者 | 3 | 1 | 7 | 13 | 25 | 11 | 37 | 27 |

※2024年度から1年生も履修可能となった

　テキストはその後，デカルト『情念論』，マルクス・アウレーリウス『自省
録』，『創世記』（以上，岩波文庫），カント『永遠平和のために』，アリストテレ
ス『ニコマコス倫理学』（以上，光文社古典新訳文庫）と読み進めているが，履修
者数改善（？）にもかかわらず科目自体は削減対象と目されている。

　「導入ゼミ」も事情は似たり寄ったりである。より少ない教員でより多くの
学生を見るよう求められる中，諸般の事情で2024年度前期の担当クラスの履修
者は39名となっている。そのため新書の読書にもとづくレジュメ／スライド発
表形式でなく，ライティングを軸にした授業に（否応なく）改めた[3]。開学以来

---

（3）　前職での初年次ライティング科目の担当経験——詳細は渡邉ほか（2021）を参照——を再賦活

の少人数教育の指針は初年次・一般教育に関しては有名無実化し，昭和のマスプロ教育に回帰しつつあるかのようである。

　教育の事実と言葉に即さない「改革」が現場を意気疎喪させるのは珍しいことではないが，なんとか心身の健康を維持しつつ，正課内外での読書推進活動を継続していきたいものである。

**参考文献**

北村知之・渡邉浩一（2022）「福井県立大学の教養教育略史」『福井県立大学論集』第59号，pp. 35-52

河野哲也（2018）『レポート・論文の書き方入門』［第4版］慶應義塾大学出版会

コンドルセ　渡邊誠訳（1961）『人間精神進歩史　第1部』岩波書店

渡邉浩一・浅見緑・佐野泰之・田中慎吾・真鍋公希・森榮徹・樋口くみ子・山根直子（2021）「初年次共通科目「文章表現入門」における遠隔授業への対応——2020年度春学期の記録」『大阪経済法科大学論集』第116号，pp. 57-72

Malthus, T. R. (1986). *The works of Thomas Robert Malthus, Vol. 1. An essay on the principle of population. The first edition (1798) with introduction and bibliography.* William Pickering.

---

して臨んでいる。

# 第II部

# 理論を摑む

読書は心に知識の素材を提供するだけであり，思考こそが，私たちが読んだものを自分のものにします。私たちは反芻する動物であり，堆積した大きな塊を詰め込むだけでは十分ではありません。何度も噛みなおさなければ，そこから栄養や力を得ることはできません。

ジョン・ロック　下川潔訳（1999）『知性の正しい導き方』筑摩書房，p. 86

# 第4講

# 法学部新入生と『なぜ歴史を学ぶのか』を読む

## ——読解力向上の目標設定

八谷　舞（亜細亜大学）

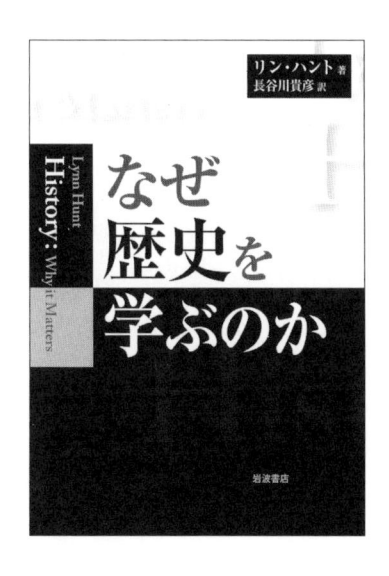

| 実施期間 | 2022年度後期 |
|---|---|
| 科目区分 | 法学部専門科目 |
| 科目名 | オリエンテーションゼミ（演習） |
| 書籍名 | リン・ハント　長谷川貴彦訳（2019）『なぜ歴史を学ぶのか』岩波書店 |
| 学　年 | 学部1年生 |
| メンバー | 15名 |

# 1　はじめに

　大学生に限らず，「読解力の低下」が叫ばれて久しい。そしてその改善のために，さまざまな方策が打ち出されてきた[1]。しかし，「読解力」とは何を指すのだろうか。読解力は語学力のように，どの水準まで向上させればどのようなことが可能になるという指標が明確なものではない。また当然ながら，一朝一夕に身に着くものではない。したがって，時間に限りのある場において読解力の向上を目指すのであれば，どこまで達成するかという目標を明確にしたうえで取りかかることが教師と学生の双方にとって重要であろう。

　筆者は本務校である亜細亜大学で春学期に開講されている「オリエンテーションゼミ」をその実践の場に選んだ。オリエンテーションゼミは初年次教育のための必修授業であり，テキスト輪読を通じて新入生が大学での学習に必要な読解力をつけることが目的のひとつである。高等学校までの教育で求められる読解力や文章力と，大学教育で必要とされるそれらとの間には大きな乖離がある。1回105分，全13回の授業期間では限界があるにせよ，学生の読解力や文章力を少しでも大学で求められる水準に近づける（すなわち，高校と大学の「橋渡し」をする）ということを目標に定めることとした。

## （1）テキスト選定

　オリエンテーションゼミでは，テキスト輪読の題材選びは教員の裁量に委ねられている。歴史学研究者である筆者は，リン・ハント『なぜ歴史を学ぶのか（原題 *History: Why it matters*）』（岩波書店，2019年）を題材に指定した。

　筆者が本書を題材に選んだ理由は3点ある。まず，その内容である。本書はフランス革命史を専門とする歴史家リン・ハントによる歴史学の概説書／入門書であり，Polity社から出版されている「なぜそれが重要なのか（Why it

---

[1]　近年もっとも有名なものとしては，数学者の新井紀子が提唱した「リーディングスキルテスト」が挙げられる。ただし，本来の意味での「読解力」をはかるものではないとして批判も寄せられている。https://www.s4e.jp/about-rst （2024年11月30日閲覧）

matters）」シリーズを構成する1冊である。原著は2018年，長谷川貴彦による日本語翻訳は2019年に発売された。歴史学の意義を，現代とのつながりやディシプリンとしての歴史学の成り立ちを踏まえながら丁寧に解説する本書は，原著も日本語版もともによく読まれ，順調に版を重ねている。本書を読むことによって得られる，ひとつの学問分野の成り立ちや，その学問がどのように刷新されてきたかについて学び，そして現代社会とのつながりや現代的な意義についての考察を深めるといった経験は，これからの大学での学びに大きく生きることが期待できる。特に歴史は専攻するのでない限り，暗記科目であるとのイメージが先行し，学修も受動的になりがちである。これまで得られてきた知見は決して所与のものではないということを理解し，批判的に検討を重ねるという，大学において必要な学習態度を身に着けるためにも，大学の新入生と読む題材として理想的な内容であると考えた。

　次に，分量である。全13回と限られた回数で通読するためには，それなりにコンパクトなボリュームであることが必要である（これは必ずしも絶対条件ではないが，学生に達成感を味わわせるためにも「通読できる」ことが重要であると考える）。全体で150頁にも満たない本書は，15名の受講生で輪読するには最適な分量である。

　それから，身も蓋もないが，価格である。一般的な金銭感覚でとらえれば専門書や学術書はかなり高額である。まして，大学生が教科書を買わないということは，大学教員の間で交わされる愚痴の定番となって久しい（もっとも，現在の大学生が置かれた経済的背景を考慮に入れれば，理解できない話ではない）。本書の価格は1,760円であり，クラス全員に購入を促すにあたっても罪悪感を抱かずに済む程度には安価である。以上の点を総合的に勘案し，本書を輪読テキストとすることにした。

## （2）『なぜ歴史を学ぶのか』の概要

『なぜ歴史を学ぶのか』は以下のような章構成から成る。

　第1章　空前の規模で

　第2章　歴史における真実

第3章　歴史をめぐる政治学

第4章　歴史学の未来

　第1章でハントは，政治的イシューと化した歴史認識問題やブラック・ライブズ・マター運動に端を発した銅像・記念碑の破壊運動などを例に挙げ，歴史が決して過去のものではなく，それどころかますます争点化していることを述べる。第2章では過去に起こった事実の認定に加え，その事実についての解釈がなされて初めて歴史が創られていくということが，新旧の歴史の改竄や捏造事件などをもとに説明される。第3章では歴史学という学問の成り立ちについて，19世紀後半に近代歴史学が確立した時代には歴史は政治家になるために学ぶものであり，したがって政治史のみが偏重され，エリート男性のみが学んでいたが，20世紀後半になると時代の趨勢や裾野の広がりを反映して文化史や社会史などの新しい切り口が次々と誕生したことが詳述される。最後に第4章では再び現代に戻って，歴史学の存在意義や展望が述べられる。

### （3）学生の読書習慣

　そもそも学生の読書の実態はどのようなものなのか。このテキストを輪読するクラス（回答者14名）でアンケートを行ったところ，以下の回答が得られた（図表4‐1）。

　まず，「日常的に読書の習慣がありますか」という設問に対しては，「本はまったく読まない」と「年1～10冊くらい」と回答した者がそれぞれ6名ずつ，「月1～2冊」「週1～2冊」と回答した者がそれぞれ1名ずつであった。

　「新聞を読む習慣がありますか」という設問に対しては，「ネット記事を読む」が最多で9名，続いて「新聞はまったく読まない」が4名，「紙の新聞を読む」が1名であった。「電子版の新聞を読む」は0名であった。

　「本や新聞を読むのは好きですか」という設問に対しては，「好き」「どちらかというと好き」「好きでも嫌いでもない」「どちらかというと嫌い」がそれぞれ3名ずつ，「嫌い」が2名という結果であった。

　「本や新聞を読む理由・目的を教えてください」という設問では，「単純におもしろいから（娯楽のため）」が8名でもっとも多く，次いで「教養を深めるた

図表 4 - 1　学生の読書実態（習慣）

日常的に読書の習慣がありますか。

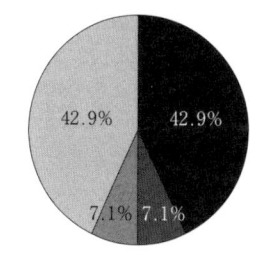

●年 1 ～ 10 冊くらい
●月 1 ～ 2 冊くらい
●週 1 ～ 2 冊くらい
○本は全く読まない
　14件の回答

新聞を読む習慣がありますか。

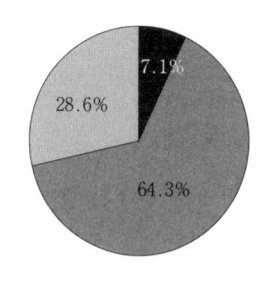

●紙の新聞を読む
●電子版の新聞を読む
●ネット記事を読む
○新聞は全く読まない
　14件の回答

本や新聞を読むのは好きですか。

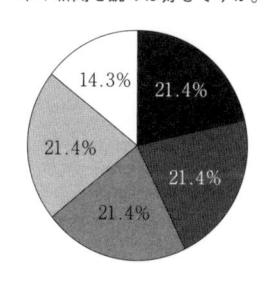

●好き
●どちらかというと好き
●好きでも嫌いでもない
○どちらかというと嫌い
○嫌い
　14件の回答

め」，「授業外学修として」，「特に理由・目的はない」と続く。

　「本や新聞を読まない理由を教えてください」の設問に対しては，「忙しい」が最多で 6 票，続いて「情報を得るためなら，他の手段（YouTubeやSNSなど）で事足りるから」が 5 票，そのあと「読みたいと思う本・新聞がない」「活字が好きではない」と続いた（図表4-3）。この回答は予想通りといえば予想通りである。

　以上のアンケート結果からこのクラスの読書傾向を推察すると，読書習慣が

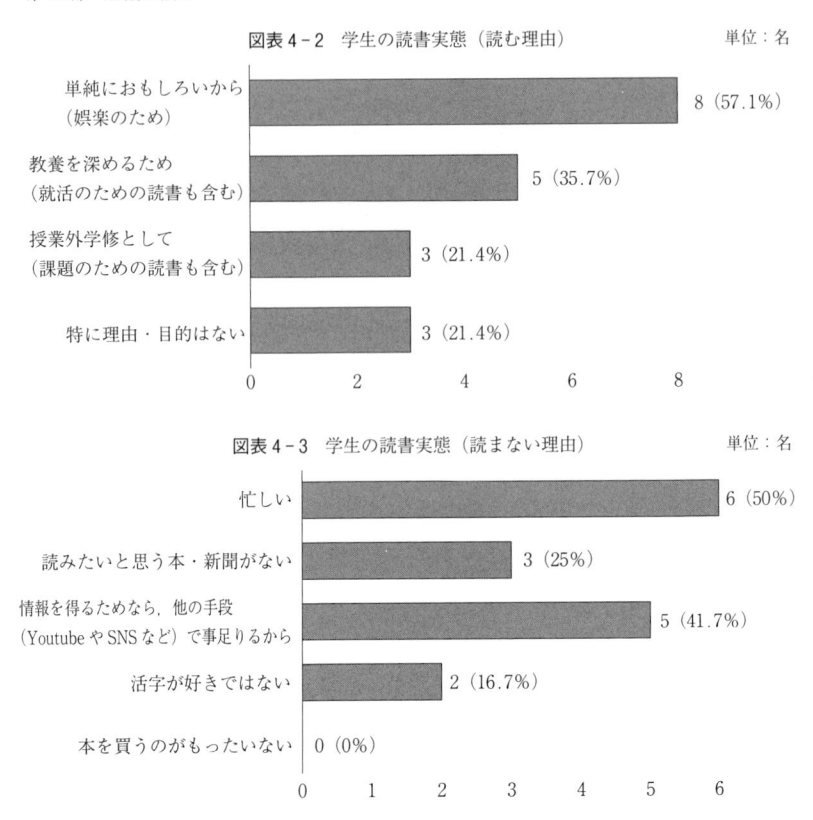

図表4-2　学生の読書実態（読む理由）　　　　単位：名

- 単純におもしろいから（娯楽のため）　8（57.1%）
- 教養を深めるため（就活のための読書も含む）　5（35.7%）
- 授業外学修として（課題のための読書も含む）　3（21.4%）
- 特に理由・目的はない　3（21.4%）

図表4-3　学生の読書実態（読まない理由）　　　　単位：名

- 忙しい　6（50%）
- 読みたいと思う本・新聞がない　3（25%）
- 情報を得るためなら，他の手段（YoutubeやSNSなど）で事足りるから　5（41.7%）
- 活字が好きではない　2（16.7%）
- 本を買うのがもったいない　0（0%）

ある学生とない学生とに二極化され，読書習慣のある学生は特に目的はなくても娯楽のために読書をすることもあるが，ない学生は必要がある場合であっても可能な限り読書をしないらしいということがわかる。[2]さらに時事は新聞よりもインターネット上の記事で把握するという例が多くなり，情報は読書以外の手段によって十分に得ることができると考える学生も多かった。

## （4）授業の進め方

　前節で述べた通り，このクラスの全員が豊かな読書習慣を身につけているとは言いがたい。さらにこの授業は初年次教育の意味もあり，大学で学ぶにあたって必要なスキルの修得が大きな達成目標である。

---

（2）　いわゆる「若者の読書離れ」については，言説に過ぎないという見方もある（清水 2014）。

　したがってこの授業では，多くのゼミの形式を踏襲し，毎週発表担当者2名を割り当ててプレゼンをさせると同時に，全員にレジュメの作成を課した。レジュメに盛り込むべき内容は

①要約

②補足説明

③最も重要な点

④批判すべき点

⑤ディスカッション・トピック

⑥参考・引用文献

とした。さらに，LMS上でレジュメは相互閲覧可能な設定とした。

　テキストを用いての輪読に入る前に，朝日新聞の新聞記事（改正少年法についての社説）を用いてレジュメ作成の練習を行ったところ，要約，批判，ディスカッション・トピックに今後の課題があるということがわかった。まず要約に関しては，社説の文章に表れた筆者の見解を要約するのではなく，事実（ここでは改正少年法）そのものの要約に終始している学生が多かった。また批判に関しては，これも事実のみについて批判を加えるもの（例：「［改正少年法では］発達障害や知的障害などの少年に対して処遇を軽くすることを検討するべき」「名前を公開することができるようになるが，もし特定少年が冤罪だったらプライバシーの侵害になる可能性がある」など）のほか，筆者の見解について異議を唱えるにしても，特に根拠なく「筆者は○○と書いているが，私はそう思わない」と述べるだけのものが散見された。さらにディスカッション・トピックについては，「少年の犯罪率を下げるためにはどうしたらよいか」「障害や虐待経験のある特定少年の処遇について」など，曖昧なものが目立った。

　受講生のこれらの課題を踏まえ，この授業の目標は，

①著者の見解を適切に読解し，要約をつけること

②建設的に批判する力をつけること

③有意義な議論をするためのディスカッション・トピックを考えること（問いを立てる力をつけること）

の3点とすることとした。

## 2　要約をしてみよう

　課題としてテキストを与えられた際，著者の見解を正確に読み取り，そしてそれを簡潔に要約する能力は，文系／理系を問わず，大学で学習するうえで必ず身に着けておかなければならないものである。また，要約には読解力と文章力の双方が必要となるため，それなりに高度な国語能力が求められる。しかし，多くの学生は，この能力を十分に身につけた状態で大学に入学しているとは言いがたい状況である。大学で求められる文章力に近づけるため，たとえば亜細亜大学では「文章表現」が必修科目とされており，少人数クラスでの教育が行われている。このクラスでは国語科教員によって1人ひとりの課題に添削が施されるが，なかなか「表現」のレベルに行きつかない学生も多く，多くの場合は助詞の使い方や基本的な文章の作法（段落の最初を下げるなど）のチェックに終始してしまいがちだとのことである。

　今回筆者が担当したオリエンテーションゼミも，受講者数は15名と比較的少数であるものの，文章指導に特化した授業でもなく，また筆者自身も日本語もしくは日本文学を専門とするものではない。「文章表現」の授業でも専門の教員が苦戦しているような課題が筆者の指導で劇的に改善されるとは毛頭思わないが，それでもできる限りのコツのようなものを指導し，学生が少しでも自信を持って要約に臨めるようにすることを今回の目標とした。

　以下は先述した改正少年法を論じる朝日新聞社説を要約させた際，最もよくできていたものの1つの例である。

**要約例**

　民法改正に伴い，事件を起こした18.19歳を「特定少年」と位置づける改正少年法が設立した。裁判官が処遇を決定する構造に加え，大人と同様の裁判を受けさせる「原則逆送」が適応される犯罪の範囲を広げた。

　少年院に収容される子供たちの中には，発達障害や知的障害があるケースも少なくない。

犯罪被害者に寄り添い支援しつつ，犯罪を犯した少年をいかにして更生させるか議論する必要がある。報道に関する規定も見直され，起訴後の特定少年には制約がなくなった。

人々の知る権利と少年の社会復帰とを考え事件に向き合う中で，判断していくことになる。

慣れていなければ要約が冗長になりがちなところだが，この学生の例では簡潔にわかりやすくまとめられている。ただ，これは文章の巧拙に関わらず筆者が見てきた学生の答案にありがちなのだが，文章中に接続詞が少ない。この例を見ても，接続詞は皆無である。適切に接続詞などが使われなければ，文章全体が論点の羅列のように見えてしまうことを伝え，次のように添削した（下線部が筆者による改訂）。

### 添削例

民法改正に伴い，事件を起こした18, 19歳を「特定少年」と位置づける改正少年法が<u>成立</u>した。<u>これは</u>裁判官が処遇を決定する構造に加え，大人と同様の裁判を受けさせる「原則逆送」が適応される犯罪の範囲を広げる<u>ものである。そのうえで筆者は</u>，少年院に収容される子供たちの中には，発達障害や知的障害があるケースも少なくない<u>ことを指摘する。つまり</u>，犯罪被害者に寄り添い支援しつつ，犯罪を犯した少年をいかにして更生させるか議論する必要がある<u>と（筆者は）主張する。また</u>，報道に関する規定も見直され，起訴後の特定少年には制約がなくなった<u>ことを挙げ</u>，人々の知る権利と少年の社会復帰とを考え事件に向き合う中で，判断していく<u>必要があると述べる</u>。

以上のような助言を加えてみると，学生の一部で要約の改善が見られた。以下は『なぜ歴史を学ぶのか』第1章の要約例である。

［学生 1 ］

まず，最初に歴史の中で生まれた嘘をドナルド・トランプや極右政治家，19世紀の実例に基づいて説明している。また，現在多発している像や碑の破壊運動についてそれらが行われた歴史の流れに着目して説明している。さらに，近年世界中で起きている歴史の教科書をめぐって起きている問題をアメリカにおいて起こった実例を中心に説明し，歴史を再び考え直すうえでどのようなことを行ってきたのかということを世界各地の出来事に基づいて説明している。また，正しい歴史を国民に伝えるために博物館などがどのような活動をしているのかということをアメリカの博物館やパブリック・ヒストリーの諸団体を例に説明している。

［学生 2 ］

歴史的な嘘は，資料などに基づいて論破されているにもかかわらず，SNSなどのメディアの発達によって世界中に広まっている。このような歴史的な嘘は自国愛の促進や政治的事情などの理由で真実が曖昧化されることによって生じていて，弾圧や虐殺などが正当化されつつある。こうした状況でも歴史的真実を主張することは重要であり，歴史家たちも真実を表面化させようと研究を進めているが，内戦や政治的圧力によって難しいものがある。また，そのような研究が場合によっては反政府的だと批判されることもある。また，歴史的出来事や経緯がわかっても，それと歴史的真実をどのように証明するかも重要である。

このようにして毎回要約課題を課していった結果，1 節から 1 章全体，その本全体へと範囲を広げた要約についても取り組めるようになっていった。簡潔で無駄のない要約にはさらなる練習が必要であるものの，テキストをただ読むだけでなく，筆者の見解を的確に理解するための第一歩としてはうまく機能したのではないかと考えている。

## 3　批判できるようになろう

　これはこの授業に限らず，また大学生にも限らない話であるが，「批判」は「否定」と混同されているきらいがある。授業での議論や課題において，クラスメイトや課題テキストの著者の見解を批判せよとの指示を与えると躊躇する学生も多い。したがって批判については，まずはネガティブなイメージを払拭し，建設的な批判ができるように訓練していくことが課題であると考えた。

　今回の輪読でも，始めの頃は「記念碑の破壊をめぐって暴力的解決にすぐに向かわず話し合いの場を設けるべき」「[『ほとんどの男性大学生が，女性が教育科目についていけず，職を求めて競い合うことはないだろうと考えている』との記述に対して] 性別を問わず優秀な人はいると思う」など，著者ハントの見解についてよりも，そこに書かれている事実（ここでは記念碑破壊や大学における性差別）そのものについての是非を問うものや，「高等教育の学生数が増えたことは国民の語りへの批判に関係しているとは思わない」など，特に根拠なくハントの論点に曖昧な異論を述べるもの，「パブリック・ヒストリーについての説明が不十分」など，ハントの使う用語が読者である自分に理解できなかったということを指摘するものなど，批判の体をなしていないものが目立った。そこで，

・書かれている「事実」ではなく，その事実についての筆者の主張を批判する。
・批判するときは具体的な根拠を提示するようにし，曖昧な批判をしない。最初に「著者は〜と述べている」と，簡潔に著者の見解を要約したうえで具体的な批判をすること。
・批判は全否定ではない。著者が述べていることの中で評価すべき点は評価したうえで批判する。
・批判は "not A but B" よりも "not only A but also B" の形で行う方が（少なくとも学部生のレベルでは）やりやすい。つまり著者が述べてい

ることの他に，著者が看過している別の着眼点を考えて指摘する。
と助言してみたところ，

- 「解釈を完全なものにするには多くの事実と矛盾しないようにしなければならないという［27〜39頁の］筆者の意見に同意できるところはあるものの，事実は簡単に覆るものと本文にも書かれており，矛盾しなければ完全な解釈であるとは一概には言えないのではないか」
- 「私たちの時代の地球の歴史は，西洋の優越感を投影したり，ひとつの性，人種，国民，文化の優越性を投影したりすることはない」という91頁の記述について，「現在でもジェンダーや人種をめぐる差別はいまだに世界各地で見られるから，実質的に優越性を投影しているといえるのではないか」
- 「［96〜107頁に書かれているように］1750〜1950年の時代を扱う博士論文が多数だからといって，［歴史を専攻する学生に］それ以前の歴史に関心がないというわけではないのではないか」

と，著者の見解を踏まえたうえでやや具体的な批判を加えることができるようになった。また，

「［第1章について］確かに歴史的，視覚的な歴史的経験は確かに情緒的な同一化に優先順位を与えているかもしれないが，歴史を知るうえでのきっかけや，歴史理解の補助にもなると考える。そのため，一概に批判すべきではないと思う」

というふうに，書かれている内容に対して一定の評価をしつつ，別の観点からの意見を述べるといったような批判も加えることができるようになった。

## 4　ディスカッション・トピックを立ててみよう

続いて，ディスカッション・トピックの立て方である。この授業では，主に演習形式の授業において有意義な議論の糸口となるディスカッション・トピッ

クを立てられるようになることを目的としている。これまでの知見を踏まえた
うえでそれを批判的に検討し，自分なりの的確な問いを立てることは大学での
学習に欠かせないスキルである。また，よいディスカッション・トピックを立
てられるようになるためには筆者の主張を適切に要約し，さらにそれを批判的
に検討できることが前提となるため，これまで訓練してきた要約・批判のいわ
ば応用編ともいえる。

　今回の輪読においても，最初は「ホロコーストについてドイツ政府の見解が
出ているのに，ホロコーストを認めない人がたくさんいることについてどう思
うか」「歴史家は歴史的再演に対し批判的だが，私たちはそれに対してどう思
うか」など，論点が曖昧もしくは漠然としたものが多かった。また，「歴史的
な再現や視覚的な歴史的経験ができる場が増えていることに対しての賛否」
「過去についての真実の立証，一般市民は正確な歴史的出来事や歴史的経緯を
知らされねばならないという筆者の意見に対して，知らせるべきか知らさない
べきか」といったように，クラスを賛成／反対といった単純な二項対立に二分
し，そこからディベートに持ち込もうとするものも多かった。これらはすべて，
「議論」のイメージがうまくつかめていないことが原因のひとつであると考え
られる。

　したがって，プレゼンを行う報告担当者はその回の議論の司会を行う必要が
あり，ディスカッション・トピックはいわば全体の議論の起爆剤とするための
ものであるということを説明したうえで，

- このディスカッション・トピックを投げかけることによってどのような
  議論を行えそうかということを想像しながら提案する
- 唐突なディスカッション・トピックを立てるのではなく，それまでに考
  えてきた「重要な点」「批判すべき点」も踏まえてさらに議論したい点
  を検討する
- ディスカッション・トピックを立てる際，自分の見解も加える

と助言した。すると，

・「私は筆者と同じように自分たちの非を認めるべきだと思うが，国民的帰属の面も考えると難しい部分がある。また，記憶戦争の項の終盤には『歴史というものは，抑圧されてきたものを噴出させる傾向がある』とも書かれている。では，真実に近い且つ国民が受け入れやすくするためには，どのように歴史を編集すればよいのだろうか」

・「[57〜65頁の記述に関して]学問の階梯を登るにしたがって，女性の数は少なくなると述べているがどう思うか。[筆者に対する自分の意見として]日本では平成18年度以降女性の大学教授の数は増加している。そのため少なくなるとは考えにくいと思う。それに加え，現代では女性の社会進出に対する意識も高まっているので，筆者の意見は考えにくいと思う」

といったように，徐々にディスカッション・トピックが具体的な形を取り始めた。

## 5　最終課題

オリエンテーションゼミでは全13回の授業の最終課題として，1,600字（原稿用紙4枚分）のレポートを課すことが決められている。私が担当するクラスでは，レポートに以下の通り条件を付与した。

　『なぜ歴史を学ぶのか』の内容やクラスでの議論を振り返り，以下の点について1,600字以内でまとめてください。
　①全体の要約
　②興味を持った点，重要だと思った点
　③批判すべき点
　④まとめ
　**注意**
・誤字・脱字・誤変換・日本語の文章の作法が守れていない答案は減点します。

・「です・ます」調ではなく「だ・である」調で書いてください。

・自説のみで議論を展開するのではなく，必ず課題以外の文献を1点以上
参照してください。なお，参照した文献については，末尾に参考文献とし
てリストアップしてください（参考文献リストは字数に含みません）。

・1,500字に満たないもの，あるいは1,600字を超えるものについては採点
しません（0点となります）。

指示が細かすぎるようにも思えるが，漠然とした課題だと途方に暮れる学生
も多く，またこの授業では大学での学修に必要な読み書きのスキルをつけるこ
とが求められているため，レポートや論文の基本的な骨組みを提示し，さらに
授業中に字数の配分などについても説明したうえで，それに従って書かせるこ
ととした。以下に引用するのは，このクラスの中で最高点を記録した課題であ
る。

---

『なぜ歴史を学ぶのか』を読んで

　ハントは，歴史に関する嘘は時代が進むにつれさまざまなツールを媒介にして広
がっている。そのため，教科書といった公式な歴史認識においても今や論争の中心
に据えられている。これら歴史の嘘に対抗するために歴史的真実と解釈をめぐり論
争が起こる。またマイノリティの参入によりヨーロッパ中心主義といった偏った歴
史の見方から解放される。これにより社会史や文化史といった新しい分野の開拓と
歴史がエリートの占有物から広く一般のものへと変化した。歴史に関する議論を重
ねることで歴史の民主化が進み，多くの解釈が誕生する。そのため今では人間だけ
の視点にとらわれず，さまざまな生き物や時代に目を向けることで，新しい歴史へ
のアプローチの仕方を獲得し，新しい視座を経て学問は発展していくのであると述
べている。

　議論を重ねることで，解釈の多様性と自分だけの視点にとらわれず，自然や自分
たちとは違う世界にリスペクトの念を持つことが非常に重要だと考える。なぜなら，
ヨーロッパが最も優れており，他国のモデルとなる存在であるといったヨーロッパ
中心主義の考え方や，技術は進歩すればするほど素晴らしいといった進歩史観の考
え方は，歴史の見方を偏った不完全なものにしてしまう。技術の進歩は人間にとっ
ては素晴らしいことかもしれないが，自然や動植物にとっては自然破壊につながり
かねないマイナスの影響をもたらすかもしれない。ヨーロッパ中心主義や進歩史観，
人間中心主義への懐疑や，自分たちとは異なる世界に目を向け寛容に対応すること

こそが時代に適した新しい歴史へのアプローチの仕方を獲得することにつながると考える。このように自分の視野にとらわれず，柔軟に新しい視野を獲得することで，学問の発展に大きく寄与することができる。そのため議論を重ね，自分だけの視点にとらわれず，自然と異なる世界にリスペクトの念を持つことは重要だと考える。

　もちろんヨーロッパ中心主義といった偏った見方に依存してしまうことは非常に危険である。しかしヨーロッパ中心主義を批判するばかりヨーロッパの視点をおろそかにしてしまってはいけないという点も懸念しなければならないと考える。アジア・オリエントの例から「ヨーロッパ中心主義批判」や近代主義批判は確かに納得できるが，今や欧米が衰退しアジアの時代になり，ゆえに「脱亜入欧」から「脱欧入亜」なのであれば，それは近代ヨーロッパ中心主義の裏返しの優越主義，パワー優位主義に過ぎないと羽場氏も述べている。偏った視点から解放されることを強く望むことで，逆に新しい視野にばかり価値があると思いこんでしまい，既存の歴史や見方を大切にできなくなってしまっては元も子もないと考える。よって何を克服すべきなのか，なにを保存すべきなのかよく検討し，バランスよく取り入れる必要があると考える。

　本書を読んで，歴史というものが時代とともに解釈のされ方やアプローチの仕方の幅が増え，そのうえで時代による歴史の扱い方の多様化，それを踏まえた学問の発展に大きく寄与していると考えた。アプローチの仕方の多様化の一つに現代ではSNSやテレビといったメディアの発達があげられる。これらのツールは以前にも増して歴史に関する多くの情報や解釈を与えてくれる一方で，その信憑性にも十分注意する必要がある。そのため情報リテラシーやメディアリテラシーといった，情報やメディアを通じて報じられていることを鵜呑みにせずに，批判的に見る力や，議論する必要が今まで以上にあると考える。また，このような考え方は歴史学に限ったものではなく，その他の学問についても同様に，多くの情報に囲まれる現代に生きる私たちは多様な判断材料をもとに活発な議論をすべきだと考える。

# 6　おわりに——まとめと展望

　今回の授業を通しての学生の反応について，まず読後の感想として「難しくて苦痛だった」が半数を占めてしまったことについては残念としか言いようがないが，「難しかったが，達成感があった／自信がついた」がその次に続くことを励みとしたい。やはり多くの学生にとって，歴史および歴史学をテーマにすえた本書は専門外であり，当事者意識を持ちにくかったこともその理由ではないかと考える。ただし，自らが専攻する学問以外には関心を持てないという

図表 4 - 4　学生の反応

このクラスで『なぜ歴史を学ぶのか』を読んでみて，
いかがでしたか。

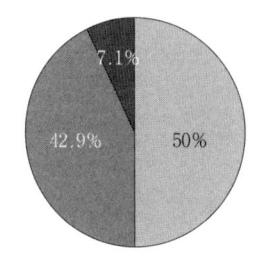

- ●難しくて苦痛だった
- ●難しかったが，達成感があった／自信がついた
- ●思ったより簡単だった
- ●簡単すぎたので物足りなかった
14件の回答

読書についての考え方は変わりましたか。

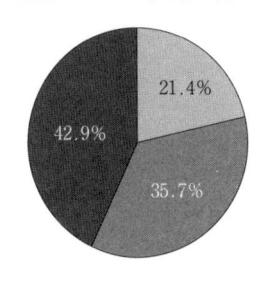

- ●これまでも読書習慣があり，これからも引き続き読書をしていこうと思う
- ●これまでは読書習慣があまりなかったが，これからは読書してみようと思う
- ●これまで読書習慣はなかったし，今後も読書はしないと思う
14件の回答

ことでは，大学生の学びとしてあまりに味気ないだろう。一般教養科目を担当する教員としても，どのようにすれば学生の関心を惹きつけられるかについて，引き続き考えていきたい。

　今回の授業を通して特に浮かび上がってきた課題と，それに対する展望を以下に述べる。

　まず，多くの学生は「議論」や「ディスカッション」のイメージが貧困である。特に議論と聞いてすぐさまイメージするものがディベートであるという点については，先述した通り，インターネット空間で盛んに行われている口論が主因となっていることは明白であるが，それに加えて中高でのディベート教育の偏重にその遠因を求められるのではないかとも考えられる。[3] あらゆる問題は

---

（３）　倉橋耕平（2018）はディベート教育の偏重について，1995年前後にディベートへの関心が一気に高まったことを契機として，教育現場でも「対話」や「討論」の手法を採り入れることに注目

「賛成か，反対か」といったような二者択一に簡単に落とし込めるような単純なものばかりではないが，学生の多くがすぐにこの形の議論に持ち込もうとする。「批判」についても同様の問題がある。相手を「論破」することが議論の目的なのではなく，互いの主張において評価すべき点を評価しながら，そこで見落とされている点を指摘しつつ，よりよい結論を目指していくことが議論の目的なのだということについては，何度も繰り返し強調していく必要がある。

　また，アカデミック・リーディングやアカデミック・ライティングの技法についても，体系的な教育が必要であろう。これらは外国語ではよく耳にするスキルだが，日本語ではあまり耳にすることがない。しかし，日本の中等教育課程で教わる作文や小論文の書き方と，大学で求められる論理的なレポートや論文の書き方を架橋するような体系的な文章教育は，中等教育課程から徐々に採り入れられていくことが理想的だろう。

　さらにそのためには，図書館利用教育を適切に組み込んでいくことも必要になるだろう。あるテキストで述べられていることを相対化するためには，同じテーマについて他の人物はどのように述べているかを調べる必要がある。しかし，学生の多くはすぐにインターネットの検索エンジンに安直にキーワードを打ち込む形での検索に頼る傾向がある。図書館で書籍を探すことや，信頼のおけるデータベースで情報を検索すること，そしてなにより読書そのものへの苦手意識を払拭していくことが急務であろうと考える。

　読解力や文章力の向上においては，これまでの読書習慣や日本語運用能力が素地になるところが大きい。さらに本人の意識も必要であるため，限られた時間で飛躍的かつ人為的に向上させるのは難しい。本稿で紹介したいくつかの例は，最初から意欲的な学生の課題であり，また彼らの向上心も手伝って，少し助言を与えればすぐに改善が見られたものである。そのため，これらが筆者の指導力の賜物であるなどとは少しも考えていない。本稿では取り上げなかったが，精読への苦手意識を克服できず，最終課題においても8割方を要約で埋めた学生や，そもそも課題の提出がなかった学生も一定数見受けられた。それはひとえに筆者の指導力不足によるものである。一斉授業を通して，より多くの

が集まり，さらにオウム真理教の上祐史浩の登場がその風潮に拍車をかけたと論じている。

学生により高度な読解力と文章力を身に着けさせるにはどうすればよいかという点については，今後も試行錯誤を続けていく必要がある。

**参考文献**

倉橋耕平（2018）『歴史修正主義とサブカルチャー──90年代保守言説のメディア文化』青弓社，pp. 90-94

清水一彦（2014）「『若者の読書離れ』という"常識"の構成と受容」『出版研究』第45号，pp. 117-138

# 第 **5** 講

# 『独裁者のためのハンドブック』『多数決を疑う』をゼミで読んでみた

## ——質の高いディスカッションを目指して

藤田泰昌 （長崎大学）

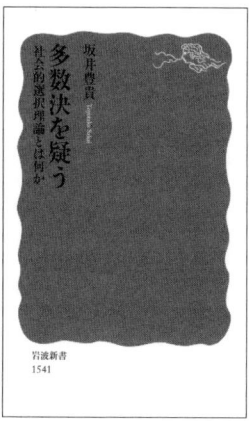

| 実施期間 | 2022年度前期 |
|---|---|
| 科目区分 | 経済学部専門科目・必修 |
| 科目名 | ゼミ（演習） |
| 書籍名 | ブルース・ブエノ・デ・メスキータ，アラスター・スミス　四本健二，浅野宜之訳（2013）『独裁者のためのハンドブック』亜紀書房<br>坂井豊貴（2015）『多数決を疑う——社会的選択理論とは何か』岩波新書 |
| 学　年 | 学部 3 年生 |
| メンバー | 13名 |

# 1　なぜ学術的文献を講読するゼミを実施するのか

　前置きが少し長くなるが，まず，政治学の文献を読むことを中心に据えたゼミを開講することにした背景と意図について説明したい。ここをあらかじめ説明することが，次節以降を理解する一助になると思うからだ。

　本書のプロジェクトへの誘いを受けてお邪魔することを決めるにあたり，筆者には2つの問題意識が念頭にあった。1つは，社会科学系の大学教育の意義は何かである。大学における研究や教育に対しても「役に立つ」ことがしきりに強調されるようになって久しい。自然科学系であれば，学ぶことがどのように「役に立つ」のかは比較的理解されやすい。だが，筆者の所属・従事する社会科学系はどうなのか。人文・社会科学系の学生定員を減らす一方で，自然科学系の定員を増やそうと日本政府が躍起になる昨今，以前にも増してこの問題意識を持たざるを得ない状況にある。

　もう1つは，社会科学系の教育内容が何らかの意義をもつとして，どのような方法が望ましいのか，という問題意識である。「一方向的な授業ではなく双方向的な授業を」，「インプットよりアウトプットを重視した授業を」，「ChatGPTのような生成AIを使ってどのようにアウトプットを生み出せるかがこれからの教育では重要だ」，といったことが近年の教育に対しては期待されているように思われる。そのような中，学術的な文献を読むという伝統的で（一見）インプットを重視した方法に意義があるのだろうか。学術的な文献を読むことで得られるかもしれない学術的な概念や考え方の理解や習得には時間がかかることを考えれば，なおさらである。

　以上の2つを合わせれば，以下のような疑問が投げかけられることになるのではないか。大学のゼミで社会科学系の学術的な文献を読むなどという教育は，大学卒業後に役に立たないことに時間をかけた，非効率で，望ましくない方法なのではないか，と。果たしてそうなのだろうか。そのような疑問に違和感を覚えるならば，自分自身で確かめてみる必要があるのではないか。このような問題意識の下，政治学の文献を読んで議論することに特化したゼミを行うこと

にした。

わざわざ多くの時間と経済的費用をかけて大学に通うのであれば，大学でなければ得られないようなものを得てほしい。日頃から筆者はそう考えている。それゆえ，大学での教育（特にゼミ）においては，2つの目標を念頭に置いてきた。①ちょっと調べたり読んだりすれば身につくようなものではない，時間をかけなければ身につかないような考え方を学ぶ。その1つとして，社会科学の考え方の基礎を身につける。②本人の周囲や所属先といった身近なことだけでなく，社会や政治のようなより大きなこと，すなわち普段あまり意識しないことを考えることも面白いと思えるようになる。こうした目標を達成するうえでも，学術的文献をゼミで講読するという方法をとることにした。

ここでいう社会科学の考え方の基礎というものを，思い切って単純化して説明しよう。社会科学（に限らないが）の研究では，問いを立てて，その仮説を立てて，検証する，という最低限共通のプロセスがある。問いを立てるなど簡単だろうと思われるかもしれないが，そうではない。各研究が単独で行えることは限られているため，立てる問いも絞る必要がある。たとえば，「どうしたら平和になるのか」という問いはどうか。非常に重要な問いである。だが，このままでは社会科学の研究が取り組める問いにはならない。たとえば，どのような状態が「平和」なのか，誰を想定しているのか（政府？社会？個人？），といったさまざまな点で限定しないことには，答えることが難しい。さらには，既存の研究が提示している以上の答えを提示できそうにないのであれば，問う必要がないかもしれない。このように，つまり何が問いなのかを明確に意識することは，重要な第一歩になる。次に，問いに対する答え，すなわち仮説を立てて，検証する必要がある。たとえば，貧富の格差が大きいと争いが起きやすいという仮説を立てるとしよう（ここでは争いの定義は置いておく）。この仮説が確からしいと判断するには，少なくとも2つの条件をクリアする必要がある。第1に，貧富の格差が大きいとなぜ争いが起きやすいのか，そのロジックを示すことである。理屈が通っていない仮説は説得力がないからである。第2に，理屈が通っていたとしても，現実の世界で仮説通りの因果関係を観察できるかである。論より証拠，である。なお，今回のゼミでは，この第1の理屈・ロ

ジックの部分に重点を置いた文献を取り上げた。こうした社会科学の考え方の基礎を身につけるには時間をかけることが不可欠である。それは大学でこそできる教育の1つといえるのではないか。

図表5-1　授業のアプローチ間のトレードオフ

| | 得られる理解の深さ ←→ 得られる知識の広さ | |
|---|---|---|
| 難易度の高い内容 ↕ 難易度の低い内容 | 文献講読型ゼミ | 講義型授業 |
| | 研究発表型ゼミ | |

　このような社会科学の考え方の基礎を大学で教えるアプローチは，大きく分けて2つある。1つは，教員の話を学生は聞くことが主となる一方向的な授業スタイルである。もう1つは，教員の役割は調整や助言がメインで，学生が主体となって議論や研究発表などを行う授業スタイルである。この2つは一長一短である（図表5-1参照）。前者のスタイルでは，社会科学でどのような問いに取り組まれてきたのか，どのような仮説が支持されてきたのか，仮説を検証する方法にはどのようなものがあるのかを，幅広く効率的に学ぶことができる。だがその反面，一方的に話を聞くだけであるため，能動的に考えることが少ない。そのため，わかったつもりにはなるものの，表面的な理解にとどまる，学んだことを使えない・応用できない，すぐに忘れてしまうといったデメリットが考えられる。他方，学生が主体となる授業スタイルでは，学生自身が能動的に考える必要が生じる。そのため，深い理解が得られる，学んだことを応用できる，後まで記憶に残りやすい，といったメリットが期待される。しかしその反面，自分で考えるということは，時間がかかる方法であり，効率が悪い方法である。したがって，学ぶことのできる範囲や量は限られてしまうというデメリットがある。

　大学のゼミとは，まさしくこの後者のスタイルである。そして，この学生主体のスタイルにも少なくとも2通りのアプローチがある。研究発表型と文献講

読型である。この２つもトレードオフの関係にある（図表5-1参照）。筆者の運営する例年のゼミでは，ゼミ全体で文献をきちんと読み込むことよりも，仮説検証型の研究発表を最終目標とするグループワークを重視してきた。社会科学の考え方の基礎を身をもって学ぶには，他者による研究の成果を記した文献を読む「消費者」ではなく，自分たち自身が新たな研究を行う「生産者」になってみることが有効である。問いの設定から仮説の検証までを自分で行う経験が重要だろうと思うからである。だが，自分たちが生産者になってつくりあげる議論は，「消費者」として読む学術的文献の議論とは，その質（難易度の高さ）において大きく劣る傾向にあることは否めない。その点で，学術的な文献をきちんと読む方が得られることが大きいものがあることは否定できない。そして，「消費者」とはいえ，教員の話を一方的に聞くタイプの授業に比べて，自分の頭で考えて理解することが求められる分，深い理解が得られると期待される。そこで，今回は学術的文献を講読することを通じて学ぶ方法を採用することにした。

　なお，集団で文献を読む場合には，少なくとも２つのアプローチがありうる。１つは，参加者が（何の制約も方向性もなく）自由に感想を述べあい，そこから何が出てくるかを議論する。もう１つは，誰かが議論の方向性の舵をある程度握る方法である。このゼミでは，後者の方法を採用した。ゼミの目標が（前述のように），大学でなければ学べないこと，そして社会科学の考え方の基礎を学ぶことにある。そのため，ゼミでのディスカッションのポイントが，そこから大きく外れないようにするための最低限の舵取りが必要だと思うからである。とはいえ，学生の感想や意見を決して否定するようなことはもちろんしない。あくまで，社会科学におけるポイントは，何が問いなのか，著者はその問いに対するどのような答えを提示しているのか，著者が示す論理は何か，当該著作以外の著作と何が違うのか，といったことを意識させるために，問いを投げかけたり，議論を展開するためのヒントを提供するのみである。

　前置きが長くなったが，以上の背景の下で実施した文献講読型のゼミについて，次節から紹介していきたい。次節では，ゼミがどのように展開したかを記述する前提知識として，どのようなゼミで，どのような本を，どのように読ん

だのかを簡単に紹介する。第3節は，学術的文献を講読したゼミがどのような
プロセスを経たかを説明する。第4節では，前節を振り返りつつ，学術的な文
献をゼミで講読することでゼミ生にどのような変化が見られたかを確認して，
最終節では本章全体をまとめることとする。

## 2　どのようなゼミで学術的文献を読んだのか

　どのように学術的文献を読むゼミは展開したのか，そしてどのような変化が
学生に見出されたのかを述べる前に，本節ではゼミの背景（構成員の特徴）や
取り上げた学術的文献，そしてゼミの進め方について簡単に紹介することにし
よう。

### （1）ゼミについて

　学術的文献を読むゼミを開講したのは，長崎大学経済学部総合経済学科総合
経済コース（夜間主）[1]である。開講した時期は2022年の4月から7月末で，大
学の授業の主だった開講方式がオンラインから対面に変わる時期であった。夕
方18時以降の時間帯に授業は開講されるため，働きながら学士号を取得できる
コースであり，社会人学生が在籍していることが特徴である[2]。経済学部とはい
え所属する教員は，経済学や経営学のほかに，法学や語学に関する教員も含ま
れる。だが，所属する政治学の教員は筆者のみである。つまり，筆者の授業
（彼らが受ける機会のある筆者の授業は多くても2つ）以外に，政治学に接する機会
はないに等しい。

　筆者の担当した夜間主コースのゼミは19時40分開始の時間枠だった。遠方か
ら通うゼミ生が帰宅に利用する最終バスの時間などを考慮するとゼミの延長は
困難であり，与えられた時間は毎回90分に限られた。

　当該のゼミは学部3年生向けの「演習Ⅰ」というゼミで，卒業のためには単

---

（1）　長崎大学経済学部総合経済学科総合経済コース（夜間主）は，2022年度入試をもって募集を停
　　止している。
（2）　割合としては高くはないが，フルタイムで働く22歳以上の学生が一定割合在籍している。勤務
　　終了後の貴重な時間を割いて通学していることもあり，彼らの学習意欲は高い傾向にある。

位を取得せねばならない必修科目である。学生は，ゼミの始まる半年前（10月）に受講したいゼミを選択する。学生に人気のあるゼミであっても，受け入れ人数の上限は12名と定められている。そのため，人気のあるゼミを希望して入れなかった学生は，第2希望のゼミにまわることになる。そして第2希望のゼミに入れなかった学生は，第3希望のゼミにまわることになる。

　筆者は，「政治研究——専門書を読んで政治について考える」とのタイトルでゼミ生を募集した。学生がゼミを選択する前に配布される演習指針では，「毎週，理解が容易とは言えない内容の文献を，かなりのページ数にわたり読んでくることが求められます」と記した。さらに，ゼミについて口頭で説明する場では，予習などの負荷の大きなゼミであることを強調した。学術的文献を読み込むことを意図していたため，それなりの覚悟をもって学生に参加して欲しかったためである。また実際，以前担当した夜間主コースのゼミよりも難度の高い学術的文献を扱うこととなるからであった。だが，大変なゼミであると強調したことが影響したのか，第1次選考で集まった学生は3人のみであった。第2次選考および第3次選考で数人ずつ加わり，最終的にゼミに集まった学生は13名，女性が3名で，年齢層は20歳代前半から後半であった。

　集まったゼミ生のほとんどは政治について考えたことはなく（ただしゼミ開始の数カ月前に始まったロシアのウクライナ侵攻には関心あり），国政選挙や地方選挙での投票経験のある者も3割程度であった。とはいえ，多くのゼミ生は政治について考えなければいけない，あるいは考えてみたいと思っているとのことだった（政治学の教員に対する忖度かもしれない）。ゼミの志望理由は，担当教員の授業がわかりやすかったからとのことだったが，授業で取り上げたどのような内容が印象に残っているかとの問いかけには口籠るゼミ生が少なくなかった。読書経験としては，新書を読んだ経験もほとんどなく，政治や社会の情報を入手するのは本でも新聞でもテレビでもなく，YouTubeであるという学生がほとんどであった。


## （2）取り上げた文献

　ゼミでは，以下の2冊を取り上げることにした。

・ブルース・ブエノ・デ・メスキータ&アラスター・スミス　四本健二，浅
　野宜之訳（2013）『独裁者のためのハンドブック』亜紀書房
・坂井豊貴（2015）『多数決を疑う：社会的選択理論とは何か』岩波新書

　文献を選択するにあたっては，2つのことを考慮した。第1に，上述の目的
をもったゼミであることから，政治学に関する学術的な内容であることである。
『独裁者のためのハンドブック』は，政治体制の違いとしてどのような制度的
特徴が重要か，その制度的特徴が（体制間で）どのような政策の違いを生み出
すのかを論じた著作である。『多数決を疑う』は，投票ルールにはさまざまな
集約ルールがあり，いわゆる多数決はその1つに過ぎないこと，集約ルール次
第で投票結果が大きく異なりうることを解説した著作である。いずれも政治的
な制度やルールが政治や政策にもたらす影響を論じているという点で共通して
いる。第2に，学術的文献であって，かつゼミに所属する学生が毎週読みこな
せることに留意する必要がある。そのため，邦語文献であり，かつ学術的な内
容をわかりやすく噛み砕いたものであることを重視した。なお，内容について
は，少なくとも『独裁者のためのハンドブック』は，まずまず面白い（分量も
多すぎない）との感想を多くの受講生から得た。

　また，文献を選ぶうえでは，一部の章をスキップしてでも2冊読むことを重
視した。ゼミで得た読み方を実践できるようにするためには，異なるイシュー
や概念を扱った複数の本を取り上げた方がよいと考えたからである。


## （3）ゼミの進め方

　文献を読んで議論する際，大学のゼミでよくある進め方の1つは，当該箇所
の内容の要点を発表する担当者を決めるという方法である。ゼミの冒頭から担
当になった者が発表を行い，その発表を踏まえて，ゼミ全体で議論をするとい
う進め方になる。この方法のメリットは，発表担当になった回では（担当では
なかった場合に比べて）深く読み込み，ゼミ全体に対して説明する必要がある
ため，読み込むことの訓練ができるということである。だが，この方式のデメ
リットは，発表担当にならなかった回には，文献を（きちんと）読まずにゼミ
に参加する学生が出てくることである。さらには，発表者が時間をとるため，

（発表者以外の）ゼミ生が発言する機会を奪うことにもなる。考えて読むことを重視する今回のゼミにおいて，発言の機会を少なくすることは致命的である。そこで，発表者を置かない方式を採用した。全員が責任をもって毎回きちんと読み，ゼミの最初から全員で議論を始めることにした。きちんと読んでいるのであれば，他人の要約発表を聞く時間は無駄ともいえるし，担当となった章だけでなく，すべての章を通して自力できちんと読むことではじめて，学術的な文献を読む訓練になるだろう。

　前述のように，ゼミの目標は，社会科学の学術的文献を読み込むことを通じて，社会科学の考え方の基礎を身につけることとした。そのため，毎回の授業では，何が問いなのか，（問いに関連して）これまでどのようなことが主張されてきたのか，どのような答えが提示されているのか，その論理は何か，他のイシューや現実の事象に応用できるか，といったことを繰り返し意識させて議論させることにした。回によって多少異なるものの，各回のゼミは，おおよそ以下のような流れで進めた。


　ゼミの流れ
　　0．ゼミ生は文献の概要メモを作成
　　1．全般的な感想：文献の面白さ，難易度，長さなど
　　2．ディスカッション① 文献の主張を確認
　　3．ディスカッション② 現実の問題への応用（ロシアのウクライナ侵攻，日本政治など）
　　4．ディスカッション③ 疑問点／問題点
　　5．全体のまとめや来週までの課題確認など
　　※第3回まではゼミ全体でのみディスカッションを行った。第4回以降のディスカッションは，適宜グループ単位で行ってから，ゼミ全体で実施。グループのメンバーは毎回シャッフルした。


　筆者としては，ゼミ生がどこまで読めるようになったのか，ひいては社会科学的な考え方の基礎が身についたのかを測る目安として，以下のようなことを

ディスカッションにおいて観察できるかどうかを意識した。下段ほど到達が難しくなる。なお，①④については，板書などで明示しつつ強調した。多くのことを列挙して混乱させないように，③④については議論の方向付けやグループディスカッションのテーマなどの形で，繰り返し強調した。

　①社会科学研究の要素（問い，仮説，ロジック，検証方法など）を意識できているか

　②各要素の論理などを理解できているか

　③文献で学んだ概念や考え方を（他のイシューや現実の事象に）応用できるか

　④文献に対する疑問点や改善策を考えつくか

　ゼミ生には，発言の質よりも量が重要であることを再三強調して，発言しやすい雰囲気づくりに努めた。発言することを重視したのは，発言するために考える必要があるからである。話すために考える，そして考えることで理解が深まる，という効果を狙った。

## 3　ゼミの経過

### （1）ゼミ序盤

　初回のゼミでは，発言しやすい雰囲気づくりを最重要目標とした。コロナ禍の影響で，対面形式での少人数ゼミというものを経験したことのある学生はいなかった。したがって，ゼミが学生主体でどんどん発言する場であることを経験として知らないうえに，対面形式でのゼミが初めてということで，発言することのハードルが従来の学生よりも高いと想像できたからである。まずメンバー全員で自己紹介を行い，その後ゼミの目的や進め方について，簡単に説明を行った。取り上げる文献を選んだ理由，文献を読む際は細かな事実よりも章の中心となる考え方を重視すること，毎回のゼミに向けて文献を読んだ後に簡単なメモを作成すること，ゼミでは発言することがきわめて重要であり，発言の質より量が重要であること，を強調した。

　ゼミの進め方として，2つのことをゼミ全体で議論をして決定した。1つは，どの章を読むか。前述のように，2冊の本を読むことを重視したため，一方の

本については一部の章をスキップする必要があったからである。2冊の本を読むことについてゼミ生が納得したうえで，どの章を読むかをゼミ全体での議論で決定した。もう1つは，ゼミをオンライン形式と対面形式のどちらで実施するかである。ほとんどのゼミ生はコロナ禍が始まったばかりの2020年4月に入学しており，入学してからこのゼミ開講の前年度（2021年度）まで，ほとんどの授業をオンライン形式で受講していた。通学せねばならないので対面形式は面倒だとの声も上がった。だが，教員の話を聞くのではなく，ゼミ生主体で議論をする授業なのであればということで，対面形式にすることで合意が得られた。どのようにゼミを進めるかについて，ゼミ生による議論を通じて決めることで，ゼミ全体で議論することの第一歩とした。

　第2回のゼミでは，学術的文献を本格的に読み始める前のウォーミングアップアップとして，短い論文を取り上げた。他国に比べて女性議員が日本で少ない原因を論じたものである。次回以降，文献を読み，議論する際に意識すべきポイントを確認した。何が問いなのか，どのような答えが提示されているのか，その答えのロジックや経験的証拠は何か，といったことを（前回に続き）強調した。以上のポイントを，この日のゼミで対象になった論文について確認するべく，筆者がゼミ全体に問いかけて，ゼミ生が回答する形でゼミを進めた。どのような内容の発言であっても肯定的に受け止め，発言の質より量が重要であることを意識づけさせた。

### （2）『独裁者のためのハンドブック』読み始め

　第3回から，いよいよ学術的文献を読み始めた。第3回は，『独裁者のためのハンドブック』の序章である。政治の世界は政治のルールによって支配されており，政治を理解するうえで重要なのは，政策決定を行う政治指導者個人の特性などではなく，政治指導者を支配する組織レベルでのルールである，ということが主旨である。筆者は，鍵となる概念やロジックをきちんと確認できるような議論にするために，ゼミ全体での議論を先導した。この書籍の主張の核は，個人レベルの要因よりも，制度レベルの要因（盟友集団の規模）が政策決定を左右するということにある。ここを摑めるようになることがまずは目標とな

る。

　序章のポイントについて，筆者によるゼミ全体への問いかけとゼミ生による応答を通じて確認した後，グループに分かれてのグループディスカッションを実施した。序章で事例として取り上げられたアメリカの地方自治体では，不必要な増税がなされるとともに，中心的行政官は不当に高い給与を受け取っていた。このような「悪政」をもたらした原因は何か。大半のグループは，グループディスカッションの結果，そのような政策を決定した政治指導者個人を原因として挙げた。理解が不十分であることは明らかであった。文献の内容を自分が理解できたかどうかについて，まだ摑めない状態だとも思われた。まだ読み始めの序章であり，仕方がないのかもしれない。

　ゼミ全体でのやりとりでもグループ単位でのディスカッションでも，よく発言するゼミ生の割合は半分弱程度であった。とはいえ，その半数弱の学生は積極的に発言するようになっており，何でもとりあえず発言してよい，という雰囲気にはなってきたようである。

　第4回からは，グループ単位でのディスカッションを本格的に導入することにした。まず，グループ単位でディスカッションを行い，それを踏まえてゼミ全体でディスカッションを行う，という具合である。グループ単位のディスカッションでは，ほぼ全員が積極的に発言するようになった。理解度を深める機会になってきたようである。しかし，その後のゼミ全体でのディスカッションにおいて発言するのは，変わらず半数弱の決まった学生であった。また，学生同士の議論にはなかなかならず，教員が積極的なファシリテーター役を務める必要があった。

　第4回で取り上げた章の概要は，盟友集団[3]の規模の大きさが，政治的権力を維持するための政策や権力の維持しやすさを左右する，というものである。内容理解については，授業開始時にゼミ全体に尋ねてみたところ，大半の学生が「まあまあ理解できた」との感想を述べていた。だが，ディスカッションを通

---

（3）　その支持なしには政治指導者の政治生命が終わってしまうような集団のこと。たとえば，ソ連で選挙の候補者を選ぶ共産党幹部，民主主義国で対立候補に対して優位に立たせるのに最低限必要な有権者などが例として挙げられる。

第5講 『独裁者のためのハンドブック』『多数決を疑う』をゼミで読んでみた

じて確認してみると、「盟友集団の規模を小さくした方がよいのはなぜか」といった基本的な問いに対して明確な応答ができずに窮していた。基本的なところの理解がまだ不十分なようである。筆者からの問いかけとゼミ生からの回答を繰り返す形で、この辺りの理解を深めるようにした。

## （3）『独裁者のためのハンドブック』理解に変化

第5回のゼミを開始前に、読んできた第2章は難しかったかを聞いたところ、「読めるようになってきた」「変わらない」「以前より難しかった」と答えた割合はほぼ同率であった。今回の章は、（政治権力を握ろうと狙う側の）挑戦者が、政治的権力を握るために行う必要があることを論じた章である。今回もグループディスカッションを2度実施した。最初のディスカッションでは、当該の章では要するに何が書いてあったかを確認させた。2度目のディスカッションでは、今回の章の内容を日本政治にあてはめて考えてみた場合、日本で野党が政権交代を目指すには何をする必要があるのではないかを議論した。「移民の受け入れや選挙権の年齢引き下げは、政治指導者による新たな盟友集団の形成を図ったものと言えるのか」といった鋭い議論が出てくるなど、理解度が上がってきたことを感じさせた。ゼミ生が事前に作成したメモにも、変化がみられるようになった。以前とは無関係に、文献にあるさまざまな記述を（章の重要性とは無関係に）並べられていていた印象であったのが、この頃から、答え、問い、答え、「わからない」といった質問や要点の正確かつ簡潔に捉えるようになってきた。「わからない」という発言も出てくるようになった。わからない場合には黙っている、という姿勢からの変化も感じ取ることができた。

第6回のゼミでは、ゼミへの慣れのせいか、読んできたことをまとめたメモの提出率が下がっていった。そのため、授業冒頭で注意喚起した。だが、ディスカッションが始まると、ゼミ生の理解度は着実に高まっていることを感じさせた。今回は、権力を握った者がそれを維持するためにすることを説明した章で

---

（4）ちなみに、このゼミの開講当時に放映されていたNHKの大河ドラマ「鎌倉殿の13人」は、鎌倉幕府成立前後の権力闘争を描いたドラマであった。そこでは、盟友集団が小さい組織において権力を握るにはどうすれば良いかを考えるうえで非常に分かりやすいストーリーが展開されていた。だが、このドラマを見ていたゼミ生は残念ながらほとんどいなかった。

117

ある。今回はグループディスカッションを 3 度実施した。最初のディスカッションでは，いつものように，問いは何か，答えは何か，ロジックは何かを確認した。2 度目のディスカッションでは，これまで読んできた章と何が違うのかを確認させた。「これまでの章では権力を握るまでのことが書かれていたのに対して，今回は権力を握った後のことが分析対象だった」「権力を握る前と握った後で，政治指導者がとる行動で大きな違いは，権力を握った後には盟友集団の一部を排除するところにある」といった的確なやりとりが聞けるようになった。3 度目のグループディスカッションでは，考える視点を（政治指導者から）政治指導者を支える側に変えて，盟友集団の選択を考えさせてみた。「支える側はなぜリーダーを挿げ替えないのか」「なぜリーダーを支えるのか」といった論点である。グループ単位でのディスカッションはかなり活発に行われており，その内容に耳を傾けてみると，文献が主張するポイントを摑めるようになってきた感じがする。何が主張のエッセンスなのかをきちんと把握できるようになった。その主張を構成する概念やロジックについても，こちらが問いかければ少し考えた後に応えられるようになった。実際，今回のゼミの最後に感想を聞いてみると，「きちんと読むことを理解した」「要点は何か，つまり何を言いたいのか，どのような議論をするか，を考えるようになってきた」との感想を聞くことができた。

## （4）『独裁者のためのハンドブック』理解度の高まり

　第 7 回は，盟友集団が大きい組織と小さい組織では，財政のあり方がどのように異なるのかを説明した第 4 章に取り組んだ。本の内容に対する理解度が高まったようにみえたことを踏まえて，第 7 回以降のディスカッションでは，本の内容を応用させることに力点を移してみた。第 7 回は，文献の議論をロシアのプーチン大統領に応用して議論した。たとえば，『独裁者のためのハンドブック』の議論をロシアのプーチン大統領の事例に応用すると，どのようなことが理論的に言えるかを議論させた。「ウクライナへの侵攻によって輸出が減り，借金も難しくなるのではないか。それは，プーチンが盟友集団にばら撒くことが難しくなることにならないか。盟友集団からの支持を確保することが難

しくなるということではないか」といった指摘や，「いや，プーチンには盟友集団の入れ替えという対抗手段もあるから，失脚するかどうかは何とも言えない」といった発言もゼミ生からなされた。このように，盟友集団という概念や，文献の理論枠組みを使って話せるようになっていることを強く感じとれるようになった。

　第8回で取り上げたのは第8章で，政治指導者が民衆による革命／民主化を抑止するためには，軍などの盟友集団の忠誠を確保することが重要という内容である。したがって，政治指導者による盟友集団へのバラまきを止める契機として，当該国経済の崩壊は民主化のチャンスであり，そのような国の債務減免をすべきではない，といった処方箋が主張されている。ここで読んだことを応用すべく，「どのような条件下で，プーチンや習近平の生き残りは妨げられるのか」を議論させた。「盟友集団に配る資金が重要なのだから，その資金源となる天然資源をどうするか，開発援助をどうするかが鍵ではないか」といった答えが出てくる。少なくとも『独裁者のためのハンドブック』については，議論の主なポイントについては，聞かれたら答えられるという地点には辿り着いたようである。これからの目標は，自分たちで，論点の提示や議論の応用を考えるようになることかもしれない。

　『独裁者のためのハンドブック』を読む最終回となる第9回は，第9章を取り上げた。盟友集団の規模が異なると，戦争に関する判断はどう変わるかを論じた章である。盟友集団の規模が小さい国の指導者には，戦争に勝つことよりも取巻きの将軍たちに見返りを与え続けることが重要である。盟友集団の少ない国では，ひとりひとりの盟友への個別見返りを多く削らないと国防費を増やせないが，そんなことをしたら盟友集団の離反を招き，クーデターになってしまう。したがって，盟友集団の規模の大きさによって，戦争に関する判断が変わることになる。たとえば，盟友集団の規模が大きい民主主義国家の指導者は，勝利を見込める場合のみ戦争をする。今回も，こうした文献の主張の応用をグループで議論させた。「民主的平和論（民主主義国家同士は戦争しにくい）はなぜなのか」「この章の議論からすると，ロシアのウクライナ侵攻については何が言えるか」といった問いかけを筆者から行った。後者の問いかけに対しては，

文献に対する異論が出された。「『独裁者のためのハンドブック』によれば，盟友集団の規模が小さな国の指導者にとっては，戦争に勝つことよりも盟友集団に見返りを与え続けることが重要なはず。そうであれば，（西側の支援もあって）ウクライナでの戦況は思わしくないにもかかわらず，なぜプーチンはウクライナから撤退しないのか。本書の議論では説明できないのではないか」。書かれた主張を理解するにとどまらず，その応用から問題点を指摘できるようになるに至ったと言える瞬間だった。


### （5）『多数決を疑う』難易度に戸惑う

　前回までの文献『独裁者のためのハンドブック』については，7回にわたって読むことで，ゼミ生の間では理解が進んだようだ。これは社会科学的な読み方や考え方が習得できたことを意味するのだろうか。文献が変わったとしても，きちんと理解して議論できるようになっているのだろうか。第10回から2冊目の『多数決を疑う』に文献が変わった。さまざまな集約ルールを評価する規準の解説を通して，民主主義について考えさせる文献である。展開されている議論は，前回までの文献よりも学生にとっては難しく感じる内容だった。

　第10回は第1章を取り上げた。問いは，「多数決で多数派の意見は反映されるのか」。答えはノーである。いわゆる票割れの問題（ペア敗者基準）などがあるからである。したがって，ボルダルールあるいは多数決で決選投票を行う方式が（多数派の意見を反映させるという意味で）望ましい。

　今回のゼミの最初に，新たな文献の印象を尋ねたところ，「具体例も書いてあるし，わかりやすかった」との感想が多く聞かれた。だが，今回の内容のポイントをグループディスカッションで整理させたうえで，ゼミ全体でポイントを確認してみたところ，内容を十分理解したとは言い難かった。「（当該書における重要な概念である）ペア敗者基準とは？」「つまり，なぜ多数決ではダメなのか？」といったことを説明することが難しいようだった。自分が理解できたかどうか，まだ摑めない状態のようであった。新たな文献，新たな概念や考え方ということで，適応には時間が必要なようである。

　第11回は第2章を取り上げたが，「ここまででもっとも難しい章だった」と

の感想が多くのゼミ生から寄せられた。多数派の意見が反映されているか否か を判断するための規準をいくつか導入して，さまざまな（投票の）集約ルール の比較を論じた章である。数学的な思考が若干求められることが，難しさを感 じさせる主な要因だと推測される。前回の第1章の理解度は60％程度と回答し たのに対して，今回の第2章の理解度は30％〜40％とのことであった。ちなみ に，読むのにかけた時間は，40分〜3時間とゼミ生の間で大きなバラツキが あった。

　教員による解説を多めに挟みつつ，第2章のエッセンスを確認するための議 論を先導した。ゼミ全体でのディスカッションを経て，理解度が高まると，質 問も出るようになった。「つまり，ペア勝者とペア敗者の違いは何か？」「多数 決はペア勝者を満たしているのではないか？」といった質問である。少なくと も，何を理解できていないのかを摑めるようになったという点では前進だと捉 えた。

### （6）『多数決を疑う』難易度にめげず議論

　これまでは多数派の意見が反映されるにはどのような集約ルールが望ましい かを議論してきた。今回の第3章は，適切な集約ルールによって多数派の意見 が判明したとして，その多数派の意見になぜ少数派が従うべきなのかを議論し た章である。人々が一定程度以上正しい判断をできると仮定すれば，人数が増 えるにつれてその判断が正解である確率が高くなるという陪審定理などを使っ て，議論が展開されている。

　今回は，ゼミでのディスカッションの質が一段上がったように感じられた。 こちらから示唆をしなくとも，『独裁者のためのハンドブック』の最重要概念 であった盟友集団を用いた発言がなされ，またゼミ全体での議論においても， 教員を挟まずに学生同士で議論のやりとりが展開されたからである。さらには， こちらから提案する前に，今回の章の現実への応用例に関する議論が展開され， 国民投票の導入や投票率を上げる改善策などの是非が議論されたからである。

　第13回のゼミは，コロナの濃厚接触や体調不良が原因で，4名が欠席する回 となった。今回の第4章は，ゼミ生の感想でも，（第2章にも増して）今回のゼ

ミで最も難しい章だった。難しさは，二項独立性，単峰性，中位ルールといった数学的な思考が最も求められる内容だったことに由来する。とはいえ，「わからなかった」にとどまらず，わからないところを何度も質問するゼミ生が出てくるなど，手ごたえを感じた回でもあった。自分がわかっていないこと，さらにはどこがわからないのかを明確に把握していることを意味しているし，積極的にわかろうとする姿勢だからである。これは，本ゼミを開始した頃にはみられなかったものであり，非常に嬉しい変化であった。こうした傾向は，第14回でも観察できた。

　最終回となる第15回は，これまでの議論を振り返りつつ，ゼミ生からゼミに対する感想を聞いてまわった。

## 4　何が変わったか

　学術的な文献をゼミで読むという教育方法は，学生に何をもたらしたのだろうか。ゼミ最終回に学生から聞いた感想も交えつつ，前節での記述を振り返ってみることにしよう。

　講読を始めたばかりの数回は，学術的な文献を理解することに明らかに苦労していた。目の前の文章を追いかけることに一生懸命になり，社会科学研究の要素（問い，仮説，ロジックなど）というポイントをまずおさえるという部分を習慣化することに，まず時間が必要であった。「本と言えば，小説しか読んでこなかったから，特に読み始めた頃はとても難しかった」といった感想が最終回のゼミでも聞かれた。

　だが，第5回目辺りから，変化がみられるようになった。問い，仮説，ロジックなどの要素を意識するようになったことに加えて，各要素の論理などの理解が進み，筆者の問いかけに的確に答えられるようになった。たとえば，「盟友集団」といった鍵となる概念や関連する理屈を使って議論できるようになった。「きちんと読むことを理解した」といった意見が聞こえ始めたのもこの頃であった。

　第7回目以降，一冊目の『独裁者のためのハンドブック』の章を読み進めた

頃には，学術的な文献に書かれた内容をきちんと理解するにとどまらず，読んで理解した内容を応用して議論できるように，さらには文献の問題点をも指摘できるようになった。このことは，ウクライナ侵攻を行ったロシアのプーチン大統領をどのように分析するかに関するディスカッションで明確に観察できた。

　2冊目の『多数決を疑う』を読み始めた当初は，内容の難易度が上がったこともあり，理解することに苦労していた。さらに言えば，『多数決を疑う』の内容理解度は，『独裁者のためのハンドブック』の理解度よりも低いままで読み終えたという印象である。とはいえ，ゼミ生のディスカッションからは，ゼミ開始当初からの変化を感じることができた。問い，仮説，ロジックなどの要素を意識することはもちろん，『独裁者のためのハンドブック』の最重要概念であった盟友集団を使って議論できていた。さらには「わからない」で終わらずに，自分が理解できていないことを明確に把握して，積極的にわかろうとする姿勢が見られたからである。

　第2節で述べたように，いくつかのポイントを筆者は意識していた。社会科学研究の要素（問い，仮説，ロジック，検証方法など）を意識できているか，各要素の論理などを理解できているか，文献で学んだ概念や考え方を（他のイシューや現実の事象に）応用できるか，文献に対する疑問点や改善策を考えつくか，といった点である。こうしたポイントを，ゼミを通して，そして時間をかけることで，学生はクリアしていくことができたといえるのではないか。「本の読み方が身についた」「何が問いなのか，ロジックは何かなど，書物を読んで気になるようになった」「本の読み方が変わった，何を言いたんだと考えながら読むようになった」「前に読んだものとのつながりを考えるようになった」。このような感想が，最終回のゼミで多く寄せられた。

　こうした学生の変化には，対面方式による大学での少人数ゼミでの議論という方法が寄与していると言えそうである。ゼミが終盤に差しかかる頃から，自発的な質問が増えたことやゼミ全体でのディスカッションでも教員を介さずにゼミ生同士で議論が展開していくようになったといった変化も，そのようなことを示唆していると思われる。実際，ゼミ最終回でゼミ生からは「文献の内容は難しいが面白かった」「議論をすることが楽しかった」「コロナで人と話す機

会がなかったので，対面で議論できたのは良かった」「当初は通学するのが面倒だなと思っていたが，対面で議論できて良かった」「『どう伝えるか』が難しかった。自分の言いたいことをただ言うのではなく，相手にわかってもらえるように簡潔に話せるようにならないといけないと今回のゼミで感じた」といった感想が寄せられたことも指摘しておきたい。

## 5　おわりに

　社会科学系の大学教育の意義は何か。学術的な文献を読むという教育方法の意義は何か。この2つの問題意識から，筆者の政治学の文献を読むゼミは始まった。

　文献講読型のゼミは，研究発表型のゼミに比べて難易度の高い内容を学べること，そして講義型授業に比べて得られる理解が深くなることが期待された。この点を確認するうえで，筆者が2014年度に担当した総合経済コース（夜間主）の演習 I との比較が参考になるかもしれない。2014年度のゼミでは，研究発表型のゼミを展開した。政治学の初学者向けテキストを読んだ後，ゼミ生によるグループでの研究発表の準備にゼミの2/3程度の回を割いた。2014年度のゼミ生と比べて，今回のゼミ生が難易度の高い概念や理論を駆使して議論できるようになったことは疑いようがない。2014年度のゼミでは，読んだテキストも，学生の研究発表で引用した文献も，今回取り上げた文献よりも難易度は明らかに低かったからである。研究発表のための時間を割けば，どうしても難易度の高い文献を読めるようになるために必要な時間は確保できなくなってしまう。「『多数決を疑う』は他の授業であれば放り投げていた。しかし，みんなで読んで議論をするゼミだったので何とか食らいついた」というゼミ生の感想は，今回のような文献講読型ゼミだからこその成果を示唆するものだろう。そしてこれは，時間の面でも，内容の面でも，社会科学系の大学教育だからこそできることでもあるのではないか。

　では，このような社会科学系の大学教育に意義はあるのか。給与が上がる，生産性が上がるといったことに，直接的に「役に立つ」わけではもちろんない。

だが，以下のようなゼミ生の感想はどうだろうか。「本を読む習慣ができた」，「ニュースを漫然と見るだけでなく，その背景を考えるようになった」「何が問いなのかといったことを考えるようになったため，他の本を読むときに時間がかかるようになった」。本を読む習慣はあった方がよい，ニュースの背景を学術的な考え方を踏まえて考えた方が望ましい，そしてせっかく本を読むならば考えて本を読むほうが望ましいだろう。このような人材が増えることは社会全体にとっても望ましいことなのではないか。

　最後に，いくつか留意点を述べておこう。まず，以上のポジティブな効果は，すべてのゼミ生に見られたわけではないことに触れる必要があるだろう。本章で取り上げた感想や反応の多くは，主によく発言する半数弱のゼミ生によるものである。15回のゼミを通してほとんど発言しない学生もいるし，（ごく一部だが）やる気がまったくないようでグループディスカッションにすら参加しようともしない（聞いているフリをするのみの）学生がいたのも事実である。したがって，どのような学生にも本章で述べたようなことがあてはまるわけではない。

　そこには，筆者の教員としての能力の問題も当然あると思われる。他の教員であれば，もっと学生の理解度を高められたのではないか，もっと多くの学生を積極的に関与させられたのではないか。実際，「（ゼミの受講前と比べて）本の読み方が変わったとは思えない」「教員と章の話のつながりの理解が異なることが多く，そこに改善はなかった」という正直な感想を寄せてくれたゼミ生もいた。筆者の非力を否定しようがない。とはいえ，能力不足の筆者であっても，文献講読型のゼミにより，今回のような学生の変化がもたらされたということでもある。筆者にとっては，そのような変化の力を持つ学生を担当する立場であることが再認識され，今後の教育に向けて精進せねばと思う貴重な経験であった。今回のゼミを受講してくださったみなさんに感謝したい。

**参考文献**

坂井豊貴（2013）『社会的選択理論への招待——投票と多数決の科学』日本評論社。

Bruce Bueno de Mesquita, Alastair Smith, Randolph M. Siverson and James D. Morrow. (2005). *The Logic of Political Survival*. the MIT Press.

# 第 **6** 講

# 自ら考える読書を目指して

—— 『「働くこと」を思考する』を題材に

畔津憲司（北九州市立大学）

| 実施期間 | 2022年度前期 |
|---|---|
| 科目区分 | 経済学部必修科目 |
| 科目名 | 基礎演習／必修演習 |
| 書籍名 | 久米功一（2020）『「働くこと」を思考する』中央経済社 |
| 学　年 | 学部 2 年生 |
| メンバー | 20名 |

# 1　読書推奨に対する一抹の不安

　この講では主体的な学びを実践するうえで重要である「自分で考えること」を，本を読む方法を通じて伝えるための授業の試みを紹介する。授業の試みを説明する前に，まず授業を通じて行った読書についての学生との対話を紹介する。

　たびたび少人数の演習形式の授業，いわゆるゼミにおいて，学生たちに「最近，教科書以外で，どんな本を読みましたか」と問う。学生の学習状況を把握するための統計調査を実施しているつもりはなく，また多読推奨の説教をするための布石を打つつもりもない。大学生たちに，自身の主体的な学習の進捗を定期的に振り返ってもらおうとの意図である。期待する学生の内的な反応は，「そういえば，最近，本を読んでいないな」との気づきと，それをきっかけとして，本を読み，自身の学習を深めようという行動変容である。

　ところが，この問いに対する反応として，「自分は本を読む必要性があるとは考えていないので読んでいない」という反論ともいえる回答が，数年前から増えてきたという実感があるのである。学生は自身の意見を正直に話してくれており，決して反論しているという認識はないように思える。この問いを学生たちに投げかけはじめた，これより10年ほど前には，学生たちの反応として「必要であることはわかっているのだが，なかなか読書が手につかない」といった反省的な回答が目立ち，読書の意義を問う反論は稀であった。加齢とともに私の学生に対する姿勢や問い方が変化したのだろうか（説教じみて鼻につくようになったのか）。少なくとも，その問いに対する学生の返答から，学生たちに読書を通じた学習を促す壁は大きくなっているように感じている。

　現在においても，多くの人文・社会科学系学部に所属する大学教員は，本を読むことが唯一の学びの手段でないにしても，主要な学びの手段と考えているであろうし，読書を推奨しているであろう。これはそれぞれ教員自身が，論文や専門書を含む「本」を読むことで，学術的関心を喚起され，知識や技能を獲得してきたからであろう。したがって，学業を本分とする大学生に，本を読む

ことを期待することは，自然なことに思える。そもそも，私自身，本を読むことが好きである。これまで読書を通じた体験が多くある。少年期に『ロビンソン・クルーソー』で冒険心を刺激され仲間たちと冒険に出かけたし，『サムエルソン経済学』で経済学への関心を刺激され，その後の学習の原点になった。読書の履歴書を記すとしたら，とてもリッチなものになりそうである。このような読書体験は特異なものではなく，読書をすすめる多くの人々に共通するものであろう。このような体験をした者が，現在，大学生ら若年者と相対している。

　2000年以降，とりわけ近年，情報化社会の進展によってアクセスできる情報量は飛躍的に高まり，情報の媒体やコンテンツは多様化した。その恩恵は私も多大に受けているところである。『ロビンソン・クルーソー』は，ゲーム『マインクラフト』やYouTubeのサバイバル実況動画へ，『サムエルソン経済学』は著名実業家によるビジネス談話の切り抜き動画に移り変わっていたとしても，何ら不思議ではない。少なくともわれわれを取り巻く情報環境の変化は大きく，歴史的な文化的変容といってもよいであろう。

　これらのことに鑑みた時，デジタルネイティブ，Z世代と呼ばれる近年の若年者にとっての読書は，年経た者とは異なるものになっていることに注意を払う必要があるのではないだろうか。「最近の若者は本を読まない。私の時代にはよく読んだものだ。あなたたちも本を読み学びなさい」と伝えるのは，いささか独善的なような気がする。若年者に対して，これまでと同じように学びの手段として，読書を推奨することは正しいことであろうか。またこれまでと同じ方法の授業を実施することは適切なのであろうか。一抹の不安を感じ，読書を通じた教育のあり方を再検討する必要があると考えている。われわれは，果たして学生たちに対して，なぜ読書をすべきなのか，どのように読書すべきなのかを伝えきれているのであろうか。

## 2　読書をめぐっての大学生との対話

　このような不安を抱え「本を読むこと」や「本から学ぶこと」に関して，学

生たちと対話するようになった。これは学生たちに，私が考える読書の意義を説得する，学生の意見を論破するというよりも，学生たちと対話することそのものが目的である。まずは，学生に対して「最近，教科書以外で，どんな本を読みましたか」「ここで本とは，自身が本と認識しているものであり，電子書籍や雑誌などを含めても結構です」と問うと，「最近本を読んでいない」と回答する学生は全体の8割から9割である。それらの学生に「本を読んでいないのはなぜですか」と問うと以下のような学生の意見が返ってくる[1]。それらに対する私の返答やその際における私の考えも挙げる。

　①本を読むことは趣味の1つではないか。漫画，ゲーム，音楽，アニメ，SNSといったといった多様なコンテンツがある中で，本を選ぶ気になれない。

　趣味としての読書を押しつける気はない。強いて助言するならば，本以外の漫画，ゲーム，音楽，アニメ，SNSなどがそれぞれ魅力的なコンテンツであるように，本もまた魅力的なコンテンツである。魅力的なコンテンツを幅広く楽しんではどうだろうか。私は濃淡あるが幅広く楽しんでいる。

　余暇の楽しみ方としての読書もあるが，学びのための読書もある。学びのための読書は，自身に問いかけたり，推論したりと，深く考えながら読む必要があるので，決して楽な時間の過ごし方ではないかもしれない。同様に，本以外のコンテンツ，たとえば漫画であったとしても，思索しながら読むことは，少なくともリラックスして受動的に読むのとは異なる。さまざまなコンテンツからの学ぶという視点で本を再評価してみてはどうだろうか。

　②本も含めて文章から情報を得るのは時間も労力もかかる。一方YouTubeなどで知識を得るのに有用な解説動画といったコンテンツが

---

（1）　この対話は2022年度から2023年度の執筆までに北九州市立大学経済学部において私が担当した2年次から4年次のそれぞれの対象としたゼミで行われたものである。本書執筆の企画を打診されてから記録をはじめた。

ある。動画のほうが，時間や労力も節約できる。

　たしかにYouTubeの動画は学びの手段として重要であると考えている。私も急ぎ必要であった，魚の捌き方やテント・タープの張り方などについて，少なくとも実践的な知識や技術は，本といった文章よりも動画での学びによるものである。それは文字情報よりも視覚情報のほうが有用であったからであろう。しかし，学びの内容によっては視覚情報が文字情報より有用であるとは限らない。また文章を読む速度は動画を視聴する速度よりも速いし，必要な情報を探すにしても，動画をスキップして視聴するよりも文章から探すほうが速いこともある。また解説動画の中には，動画作成者が情報を集約しわかりやすく解説しているものもあるが，それは本も同様に豊富なコンテンツがある。必要に応じて使い分けてはどうだろうか。

　注意しなければならないと私が考えているのは，解説動画の場合（一方向授業も同様であるが），情報を受動的に受信してしまいがちであるということである。本を読むのと同じ学びを得るには，解説動画の場合であっても，逐次，動画を止め，深く考えながら能動的に情報を受信する必要がある。

　③本を読む必要があると考えているが，本を読むのに慣れておらず，本を読むことに抵抗があるため，授業などの課題でなければ自発的に本を読む気になれない。

　読書に慣れた人にとっては，本を読むこととSNSの記事や漫画などを読むことは，それほど違いがないかもしれない。古くは「活字中毒」という言葉があったが本質は「スマホ中毒」と相違ないかもしれない。大学生は，小中学生の国語の教科書や試験問題を見て，難しいと感じることはないであろう（逆に深いと感じることがあるかもしれない）。これは，何年もかけて学習してきた結果である。背伸びをした文章を読み続けることで，本を読むことの垣根は低くなっていくし，理解する力も高まっていく。大学生に読むことが推奨されている本は，大学生の学力水準以上の書籍であり，場合によっては専門知識を要す

る。謙虚になって，自分の水準にあった本を選ぶことも大事かもしれない。

　学びのために本を読むことは楽ではないので，抵抗があることも，自発的に本を読む気になれないのも理解できる。本によっては，事前知識が多く必要であったり，論理が複雑であったりする。その本から得られると期待される学びへの強い関心がなければ，本を読む気にはなれないのは当然とえる。大学の授業では，教員が学生の関心を高める工夫をしたり，発問したり，発問に対する回答を義務づけたりして，本を読むことを促している。ただし，教員が不在の場合，関心をもつのは自身であり，関心にもとづき自身に対して発問するのも自身である。本を読むことの起点は関心であり，本来的に自発的行為である。

　　④本を購入する金銭的負担が大きく，読む時間もあまりないので，読んで
　　　いない。知りたいことがあればインターネットを通じて無料で知ること
　　　ができるので困っていない。

　「Google先生」と呼ばれるように，わからないことがあればインターネット等で即座に調べることができる。私は，授業中に十分なノートをとると同時に，ぜひ，スマホやPCを活用して欲しいと思っている。ただし懸念が2つある。1つは，よく指摘されているように，情報の信頼性についてである。本も同様の懸念があるが，インターネット上の情報はその多さと，発信インセンティブ（たとえば成果報酬型広告，ステルス・マーケティングなど）の多様性から，信頼性の見極めるのが難しい。完全な対処法はないが，少なくとも情報の発信元，及びその発信インセンティブに注意を払うことは必須である。

　もう1つは検索についてである。自身の問いに対する適切な情報を見つけるには，適切な検索ワードが必要である。できれば複数の検索ワードで，情報を絞るべきであろう。ところが自身の問いが明確でなく，また類似の問いと差別化できていない場合，情報は得られにくい。多くの場合，このことに気づかずに，一問一答として調べている学生が散見される。自身の発問が適切であるか，それを調べるにあたってのキーワードは何かを知るには，相応の事前の学習と深い検討が必要である。

⑤本を読むのは，金銭的にも非金銭的にも負担が大きいので，せっかく読むならばよい本を選びたいが，どの本を読むのがよいのかがわからない。また読むと何が得られるか，成果が不明瞭である。


　経済学者ゲイリー・ベッカーの人的資本理論の考え方にもとづけば，本を読み学習することは経済学的には投資とみなせるかもしれない。金銭・非金銭費用を負担して本を読むことで，それによって得られた知識や技能に対する見返りが将来得られる。それが将来の賃金増や幸福の増加かもしれない。その意味で，コスト・パフォーマンス（コスパ）あるいはタイム・パフォーマンス（タイパ）への意識は，本を読むことのインセンティブを高めるために有益かもしれない。ただし，そのためには，本を読むことのパフォーマンス（成果）をある程度，明確にすべきである。何のためにその本を読むのか。自身の関心，獲得したい知識，自身の問いが明確であればあるほど，よい本を探すときの指針となる。また他者からの本の推奨も受けやすくなる。

　本を読むことから得られる見返りの多寡は不確実であろうし，見返りを得るタイミングは長期間経た後かもしれない。人間はこのように不確実性が高く，長期間経た後の報酬について，過剰に価値を低く見積もり，合理的な量の投資を行うことができない傾向があることが専門家の間で広く知られている。本を読むことの金銭・非金銭的な見返りを実証的に推計することはきわめて困難であるが，たとえば，経済学がビジネス環境への洞察を与えているという側面を考えると，経済に関する知識や技術が記された本に学ぶことの見返りは大きいと推論できないだろうか。

　量的な推計が難しい状況で，過度にパフォーマンスに拘ることが学びを阻害することもある。喜多川泰著の小説『賢者の書』<sup>(2)</sup>の中で，少年サイードは「最高の賢者」になるための旅の中で出会った，賢者アクトから以下のような教えを受ける。

---

（2）　小学校高学年向けの学習教材として，取り上げられているのを見つけ，印象に残ったために手に取った書籍である。2014年度宮崎県立都城泉ヶ丘高等学校附属中学校の入学者選抜試験において取り上げられている題材である。

　行動の結果として我々が手に入れるものは，成功でもなければ，失敗で
もない。我々が手にするものは，一枚の絵を完成させるために必要不可欠
な，パズルのひとピースに過ぎない。(中略) 行動の結果返ってきたもの
をよく見て，どうやってこれを使うのかを考えることだ。手にしたピース
が例えば期待していたものと違ったり，今の自分には耐えられそうにもな
いほど辛いものに思えたとしても，それは人生における失敗ではない。か
けがえのないパズルのひとピースを手に入れるという，大事な経験だった
のだ。完成した絵を見れば，そのことに気がつくはずだ。どうしてもそれ
が必要だったということに。(喜多川 2009：61)


　以上が，私と学生との読書に関する対話である。学生が私の返答や考えに対
して，どのように考えるかを真に知ることは対話を続けたとしても，立場の違
いや時間の制約上，難しいと考えている。しかし，この対話により，いくつか
気づきを得ることができたと考えている。近年の学生にとって，第1に情報媒
体としての本の権威 (情報の信頼性など) は高くないこと，少なくとも優先順位
は低いこと，第2に本の質についての視点が希薄であること，第3に本からの
学び方が明確に意識できていないことである。総合すると，学生が本を読むこ
とのメリットが曖昧であると感じていることに繋がっている。

## 3　学びとしての読書とは

　第一の「情報媒体としての本の権威 (情報の信頼性など)」が高くないことに
ついては止むを得ないと考えている。そもそも自由な情報媒体及びその量とそ
の信頼性の関係はトレードオフであろう。これにより，情報の発信元の信頼性
チェックの重要性は高まっている。どのような仕組みで情報発信元の信頼性を
推測するかに関する教育の重要性は増している。第2の「本の質についての視
点が希薄であること」，第3の「本からの学び方が明確に意識できていないこ
と」の2点については，十分な検討が必要である。
　大倉幸宏著の『100年前から見た21世紀の日本——大正人からのメッセージ』

における第4章3節「もっと本をよむべし」に目を通すとあたかも現代の言説かのように，100年前の日本において，読書不足に対する嘆き，読書の意義とその推奨が説かれていたことがわかる。その中で本の質について「詩歌」や「小説」を読むことに関して，否定的な言説が紹介されている。現代では「詩歌」や「小説」にとどまらず，「ライトノベル」，「ライン小説」，「WEB記事」といったさまざまな情報コンテンツがあり，本の質についての言説はますます多様化している。このように価値観が多様になっている中で，質のよい本とはどのようなものなのかという視点を持ちにくくなってきているであろう。

　ショウペンハウエルは著書『読書について他2編』の中で，「読書とは思索の代用品に過ぎない。読書は他人に思索誘導の務めをゆだねる」「読書とは他人にものを考えてもらうことである」と読書からの学びに警笛をならしている。その理由は「本を読む我々は，他人の考えた過程を反復的にたどるにすぎない」「それは習字の練習をする生徒が，先生の鉛筆書きの線をペンでたどるようなものである」から，読書は「自分で考える」行為とは別の行為であるということである。

　大学教育において本から学ぶことの重要な側面は「自分で考える」ことを学ぶことであり，そのために他者が考えた過程を理解し，「自分で考える」練習をすることではないだろうか。その意味でよい本とは「自分で考える」ことのきっかけを与える本や，著者の考えた過程が学ぶに足りる模範的な本であると考える。「自分で考える」ことに資する情報コンテンツであれば本に限定する必要はない。ただ古典，論文，専門書は，著者や先人たちの考えた過程が示され，それが多くの人々による評価に耐え残存しているため，一定の評価を与えてもよいと考える。とりわけ情報化の進展により，意図的なフェイク情報が拡散される状況において，システム的な情報の信頼性の担保は意識する必要がある。本がそのシステム的な情報の信頼性の担保を維持する限りにおいて，本は学ぶための重要なコンテンツといえる。

　大学院に入って間もない頃，英文で書かれた経済学の専門書を読みすすめるために，何冊も他の専門書を参照したり，数学の学習が必要であったりした。その内容の解釈についての仮説を立て，読み進めるうえでその解釈の仮説に矛

盾が生じたら，再度，戻っての繰り返しであった。理解に努めている本から離れている時間のほうが長かったかもしれない。1ページを理解するために2週間かかることもたびたびあった。恩師より「読み進めた本の量よりも，考えた時間のほうが自身の財産である」と励まされたのを思い出す。

　本に学ぶとは，その本において著者から発信される情報を理解する以上に，「自分で考える」ことを学ぶのであることを，学生に理解してもらいたい。それは短期間に達成できることはないし，楽なものではない。そのために，本の内容をどのように読み進めていけばよいのかは，ある程度の教員のガイドラインがあってもよいであろう。私は，大学の授業は，教員が学生に楽ではない「自分で考える」ことを促し，その方法を助言する場であると考える。ゆえに授業料を支払い，若い希少な時間とエフォートを支払うに値すると伝えたい。

　以下では，このような考えの下で，学生が本を読む手法を学ぶことを通じて，自分で考える力を向上させることを意図した授業の試みを紹介する。

## 4　授業の概要と指定書籍

　実践例として取り上げるのは，私が所属する北九州市立大学経済学部で2023年度1学期（セメスター制）に開講された，1コマ90分，全15回の授業で構成される「基礎演習」という科目である。この科目は，北九州市立大学経済学部の2年生を対象とした必修・演習科目（ゼミ）である。担当する教員は本学部に所属する複数の教員であり，学生は原則として無作為に各教員が担当するクラスに割り当てられる。学生はクラスを選択することはできない。1クラス当たりの受講者数は20名程度である。

　「基礎演習」は，学生たちが2年次以降，経済学の専門科目を学習するにあたって，ロジカル・シンキングやアカデミック・ライティングの能力を養成することを目的としている。またこの授業には，読書の楽しさを知り，学ぶ習慣を身につけて欲しいという本学経済学部教員の想いも込められている。これらの目的のために，各教員はそれぞれ1冊の書籍を指定し，その書籍を学生と輪読することを基本とした授業運営を行う。授業の進め方は各担当教員に委ねら

れている。なお「基礎演習」の受講者は，入門的な経済学の科目の履修は終えているが，専門的な科目の履修は済んでいないことから，指定する教科書は過度に専門的にならないようにすることが，担当教員間の暗黙の了解事項である。

　私が担当する「基礎演習」では，教科書として，久米功一著の『「働くこと」を思考する──労働経済学による問題解決のアプローチ』を指定した（以降，『働くことを思考する』と表記する）。この書籍は経済学の中でも労働に関連するテーマを研究領域とする労働経済学の教科書として執筆されている。この書籍を指定した理由は，私自身の専門領域が労働経済学であるということもあるが，『働くことを思考する』が，以下のようなねらいと特徴をもち，「基礎演習」の目的と合致したからである。[3]

　　本書では，労働に関するさまざまな課題に対する関心を喚起するために，テーマ別の章立てとして，各章は，問題提起・観察事実に始まり，経済学的な分析を紹介し，その政策的示唆や今後の展望を議論するという構成としました。それぞれのテーマに関する労働経済学の成果を学び，その思考枠組みをいったんインストールすることを企図としています。また，章末に示された演習問題は，知識や理解を問うのではなく，あなたならどう考えるかという正解のない問いとしました。（久米 2020）

　この書籍は，はしがき，目次，索引を除き249ページあり，15の章から構成されており，各章において学生にとって関心が高いであろう「働くこと」に関する幅広いテーマが取り上げられている。授業スケジュールの関係により授業で輪読したのは，第1章から第11章までである（図表6-1）。見ての通り，働くことに関連し，学生が1度は聞いたことがあると考えられるさまざまなテーマが取り上げられている。いずれの章も，数式は用いられておらず，経済主体の合理的選択理論の基礎，競争市場における価格決定のメカニズム，限界生産

---

（3）　2022年度は教科書として，ジョン・マクミラン著の『市場を創る──バザールからネット取引まで』を指定した。この書籍は，経済学が，現実の社会経済をどれくらい理解できるようになったかということを，さまざまな時代，さまざまな国の事例を用いて解説している。取り上げられているテーマが多様であることが共通点である。

図表 6-1　輪読で扱った章のテーマ

| | |
|---|---|
| 第1章<br>16ページ・6節構成 | 外国人労働者<br>　日本でどのように受け入れられているか |
| 第2章<br>16ページ・9節構成 | 障害者雇用<br>　就労は自立につながるのか |
| 第3章<br>16ページ・5節構成 | 高齢者雇用<br>　年齢にかかわりなく働くにはどうすればよいか |
| 第4章<br>13ページ・7節構成 | LGBT<br>　多様性を尊重する社会が何をもたらすか |
| 第5章<br>14ページ・5節構成 | 発達障害・認知特性<br>　自分や他者の認知特性を知って活かす |
| 第6章<br>14ページ・8節構成 | 幸福度・価値観<br>　人は何のために働くのか |
| 第7章<br>19ページ・5節構成 | さまざまな能力と能力開発<br>　誰がどのように能力や努力を認めるのか |
| 第8章<br>19ページ・8節構成 | 結婚・出産・育児<br>　夫婦はいかにして仕事と家庭を両立させるか |
| 第9章<br>19ページ・5節構成 | 病気，介護<br>　自分や他者のからだを労わりながら働く |
| 第10章<br>17ページ・6節構成 | 多様な働き方<br>　正規・非正規雇用はこれからどうなるのか |
| 第11章<br>16ページ・7節構成 | 感情労働・過剰サービス<br>　感情の適正な価格を考える |

（出所）　『働くことを思考する』の目次を参考に著者作成。

性や代替・補完といった経済学の入門的な素養があれば読み進められるように
なっている。また各章のおわりには，2つから3つの演習問題があり，各章の
読解確認や授業中の議論に使用することができる。

　この授業は必修科目であることから，学生らは単位取得に対して強く動機づ
けられており，制度上，5回を超えて欠席することはできない。また2年次1
学期の唯一の少人数必修専門科目であるため，本学部における組織教育上の学
習指導窓口ともなっている。畔津クラスにおいては，無断の欠席や遅刻が連続
した場合，個人面談による学習指導を実施し，改善を求めるようにした。当該
期間に学習指導を実施したのは1件であり，その後，改善が認められた。毎回
の授業の出席率は平均すると9割程度であり，これは通常授業と比較するとき

わめて高いといえる。成績評価は，普段の授業への取り組み50％，最終レポート50％である（詳細は後述する）。結果として，受講者数20名全員が単位を取得した。

## 5　授業の進め方と学生の準備

本稿で紹介する授業実践は，学生がそれぞれテキストに対して問いを発しながら熟読するためのフレームワークの工夫と動機づけに重点を置いている。毎回の授業では，原則として指定教科書の１章分を学習する（図表6-1）。まずあらかじめ定めた発表担当者がレジュメを用いて発表を行う。次に教員が発表内容に関して質問を行い，発表者が応答する。場合によっては発表者以外の受講者にも応答を求める。これは発表者及び受講者全員の理解を確認するためである。また教員で重要と判断した場合，補足説明などを行う。その後，章末の演習問題などを利用して，ディスカッションを行う。以上が基本的な授業の流れである。このような授業の流れは，少人数の演習科目（ゼミ）のオーソドックスな授業形式でもあり，近年，大学教育において推進されるアクティブ・ラーニングの一つの形態である反転学習でもある。

学生たちにはこの「基礎演習」の受講方法として，いくつかの「ルール」を課している。以下では，これらのルールと共に，授業の進め方の詳細を説明する。

ルール１　２人１組のペアに対して教科書の発表割当を行います。報告担当者以外もテキストを熟読しておくこと。報告担当者以外でもテキストについて発言を求めます。

学生に対して，自発的な事前学習，すなわち毎回の授業前に教科書を熟読することを求めるためには，何らかの工夫が必要であることはいうまでもない。学生に対して事前に教科書の熟読を促すためのポピュラーな方法の１つは，発表を課すことである（さらに発表がない場合，あるいは不十分な場合にペナルティを

図表 6-2　第 1 章における発表単位の分割

| 発表ID | 節 | 節タイトル |
|--------|------|-----------|
| 【01】 | 第 1 節 | 「在留資格の変遷」 |
| 【02】 | 第 2 節<br>第 3 節 | 「急増している外国人労働者」<br>「外国人労働者を受け入れる理由」 |
| 【03】 | 第 4 節 | 「外国人労働者の受け入れに関する経済分析」 |
| 【04】 | 第 5 節 | 「外国人労働者の就労と生活を巡るさまざまな課題」 |
| 【05】 | 第 6 節 | 「働く人にとって魅力的な国・労働環境に」 |

（出所）　『働くことを思考する』の目次から著者作成。

課す等を併用することである）。しかしそのような場合において，たびたび起きる問題は，学生たちが自身の発表担当箇所以外については，事前に読んでこない，熟読してこないことである。私自身，学生時代に輪読した教科書を閉じて，小口（本を開いたときに外側にくる部分）をみると，発表を担当した箇所は黒ずんでいるが，そうでない箇所は白く，まるでバーコードのようである。

　この問題の対策としては，なるべく毎回の授業で多くの学生が発表の担当者になることである。そのため，まず第 1 の方法として，毎回の授業で取り扱う章を，節ごとに分割し，授業 1 回（1 章）当たりに必要な報告回数を増やすことである。図表 6-1 の通り，各章は 5 つから 9 つの節で構成されている。よって，授業で扱った 1 章から11章を，全部で45回分の発表単位に分割した。たとえば図表 1 の第 1 章は図表 6-2 のように節ごとに発表単位を分割した。第 1 章は 6 節あるが内容を鑑みて 5 回の発表単位に分割した。発表単位 1 当たりの教科書ページ数は数ページ程度である。ただし発表準備のためには，前後の文脈の理解が必要となる。

　さらに第 2 の方法として，1 回の発表担当者数を複数人にすることである。発表担当者を複数人にすることで，フリーライド（ただ乗り）問題等が引き起こされる可能性があるが，少なくとも発表の当事者にすることはできる。この授業では複数人が発表担当者となることによる諸問題を最小限にするために，2 名 1 組のペアによる発表割当を行った。発表担当のペアは同じ学生同士がペアとならないよう操作した上で無作為にマッチングした。受講者数は20名であ

るため，10組の毎回異なるペアを作ることができ，それぞれのペアに全部で45回分の発表を割り当てた。結果として，学生は1人当たり「基礎演習」の授業を通じて，4回から5回の発表を担うことになる。

ルール2　発表義務はペア単位で負います。ペアが担当する発表ができない場合，原則として両名共に単位を認定しません。またレジュメ及び発表が著しく不十分である場合，再度，発表を行ってもらうことがあります。

　ペアとなった2名は，発表箇所が割り当てられた後に，授業時間外に発表箇所を読んだうえで，発表の準備をしなければならない。学生たちに対して口頭で，ペアの学生同士でどのような分業を行ったとしても教員として関知しない旨，伝えている。一方，発表義務はペア単位で負うことも伝えており，その際にペアの学生間でどのような取り決めが行われていたかについては，同様に関知しない。たとえば，AさんとBさんからなるペアにおいて，AさんとBさんの間で何らかの取り決めにより，発表の準備を専らAさんが請け負ったとする。しかし，発表当日，Aさんが何らかの理由で欠席した場合，Bさんが発表をしなければならない。Bさんが代わりに発表しなければ，原則としてAさんとBさんは両名とも単位を認定しないというものである。<sup>(4)</sup>

　このルール2の第1の意図は，発表者の不在という事態を防ぐためである。この授業のような授業の形式である場合，仮に，発表者がやむを得ない理由により発表ができなかったとしても，発表者の不在は授業運営や授業の進行上，大きな問題となりうる。このようなリスクを軽減するための措置である。第2の意図はペアの学生間で分業したとしても，個人として発表が可能であるように教科書を熟読することを促すことにある。ペアの一方の学生が何らかの不測の事態が生じる可能性があるため，受講者は1人で発表しなければならないというリスクがある。前述したが「基礎演習」の授業は各クラスに学生が無作為

---

（4）　もちろん，このルールの目的は2人の発表者が協力して発表準備をすること（少なくとも情報共有をすること）を促すためであり，諸事情を鑑みて，ルール上のペナルティが適用される。

に割り当てられており，またペアは無作為にマッチングを行っていることから，多くの者にとって少なくとも授業初回において学生間で面識がないことが多い。またペアは毎回異なるため，学生にとって発表ペアを組む相手は高確率で一期一会となる。

ルール3　発表者はレジュメ（A4用紙1枚片面）を作成し，10分程度で発表すること。レジュメは教科書の文章を写すのではなく，内容をかみ砕き，重要な箇所を簡潔に記して下さい。また発表はレジュメや教科書を読みあげるのではなく，レジュメを補完するように口頭説明をしましょう。

　このルール3の意図は，限られた紙面，限られた時間という制約を課すことで，安易に教科書を抜粋してレジュメを作成したり，発表時に教科書を読み上げたりすることを防ぐことにある。このルールに従って発表するためには，発表担当箇所で何が書かれているかを簡潔に自身の言葉でまとめなければならない。つまり教科書をしっかり読解する必要がある。

　作成するレジュメについても，作成上の要領を設けている。その理由としては，自身のレジュメ作成の流儀が形成されていない学生にとって，模倣すべき基準が必要であろうと考えるからである。図表6-3はレジュメ作成上の要領である。

図表6-3　レジュメ作成の要領

| | |
|---|---|
| 要領① | ヘッダーに発表の年月日（曜日），授業名を記すこと |
| 要領② | 主題として発表する節のタイトル，教科書ページを記すこと |
| 要領③ | 副題として使用教科書の書籍情報を記すこと |
| 要領④ | 発表者の名を連名で記すこと |
| 要領⑤ | 自分がわからない語句等があれば，調べて注釈をつけること |
| 要領⑥ | 著者の伝えたいことを簡潔にまとめること |
| 要領⑦ | テキストのロジックの展開を理解し，自身の言葉で要約すること |
| 要領⑧ | テキストを読んだうえで検討すべきと考えたことを提示すること |

　レジュメ作成要領の①から④は，本授業で守ってもらうレジュメの様式である。フォントの大きさなどを設定した様式ファイルを事前に配布している。一般社会におけるレジュメの絶対的な様式は存在しないが，最低限記載するべき作法を守るように指導する意図がある。

　本質的なのは要領⑤から⑧であり，これらの制約を課すことで，文章の理解を自身で確認するための枠組みである。要領⑤については，わからない語句等は，辞書やウィキペディアで調べることで事足りることもあれば，他の資料や文献を読む必要があることもある。なお，それでもわからないことがあれば，発表時に質問するように伝えている。

　要領⑥について，テキストの担当箇所全体を通じて，著者の伝えたいことは何なのかを簡潔に，たとえば一文で，まとめることを要求している。このためには，１つの手順としては，全体を理解したうえで，重要な文章を抜き出したうえで，肉を削ぐ作業を行う必要があり，その過程では，どこが重要なのかの判断を繰り返す必要がある。そのうえで，その主張のために，どのようなロジックを構成しているかをバックワードで理解することを要求するのが要領⑦である。この要領⑥と⑦を要求することにより，自身で，それらの条件を満たすように意識してテキストを読み思考するよう促す意図がある。

　要領⑧は自身の「発問」である。テキスト担当箇所の内容を理解したうえで，どのようなことを新たに知りたいのか，どのようなことを発展的に検討すべきなのかを考えてもらう。今後の学習を深めるためのきっかけにしてもらう意図がある。前述したように，効果的な学習のためには，問いながら本を読むことが必要である。担当箇所のテーマに関心が高い場合，自然に「発問」できるかもしれない。しかし，この授業では，「発問」しながら本を読む習慣のない者に対してのトレーニングとして，「発問」することを課している。もしかすると，その発問は，この授業後に，卒業研究といった機会で引き続き，活かされるかもしれない。


ルール4　報告担当者以外もテキストを熟読しておくこと。報告担当者以外で
　　　　　もテキストについて発言を求めます。また授業ではグループディス

　　　カッションを実施します。


　前述した通り，報告担当者のみが，テキストの報告担当箇所のみを読むということがないように設けているルールである。授業中のテキストの内容理解の質問は報告担当者に対してのみではなく，報告担当者以外にも行う。またグループディスカッションはテキストの内容を理解していることを前提に行うため，内容の理解がない場合，ディスカッションへの参加が難しい。ルールを順守しているかの確認は困難であるが，報告者と同様の当事者意識をもって授業に参加してもらうための工夫である。


## 6　授業の実践と経過


　グループディスカッション等のアクティブ・ラーニング型授業においては，机と椅子の配置を柔軟に変更できるキャスター付きの机と椅子が備わった教室が望ましいかもしれない。授業実践として挙げている「基礎演習」の受講者数は20名とやや多く，本学におけるキャスター付きの机と椅子が備わった教室の収容人数を超えていたため，固定された長机と椅子が固定された中規模教室（100人程度）を使用した。教室が広いため，学生は定められた発表ペアごとで座るように指示した(5)。グループディスカッションは固定された机と椅子という制約があり4名を1グループとして行った。発表者は，教壇に立ち，レジュメを用いて口頭のプレゼンテーションを行う。

　以下では授業の実践と経過を説明する。90分間の授業は，4回から5回の発表で構成される。1回当たりの発表の上限時間は10分であり，多くの場合，10分未満で終わる。各発表後に教員がテキストの内容に関する質問を行い，発表者及びそのほかの受講者からの応答がある。その後，グループディスカッションに入る。グループディスカッションの時間はテキスト発表と質疑応答に費や

---

された時間に応じて異なる。おおよそ，グループディスカッションを行うテーマは2つほどである。授業を通じて，45回の報告単位に分けた結果，学生により作成されたレジュメは45枚となる。どの授業回においても発表は欠けることなく実施された。

　図表6-4は発表に使用されたレジュメのサンプルであり，テキストの第2章「障害者雇用—就労は自立につながるのか」をテーマとした箇所のレジュメである。このレジュメは，作成の要領（図表6-3）を踏まえて作成されている[6]。授業では，このレジュメが各学生にも配布された状態で，発表者による口頭発表が行われる。

　図表6-4のレジュメサンプルを見ると，作成要領にしたがい，発表箇所である節の内容について，著者が設定している問いを記載し，その問いに対する解答を簡潔に記載している。たとえば，第1節における著者の問いは「なぜ障害者の増加が見られるのか」というものである。まずは，障害者が増加しているというエビデンスを知り，その根拠は何かを理解する必要がある。それらを学生が理解しているかを確認するために必要に応じて質問を行った。著者は「障害者の増加」が見られるという結果に対して，その原因や因果を問うている。この思考過程は科学である以上，きわめて重要である。著者は3つの原因を列挙していることをレジュメは踏まえている。

　この因果の検証は，完全であることはないため，注意を払うことを授業で説明している。本の内容を鵜呑みにせず，どのような前提で，どのような手法で検証した結果なのかという点である。常に，ある程度の疑いが残るはずである。

　このようにテキスト内から，著者の問いを発見し，その著者の解答，及びその根拠を踏まえてレジュメを作成することが基本となっている。レジュメにまとめる際の文章量を制限することで，要点をふまえるように導いている。同様に，発表担当箇所の著者の結論の要約も重要である。図表6-4のレジュメサンプルでは，たとえば，著者の問いである「なぜ障害者の増加が見られるのか」に対する著者の解答が示されている。さらに「著者の主張」において，

---

（6）　図表6-4のレジュメサンプルは，学生が作成したものを，本人の許可を経て，誤植の修正や一部省略するといった加工を行ったものを紹介している。

図表6-4　レジュメのサンプル

---

2023年5月12日（金）基礎演習（畔津）

## 第2章「障害者雇用─就労は自立につながるのか」pp19～21

発表者：○○・○○

**1．障害者はどれくらいいるのか**
問．なぜ障害者の増加が見られるのか？
・身体的障害者⇒日本で問題となっている高齢化のため。障害区分・年齢別にみると，身体障害者のうち65歳以上が74％を占める。
・知的障害者⇒近年，知的障害に対する認知度が高まったため。また療育手帳取得者が増加したため。身体障害者と比べ18歳未満の割合が多い。
・精神障害者⇒身体障害者と同じく，高齢化のため。インターネット等による情報入手や行政の適切な指導に伴い，潜在的な障害者が顕在化したため。25歳～64歳が常に多く占める。高齢の精神障害者が増えている。

**2．障害者はなぜ見えにくいのか**
問．なぜ多面的な支援があるのに，障害者問題は難化しているのか？
　障害は「福祉の問題」と社会が見なしてしまった⇒福祉は「正しい行い」であり他者が意見するべきでないという考えが生み出された。

**結論：著者の主張**
・障害者の増加は，高齢化，障害に対する認知度の増加，インターネット等による情報の入手，行政の適切な指導によるもの。
・障害者問題を難化させているのは，世間が「障害は福祉の問題」として捉え，福祉に関係がない他人は意見すべきではないという考えからである。

**検討**：障害者を「見えやすく」するためには具体的に何をするべきなのか。

---

「障害者の増加は，高齢化，障害に対する認知度の上昇，インターネット等による情報の入手，行政の適切な指導によるもの」とまとめられている。

　次に，レジュメの第2節をまとめた記述を評価してみる。問いとして「なぜ多面的な支援があるのに，障害者問題は難化しているのか」が挙げられ，その著者の解答として「世間が『障害者は福祉の問題』として捉え，福祉に関係がない他人は意見すべではないという考え方」が原因として記述されている。記述内容は，その意味するところがやや不明瞭であり，また口頭による補足説明もなかった。

　これに対して授業における私の質問や指摘は以下である。1つ目の質問は「障害者問題とは何を指しているのか」である。テキスト内でも具体的な説明

はないため，文脈と整合的な範囲で，自身で考えなければ，そもそも，その問いが何を意味するのかが理解できていないはずである。発表者を含む学生からの十分な回答がないため，私のほうで「障害者が社会生活を営む上で健常者と比べ不利となる障壁が存在する問題を指しているのではないか」と指摘した。それは「たとえばどんなものがあるであろうか」と再度，具体的に問うと学生からいくつかの障壁の例が挙げられた。

　2つ目の質問は，「福祉に関係がない他人は意見すべきではないという考え方」という原因が，「多面的な支援があるのに，障害者問題は難化している」の結果に繋がっているメカニズムとはどのようなものかというものである。その「考え方」がなぜ「障害者問題の難化」に繋がっているのかを問うている。これについてもテキストには十分な記載がない。自身で考えなければならない。この問いは学生にとって難しかったためか，回答はなかった。

　続いてレジュメへの指摘である。テキストでは「なぜ多面的な支援があるのに，障害者問題は難化しているのか」への問いに対して，著者は2つの見解を紹介しており，レジュメでは，そのうちの1つしか記載がなかったからである。「もう1つは何か」と学生に質問した。この質問に対する回答は，テキストの記述を再確認することで回答が可能であり，テキスト文章の抜粋である「障害の内容や状態は多岐にわたるうえに，障害者本人からニーズを聞き出すこと自体が難しく，市場メカニズムが働きにくい」との回答があった。しかし，これが意味するところはテキストで詳しく記載がないため，自身で検討する必要がある。「障害の内容や状態は多岐にわたるうえに，障害者本人からニーズを聞き出すこと自体が難しい」ことが，なぜ「市場メカニズムが働きにくい」ことに繋がるのか，また「市場メカニズムが働きにくい」ことが，なぜ「障害者問題の難化」につながるのかである。このことを理解するためには，学習済みのはずである市場メカニズムの基礎知識を応用することが必要である。

　以上のように，テキストの記述内容を理解するためには，自身で発問しながら，その問いに対する解答を考えなければならない。その問いを教員が例示することで，学生らに本の読み方を学んでもらう。授業時間には限りがあるため，その問いに対する解答を十分に解説する時間はない。それよりも，本の記載内

容を理解するための発問の仕方を学んでもらい，教員が発問せずとも，学生自身が発問しなければ著者の主張や考え方を理解することができないことを知ってもらいたい。

最後に図表6-4の「検討：障害者を『見えやすく』するためには具体的には何をすべきなのか」を見てみる。これはレジュメ作成要領⑧にもとづくものである。この要領は学生にとって障壁が高かったのか，この要領⑧を満たしたレジュメは少なかった。発問のためには，テキスト内容を深く理解したうえで，発展的な検討が必要であろうし，また関心も必要であろう。レジュメサンプルの問いは，模範的な問いの1つかもしれない。授業では時間の制約もあり，この問いについて議論はしなかった。

授業では，レジュメを用いた発表及び質疑応答の途中，あるいは発表終了後にグループディスカッションを行った。ディスカッションのテーマは，テキストの内容を理解するうえで私が発問した内容や，テキストの章末にある演習問題を使用した。学生によるグループディスカッションが活発である場合とそうではない場合があり，一定の傾向が見られた。

まずは活発であった場合についてである。それは自身の体験と密接に関係があるようなテーマの場合である。たとえば，「感情労働とみなせる仕事とはどのようなものか，あるいはどのような場面か」である。このようなテーマである場合，アルバイトでの出来事など自身の体験の振り返りと，学んだ概念である感情労働の基準と照らし合わせ，感情労働であるか否かを検討し，発言することができていたようである。またそれを起点に自身の体験ではないものへの検討に及んでいた。

一方，テーマによっては活発ではなかった。たとえば「あなたは70歳まで働きたいですか。また長く働き続けるために必要なことは何だと考えますか」というテーマの場合，「働きたい。長く働き続けるためにはリスキリングが必要である」といった発言が多くみられる一方で，「リスキリング」の詳細についての発言や，自身を取り巻く環境に関わる発言等はほとんど見られなかった。原因として，おそらくは働くという体験が乏しいため，今後重要となると考えられているスキルや，年齢と共に低下する恐れのある能力などの学習を経た後

においても，それをテーマと結びつけることができなかったのかもしれない。また，自身をとりまく環境といった大きな視点で検討することにも不慣れであるからかもしれない。

　このような授業を90分×13回実施した後に，最終レポートを課した。レポート課題は「使用テキストの各章末の演習問題を１つ選び，レポートを作成しなさい」というものである。指定字数は2,400字程度である。口頭にて「授業での質疑応答やグループディスカッションでの議論も参考にすること」と説明をした。

　期末レポートにおいて，学生が選んだ演習問題は教科書第３章「高年齢者雇用」における「あなたは70歳まで働きたいですか。また長く働き続けるために必要なことは何だと考えますか」が最も多く，受講者20名のうち６名が選択して取り組んでいる。グループディスカッションで議論が活発とならなかったテーマの１つであったため，意外であった。もしかすると，議論を活発にするために，私が補足説明等を行ったことが，その後の検討のしやすい土台になったのかもしれない。その他，第５章「発達障害・認知特性」に関連する，アルバイト現場で異なる認知特性をもつものにどのように仕事を伝えるかの方法に関する演習問題を選択したものが３名と次に多かった。

　逆にグループディスカッションで議論が活発であった第11章「感情労働・過剰サービス」における「感情労働とはどのようなものか」に関連した「感情労働と肉体労働との違いを説明してください」という演習問題を取り上げた者は１人もいなかった。グループディスカッションがしやすかったことで課題意識が希薄となり，印象が薄かったためなのかもしれない。

## 7　おわりに

　本講では，本を通じて深く考える方法を学んでもらうために，学生がそれぞれテキストを熟読するためのフレームワークと動機づけに重点を置いた授業実践を紹介した。これらの授業を通じて，学生が授業を終えた後に深く考える方法を獲得し，それが習慣化したかどうかを知ることはできないため，授業実践

の効果を評価することは難しい。しかし授業を運営するうえで，学生の自発的な発問が少なかったという課題が残った。

テキストの内容を理解するためには，読みながら絶えず適切に発問し，その問いに解答することが必要であると考えている。授業において発問練習を行うために，学生に対してどのように発問する動機を与え，その発問をどのようにモニターし，評価するのかについての工夫が必要である。

たとえば，入学選抜試験における小論文問題作成過程を模した授業はできないであろうか。テキストを題材に，出題担当者を定め，問題と解答例や採点基準の作成を課す。出題者以外の学生はその問題に取り組み解答を作成する。出題者はその解答を採点し，フィードバックを行う。さらに全員でその問題，解答例，採点基準は適切であったのか，どのように改善すればよいのかを議論する。適切な発問の練習である。今後このような授業を実践してみたい。

### 参考文献

大倉幸宏（2019）『100年前から見た21世紀の日本——大正人からのメッセージ』新評社

喜多川泰（2009）『賢者の書』ディスカヴァー・トゥエンティワン

久米功一（2020）『「働くこと」を思考する——労働経済学による問題解決へのアプローチ』中央経済社

A. ショウペンハウエル　齋藤忍随訳（1960）『読書について』岩波書店

G. S. ベッカー　佐野陽子訳（1976）『人的資本——教育を中心とした理論的・経験的分析』東洋経済新報社

J. マクミラン　瀧澤弘和・木村友二訳（2007）『市場を創る——バザールからネット取引まで』NTT出版

# 輪読において討論を活発化させる仕掛けの探求

## ——『ソロモン 消費者行動論』を読む

齋藤朗宏（北九州市立大学）

| 実施期間 | 2022年度 4 月〜10月 |
|---|---|
| 科目区分 | 経済学部専門科目 |
| 科目名 | 専門演習Ⅰ・Ⅱ |
| 書籍名 | マイケル・R・ソロモン　松井剛監訳 (2015)『ソロモン　消費者行動論』（上・中・下）丸善出版　※合本もあり |
| 学　年 | 学部 3 年生 |
| メンバー | 12名 |

# 1　はじめに

　小学館『デジタル大辞泉』では，ゼミナール，所謂ゼミについて，「大学の教育方法の一。教授などの指導のもとに，少人数の学生が特定のテーマについて研究し，報告・討論するもの。演習。ゼミ。セミナー」と説明している。また，平凡社『大学事典』では，ベルリン大学で1812年に開設された言語学ゼミナールの事例を元に，「ゼミナールは演習と報告検討会から構成され，演習では論文や著書の批判的検討が行われ，報告検討会では参加者の論文発表・討論・検討が行われた」と説明している。

　つまり，ゼミにおいては，「研究」・「報告」・「討論」が重要な構成要素となっている。また，学習指導要領などで説明されている学力の三要素でも，知識・技能や主体性・多様性・協調性と並んで，思考力・判断力・表現力が重要な力とされている。考え，判断したうえでそれを適切に表現，伝える力が重要なものということだ。ただ，この中の「討論」を活発化させることは，必ずしも容易ではない。

　そこで，筆者の担当するゼミでは，さまざまな形で学生の発言を促す取り組みを行っている。ここでは，その取り組みの一環として，輪読の中でただ参加しているだけの学生を出さずに討論をいかにして活発化させるか，その仕掛けの試みと結果についての報告を行う。先述の通り，ゼミにおいては論文，著書の検討が構成要素の一つとなっており，輪読という手法は，そのオーソドックスな手法である。そのため，輪読において討論を活発化させることができれば，ゼミにおける教育の質の本質的な改善に繋がると考えられる。

# 2　カリキュラム

　この取り組みのための場として選んだのは北九州市立大学経済学部経営情報学科，3年次前期に設定されている「専門演習Ⅰ」並びに同後期に設定されている「専門演習Ⅱ」である。これらの授業は，3年次以降の専門ゼミにあたる

もので、4年次の卒業研究まで2年間、各期1コマ合計4コマの専門教育を行う形式となっている。説明に先立ち、関連する本学科のカリキュラム、授業内容について説明する。

## （1）経営統計Ⅱ

2年次前期の講義科目。1年次前期の学科必修科目「情報科学入門」でプログラミング言語Pythonの基礎を学修する。それを前提として、Pythonでのデータ解析の基礎を学ぶ科目。筆者のゼミでは、この科目をゼミの必修科目と設定している。

## （2）マーケティング・サイエンス

3年次前期の講義科目。上記「経営統計Ⅱ」を前提として、Pythonでのマーケティングデータ分析を学習する。経営統計Ⅱ同様に、ゼミの必修科目と設定している。

## （3）基礎演習

2年次前期の基礎ゼミに相当する科目。新書等を輪読のうえ、レポートを作成することを学部としての標準的な内容と設定しているが、その条件さえ満たしていれば、その他の内容面については比較的裁量の余地もあり、筆者の担当クラスでは、ディベート甲子園中学の部を参考に、教室ディベートに取り組んでいる。ディベートでは、ある論題について、チームを肯定側と否定側に割り振り、図表7-1のようにそれぞれが話す時間を設定して議論を行い、議論の説得性などを競う。筆者が授業の中でこのディベートを積極的に取り入れるようにしている理由は、この議論の順序と時間設定にある。議論の中で、それぞれの役割を明確にすることで、議論を成立させる責任を理解してもらうことがその意味である。

教育ディベートについては、その有用性が数多く指摘されており、たとえば稲垣・鈴木（2011）でも、ディベート形式を話し合いの有効な方法の1つとして挙げている。また、山本・木谷（1995）では、教師主導の授業とディベート

を取り入れた授業を比較し，ディベートが学習意欲を引き出し活発化させることなどを確認している。ただし，今回の取り組みの対象となった2022年度3年生については，2021年度に当該科目を筆者が担当しなかったため，基礎演習を筆者のクラスで履修し，筆者のゼミに進んだ学生はいなかった。

**図表7-1　ディベート甲子園中学の部試合フォーマット**

- 肯定側立論（4分）
- 否定側準備時間（1分）
- 否定側立論（4分）
- 肯定側準備時間（1分）
- 肯定側質疑（2分）
- 否定側準備時間（1分）
- 肯定側第一反駁（3分）
- 否定側準備時間（2分）
- 否定側第一反駁（3分）
- 肯定側準備時間（2分）
- 肯定側第二反駁（3分）
- 否定側準備時間（2分）
- 否定側第二反駁（3分）

### （4）専門演習Ⅰ，Ⅱ

先述の通り3年次の専門ゼミにあたる科目。筆者のゼミでは，ゼミのタイトルを「消費者心理学とマーケティング・リサーチ」とし，前期に消費者行動論もしくは関連する書籍の輪読を行い，後期に，マーケティング・サイエンスの授業内容を前提とした，マーケティング・リサーチ実習を行っている。これらを通して，行動の背景にある理論を学び，実際のマーケティングに活かす方法を学修することを目的としている。過去に輪読で使用した書籍としては，杉本徹雄編（2012）『新・消費者理解のための心理学』（福村出版）や，大竹文雄（2020）『行動経済学の使い方』（岩波書店）などがあった。

### （5）卒業研究A・B

4年次の専門ゼミにあたる科目。筆者のゼミでは，実証研究を前提とし，マーケティングに限らず心理学などの研究を自由に認めている。

## 3　ゼミと取り組みの概要

ゼミ，並びに取り組みの概要は以下の通りである。
- ●実施時期：2022年4月〜10月（専門演習Ⅰ並びにⅡ序盤）
- ●ゼミ履修者：12名（男性3名，女性9名）
- ●グループ：3人×4班

●使用した書籍：マイケル・R・ソロモン著，松井剛監訳『ソロモン　消費者行動論』［上・中・下］（2015年，丸善出版，合計842ページ）

　全14章合計842ページ，1章あたり60ページ程度ある。同程度の章立ての一般的な和文教科書が概ね合計200ページ台であることを考えると，各章1回合計14回のゼミの中で実施する輪読の分量としては，相当に多いものになっている。無論，すべての内容を90分の授業時間中で説明するのは不可能である。そのため，このボリュームある内容を，後述の通り45分で説明できるようにまとめることを要求している。こうすることで，説明を散漫にせず，ポイントを理解したうえでまとめるという作業が必要になり，これも学習効果を高めると期待した。実際，事例やそれに伴う図表，課題が豊富であることもあり，90分の授業1回で1章というペースでの輪読は十分に可能であった。また，この本を取り上げた理由としては，この課題の多さも挙げられる。課題を利用して，討論を活発化させることを目指した。

### （1）ゼミの進め方

　本学ではMicrosoft 365のライセンス契約をしているため，Microsoft Teamsを使用してゼミのチームを作成，そこでファイル送付やコメント受付，また，授業時間以外の連絡受付などを行った。また，授業はアクティブラーニング用の貸与ノートPCがある教室で行われたため，輪読の際に利用するレジュメ等は，このTeamsにファイルをアップロードし，授業開始時に各自教室貸与のPCにダウンロードし，それを見ながら説明を聞く形式を取った。毎週の授業終了時には，Microsoft Formsを利用し，この取り組みの趣旨を最初に説明した上で，コメントを依頼した。以下には，ゼミのスケジュールと時間配分を示す。ローマ数字で通し番号を振ってある部分については，詳細について説明する。

### （2）ゼミのスケジュール

　ゼミは以下のスケジュールで実施した。

前期1回目：ゼミの基本的な説明，班分け等

2回目：自己紹介（Ⅰ）

3回目：自己紹介続き，スピーチ（Ⅱ）例示

4回目〜後期3回目：課題書輪読（Ⅲ）

## （3）ゼミの時間配分

　ゼミは以下の時間配分で実施した。ゼミの前半10回（輪読1回目〜7回目）と後半6回（輪読9回目〜15回目）で実施の方法をやや変えている。この時間配分についても事前に説明しており，個々の学生の役割分担においては，この時間を意識するように指示している。

　0〜10分：スピーチ（Ⅱ），齋藤からの連絡事項，その他準備

　10〜55分：割り当てられた班による課題書解説（Ⅲ）

　55〜75分：章末「討議と応用」を用いた簡易ディベート（第3回〜第10回（1章〜7章）），同じく「討議と応用」を用いたグループワーク（第12回〜後期第3回（9章〜14章）），実施例にて詳述。

　75〜90分：齋藤による補足説明等

　一例としては，たとえば1班が課題書解説を担当，3班と4班がディベート，グループワークで発表，2班から1名がスピーチを行うといった形で進めた。

## （4）自己紹介（Ⅰ）

　特に指示せずに自己紹介を実施した場合，出身地や部活・サークル，アルバイトのような単なる事実の説明で終わりがちである。こういった自己紹介も，学生同士での共通点などの発見などを通して交流を深めるといった目的ではある程度有効である。しかし，このゼミでは，繰り返し述べているとおり討論の活性化を重要な目的としており，この自己紹介もまた，討論の活性化に活かす形で実施したいと考え，以下のような流れを決めて実施した。これらの流れを守って自己紹介をしようとすると，単なる事実の説明では不可能であり，学生が自分自身のこれまでの活動や考え方などについて省察し，それを他者に伝わる言葉にする必要がある。これらの課程を通して，自己紹介もまた，討論のための技能を磨く場として活かすことを意識した。結果，1人当たり10分弱か

かっており，2回目〜3回目前半までの時間をかけて実施した。併せて，全員一度は誰かに質問をするように指示しており，学生間でのコミュニケーションも概ね成立していた。

- 氏名，あだ名
- 前の人からの質問への回答
- 私ってどんな人？
- インパクトのある話を1つ。たとえば……「私はこれで泣きました」「恥ずかしかった話」「これだけは自慢できる」「すべらない話」
- 自分の一番好きな，具体的な対象（本，音楽，芸能人，スポーツ選手，動物，etc.）についてできる限り熱く語る
- 今一番一生懸命していること。なぜそれが自分にとって重要なのか
- 将来の進路の希望。なぜその進路を希望しているのか
- 質問受け付け
- 次の人を指名，次の人への質問


（5）スピーチ（Ⅱ）

3年生のゼミに限らず，筆者の担当するゼミでは，毎週1人，自分が興味を持った話題について，教卓の前に立ち，5分程度で原則何も見ずに説明するという形式のスピーチを実施している。これもまた，自己紹介と同様の意図で実施されている。加えて，以下の条件を課しており，研究における目的設定の重要さを理解してもらうことも意識している。

- メモを手元に持つのは可。ただし，朗読してはいけない
- 聞いている人の顔を見ること
- なぜその話題に興味を持ったか？「○○について興味を持った，知りたいと思った」は結果。興味を持った理由が大事
- その話題にどんな意味があるか？聞く側を意識すること
- その話題について，自分はどう思うか？

## （6）輪読（Ⅲ）

輪読については事前に以下のように形式，注意事項などを指示した。

- 毎週1章割り当てる。割り当てられた班のメンバーで相談して，課題書の内容を45分で解説する。内容が多様で解説し切れない場合には，より必要と思われる部分などを取捨選択して45分にまとめる。たとえば，課題書の例が時代遅れになっている部分を削除する，また，必要なら代わりとなる例を加えるなどが考えられる。1班3人なので，15分ずつ担当を割り振ってもいいし，全員で45分分の内容を作成してもいい

- 解説の際には，授業の内容を簡単にまとめたレジュメを作成し，Teams内で共有する

- 授業開始時に，PCからファイルをダウンロードして，それを見ながら解説を聞く

- レジュメを朗読しない。説明をする

## （7）課題書の詳細

課題書の章構成は以下の通りである。

併せて，各回において出したディベートのテーマ，グループワークの課題についても示す。

### セクション1　市場に存在する消費者

第1章　買うこと・所有すること・生きること

- ・ターゲットを絞るマーケティング戦略は差別的で不公平であるという意見がある。こういったことを禁止するべきである。是か否か。

### セクション2　個人としての消費者

第2章　知覚

- ・サブリミナル説得が消費者に有意な影響を与えると仮定する場合，サブリミナル広告を利用することを認めるべきである。是か否か。

第3章　学習と記憶

- ・ほとんどのCMでは背景音楽としてさまざまな楽曲が利用されているが，ロック界の大御所バンドの中には，自分のスタンダードナンバーを利用

されることを拒否するケースもある。こういった，スタンダードナンバーをCMソングとして利用することは適切なことである。是か否か。

第4章　動機づけとグローバルな価値観

・環境や菜食主義への大学生の関心は一時的なブームに終わったという意見がある。これは事実と言える。是か否か。

第5章　自己

・欧米では，痩せすぎのモデルに対する規制がなされているケースがある。日本においても，こういった痩せすぎのモデルを規制すべきである。是か否か。

第6章　パーソナリティとサイコグラフィクス

・組織や個人は，有害な習慣を支持するようなウェブサイトを開設することを認められるべきである。是か否か。

セクション3　意思決定者としての消費者

第7章　態度と説得

・スマートフォンに対して，カスタマイズされた広告を送ることは顧客に有用である。是か否か。

第8章　意思決定（グループ課題実施せず。）

第9章　購入と処分

・地域の競合する衣料店を3店選び，そのイメージ評価を行う，それから強み，弱みを説明せよ。

・接客する従業員に制服着用を求める方針の良い点と悪い点について説明せよ。

第10章　組織・家庭における意思決定

・マーケティング・リサーチを子どもに実施するメリットとデメリットについて説明せよ。

・製品カテゴリーを1つ選び，ライフサイクル・ステージごとにどんな要因が影響を与えるか説明せよ。

セクション4　消費者とサブカルチャー

第11章　集団とソーシャルメディア

- 高校や大学の運動部で用具を決める監督やコーチにお金を払うことの是非について説明せよ。
- ウォルマートで女性が店に近づくと命の危険というデマが広まったことがあった。もしウォルマートの担当者だったとしたら，どう対応するか説明せよ。

## 第12章　社会階級とライフスタイル

- 大学生にとってのステータスシンボルとは何か，何をどう使っているのか，なぜステータスシンボルとなるのかについて説明せよ。
- 現代日本において社会階級はどのように振り分けられるか。また，社会階級を振り分けるための消費に関連した手がかりはあるかについて説明せよ。

## 第13章　サブカルチャー

- 少子化の中ティーンエージャーへマーケティングする是非について説明せよ。
- 調査の結果メンソールのたばこはアフリカ系アメリカ人が好むと言うことがわかった。このとき，アフリカ系の習慣にあわせた商品開発をすることの是非について説明せよ。

## 第14章　文化

- 結婚式におけるブライダルレジストリ（結婚祝いとして欲しい品物をデパートなどに登録しておき，送る人はその中から商品を選ぶシステム）活用の是非について説明せよ。
- 映画会社が映画を制作する場合，事前に市場調査を行い，必要であれば視聴者が気に入らない部分を作り直すこともある。こういった，映画等の芸術作品における市場のニーズに合わせた作成は行われるべきかについて説明せよ。

## 4　取り組みの結果

### （1）実施の概要

　第4回目の授業より開始，ゼミの時間配分に従って毎週1章で，第7章まで読み進めたところで，簡易ディベートについて，難しいという声が多かったこと，また，ディベートとは何か，どのように考えて進めればよいのかなどをあらかじめ学修してからディベートを実施する基礎演習と違い，そういった準備をする時間がなく，また，筆者のクラスで基礎演習を履修した学生がおらず，ディベートに取り組むのがまったく初めてである学生が多い中で，実施するのがやや困難であることを筆者自身も感じたこともあり，方針を変更することにした。第8章は，補足説明の必要な箇所が多かったこと，ディベートに代わる方針が定まっていなかったこともあり，ディベートのために準備していた時間は筆者からの解説に充て，第9章よりグループワークを実施した。

　第13，14章については，これまで通り進めると担当の章数にアンバランスが生じるため，それぞれ2つの班を合併し，13章を1班と2班のような形で説明を担当させた。その結果，その2章については説明にやや時間がかかり，グループワークの時間が取れなかったため，第14章まで読み終わった翌週にまとめてグループワークの時間を設定，実施した。

　課題図書の説明部分については，標準的には資料は10〜15ページ，説明の時間は35分〜60分程度であった。

　また，毎週の授業最後に授業に関するコメントを依頼した部分については，「今回の授業に関するコメントがあれば書いてください。なお，ここでのコメントは個人が特定できない範囲で著書等に利用する可能性がありますので，掲載して欲しくないコメントはここには書かないでください」という文面で依頼しており，無理に書かなくてもよいという立場であったが，結果的には十分に回答時間を確保できなかった回を除けば，毎回6割〜ほぼ全員の学生からコメントを得ることができ，大変積極的にゼミ運営に関わってもらうことができた。

　全体としては，最後に詳述するが，どうしてもある程度正解が存在してしま

うため，学生同士の活発な議論まで達するのは難しい。しかしながら，ある程度学生の意見，考えについて，口頭，もしくは授業後のコメントの形で引き出すことはできたと考えている。

### （2）前期第8回目授業（第5章）

　先述の通り，簡易ディベート形式については慣れない学生にとってはやりづらいものであったため，途中からグループワーク形式に切り替えている。ただ，授業実践の事例としては意味があると考えられるため，簡易ディベートの事例を1件簡単に紹介する。

　簡易ディベートでは，基礎演習におけるディベートの実践を踏まえ，それぞれの段階における時間を短く設定し，負担を減らした形で実施した。フォーマットは以下の通りであった。

　　　ディベート準備5分
　　　肯定側立論2分
　　　否定側準備1分
　　　否定側立論2分
　　　否定側準備1分
　　　否定側反駁2分
　　　肯定側反駁2分
　　　判定他5分

　テーマについては，章末の「討議と応用」の中の「討論せよ」の問題の中から1題を選び，現代の環境に合い，かつ日本の大学生のディベートのテーマとして適切になるようにアレンジを加えて設定した。

　ここで紹介するのは2022年5月30日実施の第8回，第5章で，テーマは「欧米では，痩せすぎのモデルに対する規制がなされているケースがある。日本においても，こういった痩せすぎのモデルを規制すべきだろうか？」であった。それぞれの議論の内容としては以下のようなものであった。

・肯定側（3班）立論：痩せすぎたモデルを使うことで摂食障害などのリスクがあり，自分の体型に関しての自尊心への否定的な影響を招く可能性がある。

・否定側（2班）立論：理想的な体型を目指すモチベーションにつながる，ダイエット食品等の経済効果が期待できる，元々細い人がモデルをできなくなる。

・否定側反駁：体型に関する否定的な感情については，どんなスタイルのモデルでも同様に発生しうるものではないか？　自尊心についても，健康意識につながるメリットがあるのではないか。

・肯定側反駁：理想的な体型を目指すモチベーションやダイエット食品の経済効果に関する議論があったが，どうしてもエスカレートするリスクはある。


　全体的には，どちらのチームも痩せすぎのモデルを起用するメリットとデメリットは把握できているようであった。肯定側立論については，概ね課題書の流れに従ったもので，その点でも理解できていることは確認できる。ただ，ディベートとして考える場合には，「望ましい」ということと「規制すべきである」ということの違いが重要になってくるが，どうしても不慣れな部分で，その後も含めて議論をそちらの方向に進めることができなかった。その点で言うと，否定側立論の「元々細い人がモデルを出来なくなる」という部分が，規制することの明確なデメリットとなっており，こういった部分もあってか，投票の結果は否定側勝利となった。

　感想においても，難しかったという声は複数見られ，また，上記のように，ディベートとして噛み合わせるためには，どの部分に着目する必要があるのかという点の不慣れさが感じられた。こういった状況は，他の回のディベートにおいても見られるものであった。


## （3）前期第12回目授業（第9章）

　先述の通り，簡易ディベート形式実施の問題点を踏まえ，グループワーク形

式に変更した。テーマについては，章末の「討議と応用」の中の「討論せよ」，「応用せよ」の問題の中から２題を選び，課題書の説明も，スピーチも担当していない２つの班に検討，発表を指示した。残る班については，その週の輪読における説明を担当した班は，準備した知識を活かして２つの班のサポートを，スピーチを行った班は，翌週輪読の説明を担当することになるため，その打ち合わせをするように指示した。具体的な時間配分としては以下の通りである。

準備10分
テーマ１報告５分
テーマ２報告５分

実施例として，2022年６月27日実施の第12回目授業について詳述する。概ね以下のように授業は進行した。

- 14:40〜14:50：授業開始，筆者からの連絡事項，スピーチ（２班）。
- 14:50〜15:31：９章の説明（１班）。
- 15:31〜15:55：グループワークの説明と実施，報告（３班，４班）
- 15:55〜16:10：筆者からの解説。

課題書の第９章（pp. 455〜499, 合計45ページ）は以下のような構成になっていた（数字はページ）。なお，他の章も概ね同じような構成になっている。

455頁：この章の目的。「4. マーケターは消費者が製品を買う前だけでなく，買った後の評価にも留意しなければならない」など５つの目的。

455〜487頁：本文。「この章の目的」で出てきた５つの目的がそれぞれ実質的に節となっている。473頁にコラム。内容は，小売店が消費者の経験を形作るためにどのような店舗内の「儀式（rituals）」を利用しているかについて。

487〜488頁：章のまとめ。目的４に対応して，「買った製品への全体的感情が，顧客満足／不満足を決める。多くの要因が製品の品質の認識に影響

を与える（以下略）」などの説明。

**488頁**：キーワード。「心の予算（mental budgets）」など，章で出てきたキーワードの索引。

**488～489頁**：復習。「9. 消費者の製品の質についての事前の期待は，購買後の満足度にどのように影響するか？」など，その章の中で直接的に説明されている内容の確認。本章では合計11問。具体的には，「期待不一致モデル（expectancy disconfirmation model）によれば，消費者はその製品を用いた過去の経験，あるいは特定のクオリティを推測させるようなその製品についてのコミュニケーションにもとづいて，製品の性能に関する信念を形成する。製品が思っていた通りの実績では，特に評価しないかもしれない。製品が期待に沿わないと，否定的な感情を生み出す。逆に期待以上の働きが見られると満足を感じる」のように説明されている。この部分を正しく抜き出すことができれば正解ということになる。このように，復習部分は，課題の中でも明確な正解が存在しているものになる。

**489～491頁**：討論と応用。復習のように章の中の該当する箇所を探せばよいものではなく，章の内容を理解したうえで議論を要求する「討論せよ」，同じく章の内容を踏まえて実践を求める「応用せよ」。「討論せよ」は本章では13問あり，たとえば「4. 接客する従業員に制服着用を求める方針の，よい点と悪い点を挙げなさい」など。「応用せよ」は，「地域の競合する衣料店を3店選び，そのイメージ研究をしなさい。消費者のグループに一連の属性について各店舗を評価してもらい，この評価を同じグラフ上に示す。店舗の経営者の注意を引く競争的優位点と不利点にはどのようなものがあるか？」など本章では7問。これらは，多くの場合に明確な正解は存在しないものとなっている。

**491～498頁**：参考文献。

**499頁**：練習。一部の章末に設定。ここでは，設定されたシナリオとデータから，プロモーションの効果分析などを行う問題。

9章の説明に用いられたレジュメは図表7-2の通りであり，総ページ数は

図表7-2　第9章レジュメ（一部抜粋）

ソロモン消費行動［中］

専門演習Ⅰ　2022/06/27

### 第9章　購入と処分

担当：

学習の目的1
購入時の多くの要因が消費者の意思決定プロセスに大きな影響を与える

消費者行動に状況が及ぼす効果

図9.1　購買と購買後の活動に関連する問題

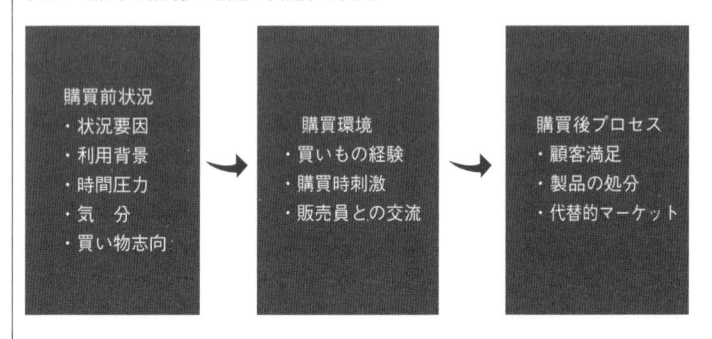

「消費状況（consumption situation）」には，買い手，売り手，製品なたはサービスだけでなく，購買理由，物理的影響といった多くの要因が含まれる

　調査例：「1日再現法」

　　→気分を最も乱す2つの要因：睡眠不足＆仕事の厳しい期限

A4で11ページであった。本章は他の章より若干分量が少なめであり，その分説明の時間，資料のページ数は他の章よりやや少なめとなっていた。

　グループワーク1（3班）は，「地域の競合する衣料店を3店選び，そのイメージ評価を行う，それから強み，弱みを説明せよ。」というものであった。課題の趣旨としては，課題書において，「製品と同じように店舗にも「パーソナリティ」がある。非常に明確なイメージを持つ店もあれば（良いことも悪いこともある），個性がなく群の中に埋没しているような店もある。どのような要因がこのパーソナリティ，あるいは店舗イメージ（store image）を形作るのだろう？　店舗イメージの重要な側面には，場所，品揃え，販売スタッフの知識や

親しみやすさなどが挙げられる。こうしたデザイン的な特徴が組み合わされて，店舗全体の印象を作り出す（ソロモン（2015）以下略，p. 472）」と説明されている。この点を踏まえて，店舗イメージについて説明することを期待して実施したものである。

　このグループワークの結果，学生からは以下のような回答があった。

　　ユニクロ：トレンドより快適さ，性別年齢関係ないファッション，豊富な
　　　　品揃えといった強みがあるが，接客に関しては若干弱みとなっている。
　　ワークマン：フランチャイズ経営で親しみやすい店舗が強みである。逆に
　　　　女性が入りにくかったりする点，場所がわかりづらかったりする点は弱
　　　　みになっている。
　　H&M：トレンドに敏感であり，トレンドの品を安く。スピード感がある
　　　　やり方が強みだが，このスピード感があるやり方は逆にリスクにもなっ
　　　　ている。

　特にユニクロとワークマンは，担当した学生にアルバイト経験があったため，強みや弱みについて，実感にもとづいた具体的な例が得られた。また，課題書による説明を踏まえて，特徴的な部分を取り出し，品揃え，接客，場所などの観点から説明することができており，課題の趣旨を十分に理解した回答と言える。ただ一方で，「デザイン的な特徴が組み合わされて，店舗全体の印象を作り出す」とあるように，個別の特徴を統合したものが全体のイメージであるという点からすると，個々の特徴が全体とどうつながるのかまで踏み込めなかった部分が惜しい点と言える。

　グループワーク2（4班）は，「接客する従業員に制服着用を求める方針の良い点と悪い点について説明せよ」というものであった。この問いは，一見するとそこまで困難には見えないが，課題書を踏まえた問題として見ると，やや難しいものであった。なぜなら，課題書中に，関連する箇所がそれとはっきり明示されない形で，複数箇所に跨がって存在していたからである。具体的には，「顧客を楽しませるという目標の達成のために，多くの店舗が買い物客をファ

ンタジーの世界に誘い込むか，何らかの刺激を与える創造性ある環境を作り出そうと全力で取り組んでいる。この戦略は小売業のテーマ化（retail theming）と呼ばれる」（p. 471）と説明されている。この点を踏まえると，演出の一環としての制服という観点があり得るだろう。グループワーク１で出てきた店舗イメージもその１つである。また，販売員に関する説明として，「買い手と売り手の状況では，両者がアイデンティティ交渉（identity negotiation）を行い，それぞれの役割に関して何らかの合意に達しなければならない。たとえば，もしヨウコ[(1)]が自分が専門家であることを示せば，彼女はノボルとの関係において，より大きな影響力を行使するだろう」（p. 478）と述べている。ここからは，制服を用いて専門家としての権威づけを行うといった制服の意味合いを示すことも可能である。

　学生からは，実際には以下のような回答があった。

　　　ブランドイメージの確立や会社の一員としての帰属意識を持たせることができること，料理等の場面での安全性の確保にもつながることがメリットとして考えられる。一方で，個性の制限につながること，特に性的マイノリティの問題が考えられる。また，ブランドイメージと合っていないときにも問題になりうる。

　イメージという部分についてはきちんと述べられており，また，得られた回答の内容も自分たちできちんと考えられておりロジカルで，性的マイノリティの問題のように，期待以上の回答を得られた部分もあったが，やはり，本文中の説明を活かすという意味では，やや難しさがあったようだった。

　この回の授業に関するコメントとしては，12名の学生から９件（「特になし」を除く）の回答を得ることができた。コメントの内容としては，以下のように，ディベート形式からグループワーク形式に切り替えたことに関するコメントが

---

（1）　ヨウコとノボルは，章の冒頭に出てくる，章の内容と関連する具体的なシチュエーション例における登場人物。本章では，中古車販売店店員のヨウコに対して，客であるノボルが購入のための価格交渉を行う例が示されている。

5件，グループワークに関連するコメントが2件，授業内容全般に関するコメントが2件であった。やはり，慣れないディベート形式は学生にとってストレスになっていたことを感じさせる結果であった。また，自分のアルバイト，就職活動などと関連付けて授業内容の応用を考えようというコメントもあり，実践という意味でも価値があったと感じている。

### グループワークに切り替えたことに関する感想・コメント

・5分間の発表を本の内容と絡めて発表するのが難しそうでした。

・前回のディベートと比較し検討する時間が長くあったこともあり，質問に回答しやすかったです。

・後半の発表は，ディベートよりもやりやすいと思いました。

・今回からの発表形式も，章の内容と絡めて考えるので，大変そうだけど面白いなと感じました。

・10分間の発表は，ディベートよりも準備時間がある分，授業内容をより振り返ることができました。

### グループワークの内容に関する感想・コメント

・衣料業界の中でも，それぞれのブランドによって強みと弱みが異なっている点がとても興味深かったです。このような比較分析は企業研究に役立つので，自主的・積極的に取り組んでいきたいです。また，制服などのあるのが当たり前のものに対して，何故あるのかという疑問を持って自分で考えたり，調べたりすることも面白かったです。

・私は，従業員が制服を着ることのメリットとデメリットを考えました。個人的に制服は雰囲気を作るものかと考えていたのですが，逆に壊すものでもあるという意見も出てきて，面白かったです。

### 授業内容全般に関するコメント

・消費状況とはたんに買い物経験のことだけを言っているのではなくその前後の購買理由や環境も含まれていることがわかりました。また人が購

　　買を行う上でその環境が与える影響は私が想像していたものよりはるか
　　に大きいことを知り驚きました。
・eコマースについての内容が興味深かったです。私自身雑貨屋さんでア
　　ルバイトをしていて，お客さんの中に実際に触ってみてネットで商品を
　　買うという方が多いため，わざわざ買いに来てもらうための付加価値を
　　考えてみようと思いました。

## （4）後期第3回目授業（第14章グループワーク）

　第9章より実施したグループワークは，学生にとってよりやりやすい形に
なっており，授業に対するコメントからも確認できる通り，実践にも繋がりう
ると期待できるものだった。ただ，9章のような課題の出し方では，どうして
も討論のような形にはしづらいため，より討論に近い形を取ることができるよ
うに工夫したグループワークの事例についても紹介する。紹介するのは第14章
で，先述の通り後期3回目の授業では，前半に第13章グループワークを，後半
に第14章グループワークを実施している。

　グループワーク1（2班）は，結婚式におけるブライダルレジストリの活用
の是非について問うものであった。最近ではAmazonの欲しいものリストなど
で見慣れたものであり，学生にとって違和感ないだろうと想像しており，実際
その通りに，学生からの意見として，プレゼントの重複を防げ，無駄が省ける
点などメリットは大きいというものがあった。そこで，筆者より，プレゼント
を「選ぶ」ということの価値をどう捉えるか考える必要があること，また，課
題書で説明されている贈与の儀式について考えるべき（贈与の儀式には，「構想
（gestation）」「提示（presentation）」「再構成（reformulation）」の3つのプロセスがあ
るということ，P. 725）。単に無駄を省きたいのであれば，お金をあげれば簡単
で，そうしない理由は何か考えるべきとコメントをした。そして最後に，ブラ
イダルレジストリはプレゼントを選びあげることと単にお金をあげることとの
ちょうど真ん中にあるということを説明した。逆に，何故否定的な意見が出う
るかは，こういったものに慣れた学生にとってはわかりづらいものであったの
かもしれない。

　グループワーク2（1班）では，映画等の芸術作品における市場のニーズに合わせた制作は行われるべきかを問うた。学生側からは，市場のニーズには合わせるべきであり，その方が多くの人に受け入れられるとのコメントがあった。そこで，筆者より，たとえばバンクシーに対して市場調査をして作品を作れとは言わないだろうが，映画だと市場調査をせよという意見になるのはなぜかと問うたところ，それはかかる金額じゃないかとの回答であった。筆者が概ね想定していた回答で，それは正しい。個人の責任で済まない金額になった場合，次の作品を作れるかどうか，他多くの人の生活の問題になると補足した。このように，当初の意見に出てこなかった視点を入れた反対意見から，議論を深めることを促すのは学生同士のディベート形式では難しく，やはり全体を把握している教員の適切な介入が必要なことを感じさせる結果であった。

## 5　全体のまとめ

　筆者の担当ゼミでは，輪読の中で議論を活発化させるということを目標にして，自己紹介，授業冒頭の5分間スピーチなど，まず人前で話すことに慣れさせることから始め，輪読を行い，その内容を元にした簡易ディベートを試みた。ただ，ディベートは，事前にある程度の経験がないと議論の方向性が定まりづらく，また，議論の中で教員が介入して方向を修正することも難しかったため，途中から方針を変えてグループワーク形式を取ることにした。グループワーク形式においても，当初試みた具体例を作成するやり方の場合，どうしても説明したきりで終わってしまうため，テーマを工夫して，意見と，なぜそう思うのかを提示させることで，教員との間のやりとりを通して議論を深めることは可能であることが確認できた。また，口頭で意見を言うことは難しくても，授業後のコメントの中では多様な意見を得ることができ，意見を求めるチャネルを増やすことも有効であると感じる結果であった。

　授業として見ると，無断欠席は1名もおらず，体調不良，コロナウィルス感染による出席停止などを含めても，欠席者は，各回多くても全12名中1名という状況で，スピーチや課題書の説明についても，手を抜いていると感じるケー

スがなかった。そのため，議論をどう深めるか，発言をどう促すかという目標に専念することができた。このゼミや筆者の取り組みに積極的に協力してくれた参加者には心より感謝している。

　最後に，この授業全体に対する参加者からのコメントを掲載する。消費者心理やマーケティングといった分野に興味をもって筆者のゼミを選択しているため，内容面に関する感想が多いのは自然だが，それに加えて授業の中でグループワークを取り入れることに関する感想が複数見られ，概ね好意的な感想であった。やはり今後も，輪読の中でもこういった形式を上手く取り入れていきたいと考えている。

（1）グループワークについて

・内容は触れたことのないものが多く難しかったですが，毎回最後にグループワークがあったので理解に役立ちました。

・課題書やグループワークで，今まで知らなかった視点を知り，どう考えればよいのかを知ることができた。

・1つの内容に対して，グループで考えるのは楽しかったし，自分にはなかった考えや，もっと深いところまで考えなければいけないと気づける機会は，貴重だったと思いました。

（2）授業内容全般について

・マーケティングという観点だけでもさまざまな歴史があり，見方があることがよくわかりました。

・消費者や世間がどういった思考をしているからこのマーケティングをする，その時の風潮がこうだったからこのマーケティングをするなどの，消費者の心理をまじえたマーケティングを理解でき，とても興味深かった。

・自分の担当箇所であった消費者行動における第2章の知覚が面白かったです。私自身物を買う基準が本来の機能を果たすものよりも好きな芸能人がお勧めしていたからや，パッケージにひかれたからということが多いので，それらの行動に理由があることや，大多数の人もそういう考えであると知り，面白

かったです。また，自分自身アルバイトで商品販売をしているので，接客時の参考にもなりました。

・宗教などのあまりなじみがない分野の話や概念的な話は理解するのが難しかったが，逆にこれまでの授業で学んだことはすんなり理解することができた。今回はじめて読んで理解しきれなかった部分は今後の学びで振り返っていく中で理解できるようにしたい。

・この本では日本の事例以上に海外の事例が多く取り上げられており，マーケティングを海外の観点も含め考えることができ面白かった。また，自分たちが授業をするような形式は経験したことがなかったため，限られた時間で内容をまとめる難しさやその内容を簡潔に表現する難しさを体感した。

### （3）課題書について

・この本は"ビジネスはゴルフで生まれる"など所々，経験した人にしかわからない豆知識などが書いてあってとても面白かったです。

・課題書について，一見難しそうにはじめは見えたが読みすすめるとそうでもなく，よくよく考えたら当たり前のことが書いてあるなど読みやすく取り組みやすかったです。

・課題書は説明がわかりにくくて理解できないということは少なかったですが，例が少し古く説明と結びつけるのが難しかったです。これからのゼミに繋げていきたいです。

・使用した課題書がやや古いこともあり，現在の事例と照らし合わせることが難しくもあり，面白いと感じました。

**参考文献**

稲垣忠・鈴木克明編著（2011）『教師のためのインストラクショナルデザイン　授業設計マニュアル』北大路書房

大竹文雄（2020）『行動経済学の使い方』岩波書店

児玉善仁ほか編（2018）『大学事典』平凡社

小学館国語辞典編集部編『デジタル大辞典』小学館

杉本徹雄編著（2012）『新・消費者理解のための心理学』福村出版

山本秀行・木谷要治（1995）『授業にディベートを取り入れることによる環境倫理観の形成の可能性についての一考察』日本理科教育学会研究紀要37（1）

# 第III部

# 社会に臨む

Read, read, read. Read everything—trash, classics, good and bad, and see how they do it. Just like a carpenter who works as an apprentice and studies the master. Read! You'll absorb it. Then write. If it is good, you'll find out. If it's not, throw it out the window.

William Faulkner (1968). *Lion in the Garden: Interviews with William Faulkner, 1926-1962*, Random House, p. 55

# 対話を通して思考の解像度を上げる

—— 『はじめて学ぶ生命倫理』のグループ講読

標葉靖子（実践女子大学）

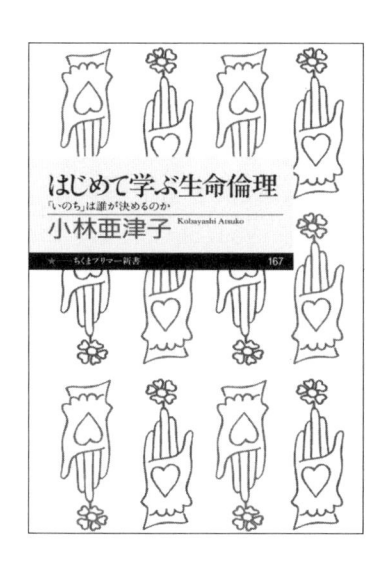

| 実施期間 | 2021年度・後期 および 2022年度・後期 |
|---|---|
| 科目区分 | 人間社会学部必修科目 |
| 科目名 | 演習ⅡB（アカデミック・スキルズ） |
| 書籍名 | 小林 亜津子（2011）『はじめて学ぶ生命倫理——「いのち」は誰が決めるのか』ちくまプリマー新書 |
| 学　年 | 学部2年生 |
| メンバー | 2021年度23名，2022年度22名 |

# 1　はじめに

「授業で学生と専門書を読む過程を書籍化する企画に参加しませんか」との
お声がけをいただいたとき，とても興味深い試みであると感じつつ，果たして
私も参加できるだろうかとしばし逡巡した。プロジェクト型学習を取り入れる
ことが強く求められる私の担当科目の中で14回の授業をすべて専門書の講読に
充てることは，分野の性質や学生のレディネス・関心等を考慮するとあまり現
実的ではないように思われたからである。

　私の授業を履修している学生やゼミ生に聞いてみても，やはり学生の多くは
日頃ほとんど書籍を読まない。レポート課題に取り組むときでさえも，図書館
や文献データベースで書籍や論文を探すことは少なく，ネット検索で済ませて
しまうことの方が多いという。YouTubeやインスタグラムで課題に関わる
テーマを検索することもあるそうだ。わかりやすく編集された画像や短い動画
などの映像を中心とした視覚コミュニケーションによる情報収集が当たり前に
なっており，長文テキストを読む機会はきわめて限られているようである。社
会的関心事等についても能動的に情報収集を行う学生はほとんどおらず，
TikTokやX（旧Twitter）といったSNSのトレンドやレコメンドで表示されるも
のに触れるだけだという学生も少なくない。学生たちの言葉を借りれば，SNS
で流れてくる，あるいはネットで無料視聴できる情報で十分事足りるのに，わ
ざわざ専門書を読むのは「コスパもタイパも悪く，自分の役に立つとも思えな
い」のだ。

　学生たちがよく口にする「それって役に立ちますか？」というのはとても厄
介な言葉である。自分のこれまでのキャリアを振り返ってみても，当時は思い
もしなかったようなことが今の自分を構成する土台になっていると感じられる
ことがあるが，得られた知識や経験をどう転移・活用するかはその人次第なと
ころも大きいように思われる。よく生きるためでもいいし，何か具体的なアウ
トプットを出すためでもよいが，何の役に立つかはわからないインプットの量

---

（1）　実践女子大学では，授業は100分×14回となっている。

と質の豊富さがその人の思考や行動の土壌になるのではないだろうか。だからこそ学生には何がどう役に立つのかを近視眼的に判断することなく，幅広く貪欲に学んでほしいと一大学教員としては思っている。

　繰り返しになるが，「専門書を読む」という行為は，少なくとも私が担当する授業を履修している学生たちの多くにとって「すぐ役に立つ」こととしては認識されていないことの1つである。昨今の学生は課題やアルバイト，推し活と本当に忙しい。そのような多忙な学生に，目下「役立たない」（と学生自身が感じている）ものに取り組む意義を実感してもらうことはできるのだろうか。これはなかなかに難問である。私自身は，曲がりなりにもアカデミアの一員であり，専門書を読むことで世界の見え方の解像度が上がったり，アウトプットの質が変わったりという実体験がいくらでもある。とはいえ，「専門書を読むと何が嬉しいかというと……」と教員が独善的にいくら説明しても，今目の前にいる学生たちの心には響かないだろう。

　そのように考えていたこともあり，私はそれまで講読を軸とした授業設計を敢えてしてこなかった。しかしながら本企画の声がけをいただいたとき，「専門書の講読を軸に，その意義を感じられるような授業設計はできるのではないか」と，その難問に挑戦したい気持ちが沸々と湧き上がってきたのである。果たして「専門書（学術分野に関わる本）を読むことで，世界の見え方の解像度が上がる/アウトプットの質が変わる」という〈体験〉を授業で生み出せるのだろうか。本稿はこの問いに対する実験の記録である。

## 2　授業の設計

### （1）対象授業

　実験の対象とした授業は実践女子大学人間社会学部人間社会学科の「演習IIB」(2)（後期2単位・必修）である。当該科目は2年生をランダムに5クラスに分け，一クラスあたり20〜23名で実施する必修の基礎演習科目となっている。本授業のシラバスは全クラス共通で，その到達目標「批判的に文献を読み込む，

（2）　学科の学生は，心理学・社会学・メディア論などを中心に学んでいる。

建設的な議論をするといった力」および「課題の発見，課題解決のための資料・データの収集，分析を主体的かつ行動的に行い，状況に応じて協働する能力」を身につけることとなっているが，この到達目標達成のための授業設計は各担当教員に委ねられている。本講では，特に言及しない限りは2021年度の授業・学生の様子について述べるが，折に触れて2022年度授業での学生の様子も紹介する。

## （2）課題文献の選定

　私の現在の専門は科学技術社会論（STS）と呼ばれる学問領域である。STSでは，科学技術と社会のインターフェイスに発生する問題について人文・社会科学の方法論を用いて探求する。その中で私の主な研究上の関心は，科学技術イノベーションプロセスへの市民関与，とくに科学技術の専門家だけでない多様な立場の利害関係者との対話のあり方についてである。近年，科学技術イノベーション政策の文脈において，科学技術に関する倫理的・法的・社会的課題/含意（ELSI: Ethical, Legal and Social Issues/Implications）のをめぐる対話の重要性が注目されるようになってきている領域だ（藤垣編 2020）。

　課題文献の選定にあたっては，専門的な議論の入口として学生にELSI対話をうながしうる書籍であることを第1に考えた。そのうえで，履修学生には読書習慣がない学生が多いと予想されること，授業で使用する教科書がクラスによって異なること等を鑑み，税込1,000円を超えない新書から課題図書を選ぶこととした。

図表 8-1　小林 亜津子（2011）『はじめて学ぶ生命倫理——「いのち」は誰が決めるのか』ちくまプリマー新書の目次構成

| |
|---|
| 第1章　いのちの「終わり」は誰が決めるのか |
| 第2章　子どもの医療は誰が決めるのか |
| 第3章　判断能力は誰が決めるのか |
| 第4章　いのちの「質」は誰が決めるのか |
| 第5章　双子の生死は誰が決めるのか |
| 第6章　いのちの「優先順位」は誰が決めるのか |
| 第7章　いのちの「始まり」は誰が決めるのか |

　そうして選定した課題文献が，小林亜津子（2011）『はじめて学ぶ生命倫理——「いのち」は誰が決めるのか』（ちくまプリマー新書）である。当該新書は生命倫理の入門書として位置づけられるもので，STSの入門書ではない。しかしな

がら，書籍の中で取り上げられている事例はいずれも医療技術等の高度化と密接に関わっており，生命倫理だけでなく，当該医療技術のELSIについて広く議論することが可能である。また以下の7章で構成されており，各章のおわりに筆者から読者への問いかけがあることも，当該新書を課題文献として選んだ理由の1つである。

## （3）授業の進め方

　学生には授業の目的を「専門的な学びの入り口となる新書を読み，自ら調べ，対話を通して考える力を養う」ことであると説明した。本実験の目的である「専門書を読むことで，世界の見え方の解像度が上がる／アウトプットの質が変わることを体験できるか」については，学生に誘導をかけてしまうリスクを考え，あえて秘匿した。(3) 本授業では受講学生22ないし23名を5，6名からなる4グループに分け，最後まで同一グループで活動した。

　具体的な授業の進め方は2021年度・2022年度ともに図表8-2の通りである。おおまかには前半が課題文献のグループ講読，後半は講読を生かしたアウトプット制作という二部構成となっている。なおCOVID-19の緊急事態宣言下であったことから2021年度の第1～2回はオンライン授業（オンデマンド+Zoom双方向），緊急事態宣言が解除された第3回以降および2022年度授業はすべて対面で実施した。

　初回ガイダンスでは学生にとってはおそらく初めて耳にする言葉だと思われる「ELSI」についての導入講義を行うとともに，「いのち」に関わるテクノロジーをめぐるELSI対話が本授業で扱うトピックであることを説明した。そのうえで，関連するトピックス6つを提示・説明し，(4) 各トピックに対する現時点での認識や考え方，意見などを次回の授業までにオンラインホワイトボードに

---

（3）　学生には全14回の授業終了後に本実験について説明し，成績とは完全に無関係であること，匿名化することを明確にしたうえで，授業記録の利用承諾を得た。
（4）　提示したトピックスは「終末期医療（と炎上した「人生会議」啓発ポスター）」「デザイナー・ベイビー（ゲノム編集ベイビーの誕生含む）」「モラル・マシン（自動運転技術のトロッコ問題/AIによる命の選択）」「再生医療（キメラ移植/ヒトクローン含む）」「COVID-19 mRNAワクチン（開発プロセス/リスク分配など）」「中絶（条件/同意/方法，日本における経口中絶薬の承認）」の6つである。

図表 8-2　授業の進め方（全14週）

| | 授業の内容 |
|---|---|
| 導入<br>（第 1 ～ 2 週） | ガイダンス＆導入講義——ELSI対話とは何か<br>プレディスカッション——現時点での認識・考えを可視化する |
| 課題文献の講読<br>（第 3 ～ 9 週） | 1 週間で 1 章ずつ， 7 週間で 1 冊を読み終える<br>●全員がそれぞれ読んで，読書ノートを作成する<br>●章ごとに決めた「ディスカッションリーダー」が司会となり，メンバーの読書ノートを共有しながらELSI対話を行う<br>●どのような対話がなされたかをグループごとに発表する<br>●教員からのフィードバックを行う |
| ELSI対話啓発<br>メディアの制作<br>（第10～12週） | 学びを生かして，今を読み解く——ELSIトピックスの再議論<br>メディア制作（冊子/ポスター/リーフレット/動画など）<br>発表＆相互批評 |
| まとめ<br>（第13～14週） | 全体の振り返り<br>総合討論——専門書を読む意義は？ |

　付箋を貼っておくことを課題とした。第 2 週の授業では，事前にそれぞれがオンラインホワイトボードに貼っておいた付箋の内容を共有しながら，各トピックに対する現時点での認識や意見・立場，どのような社会的議論があると思うかをグループで話し合ってもらった。[5]

　第 3 週以降からスタートさせた課題文献のグループ講読では， 1 週間で 1 章ずつ， 7 週間で新書 1 冊を読み終えるようにペースを設定した。また章ごとにレジュメ担当者を設定するのではなく，毎週全員がそれぞれ読書ノート（図表 8-3 ）を作成し，当日のディスカッションリーダーを章ごとに割り振る形式を採用した。[6]

　授業当日は，事前に作成したグループメンバー全員の読書ノートを参照しながら，ディスカッションリーダーがグループでの議論進行・まとめを行うよう

---

（5）　いずれのトピックスも課題文献が出版された2011年以降に関連技術の進展やそのELSI的論点がマスメディアで報道されたことがある話題であったが，「よく知らないので，自分の意見と言われても特にない」「ディスカッションは難しい」と戸惑いを見せる学生が多くみられた。

（6）　レジュメ担当者を決めてしまうと当該章を読まずに授業に参加し，当日のディスカッションが成立しなくなる（議論に参加できない学生が一定数発生する）リスクがあったため，この形式を採用することとした。2021年度・2022年度ともに授業アンケートで学生から「（レジュメ担当制だったら担当章以外は）ここまできちんと読まなかった」「全員が読書ノートを作成しているのでディスカッションリーダーに頼りすぎずに議論できた」という感想が多数寄せられており，少なくとも本授業に関してはこの形式がうまく機能したのではないかと思われる。

図表 8-3　読書ノートの書式指定（実際に授業で学生に提示した資料より抜粋）

---

**第X章　タイトル（pp. xx-xx）**
**■概要**　#該当章を100-200字で簡潔に要約してくあさい。
**■キーワード**　#各章には重要な概念やキーワードが登場します。それを書き出しましょう。必要に応じてその用語の意味を補足説明してください。（特に，あなた自身が初めて知った用語については必ず補足説明をしましょう。）
**■本章の内容**　#節ごとに内容をまとめましょう。できるだけ箇条書きで，（→，⇒，↓）や記号（∴，∵，※，★，等）をうまく使いましょう。特に重要だと思った点はアンダーラインや太字を使ってもOKです。
**■本章の内容に対するあなたの疑問，意見，考え**　#納得できなかったこと，共感すること，自分ならどう考えるのか等を自由に書いてください。本章のどの箇所に対するコメントなのかを他人が読んでもわかるよう，何ページ何行目に対する意見かわかるように書くと良いです。可能であれば，個人としてどう考えるかに加え，倫理的（E）に考えた場合，法的（L）に考えた場合，社会（S）に与える影響はどうか，といった視点からも自分なりにコメントしてみましょう。
**■関連ニュース等**　#本章の内容と関連すると思われるニュース，作品，事例，本書（2011）以降におきた国内外での大きな動き等を調べ，その出典を列挙してください。特に関心を持ったことや他の人と議論してみたいことには印をつけましょう。
**■ディスカッション！**
　**共通**　#標葉から毎回ディスカッションテーマを指定します。そのテーマについてのあなたの考えを書いてください。
　**グループ独自**　#ディスカッションリーダーは，授業当日グループで議論したい論点を決めてきてください。議論当日，ディスカッションリーダーから提示し，その場で議論したことをレジュメに追記してください。

---

※Google Docsで作成。グループメンバー同士は閲覧・コメントできる。

指示した。なお議論のメリハリをつけるため，グループディスカッションは2つのセッションに分けて実施した。すなわち，当該章についての理解や疑問点等の共有およびディスカッションリーダーが提示するグループ独自の論点での議論を行うセッション1と，教員から事前に提示されたグループ共通の問いかけに対する議論を行うセッション2である。セッションごとに各グループでどのような議論をしたのかをそれぞれのディスカッションリーダーから発表してもらい，その議論内容を板書しながら共有するとともに，教員がELSIの観点から補足説明した。

　新書1冊を読み終えた第10週以降は，導入で提示した6つのトピックスをもう一度とらえ直すとともに，その中から学生自身でテーマを選択し，当該テーマに関する「ELSI（対話）啓発メディア」を作成・相互評価するアウトプットフェーズとした。最後のまとめフェーズでは，それまでの一連の活動をグルー

図表 8-4　当日の議論の進め方（実際に授業で学生に提示した資料より抜粋）

ディスカッションリーダーが司会となります。

※司会とは別に書記係も決めておくと良いと思います。

---

セッション 1
① 全員の理解度のすり合わせ（第 4 章の内容／キーワード／重要な論点の確認）
② それぞれが特に気になったこと／関連ニュース，疑問，意見，考えについて紹介し，互いにコメントする。
③ ディスカッションリーダーが提示するテーマ（独自）でのディスカッションを行う。
⇒　各グループの議論をクラス全体に共有＆フィードバック
セッション 2
① ディスカッションテーマ（共通）について議論する。
⇒　各グループの議論をクラス全体に共有＆フィードバック

---

プで振り返るとともに，「専門書を読む意義」を問いかけ，個人で提出する最終レポートの課題とした。

# 3　議論の記録
## ——学生はグループ講読にどう取り組んだのか

　グループ講読開始当初は遠慮がちだった学生たちも，講読 4 週目（第 6 回授業）になると読書ノートの書き方やグループディスカッションの要領を得たのか，授業内での学生の議論も活発になされるようになった。そうしたこともおそらく影響があったと思われるが，授業最終回でどの章／エピソードが特に印象に残っているのかを尋ねた際に，多くの学生が挙げていたものの 1 つが「第 4 章 いのちの「質」は誰が決めるのか」であった。私自身が講読を軸に設計した授業の手応えを感じたのもこの章であったことから，本稿では学生がどのようにグループ講読に取り組んだかの記録として，第 4 章での学生の議論を紹介したい。

## （1）デザイナー・ベイビーは SF じゃない
　第 4 章「いのちの「質」は誰が決めるのか」は，精子バンクを利用した AID（非配偶者間人工授精）や死後生殖などの事例を取り上げながら，親が子の形質・遺伝的特性を「選ぶ」こと，いわゆるデザイナー・ベイビーは許されるの

か，生まれてきた子どものアイデンティをめぐる問題とは，といった問いを読者に投げかける章である。

　　本にも書いてあったけど，生まれてくるすべての子どもは自分で自分のいのちの「始まり」も「質」も決めることはできない。ましてや，誰かによっていのちの質があらかじめ決定されて生まれてくるものでもない。けれど，そこを揺るがしてしまう生殖補助医療がすでにあるってことをそもそも知らなかったし，そのことの意味なんて考えたことがなかった。（Aさん）

　　自分はまだ20歳になったばかりだし，正直，妊娠・出産については「いつかはするだろう」程度にしか考えていなかったため，背が高いとか，頭がよいとか，見た目がよいとか，高収入だとか，そんな理由で精子バンクからドナーを選ぶなんて，どこかSFのように思っていた。でも関連ニュースを調べたらSNSで精子売買されているってあって，実際にSNSで検索したらいっぱい出てきて，値段がついていて，すごく怖くなった。人間じゃないみたい。（Rさん）

これらは，授業の冒頭で本章を読んだ感想を聞いた際の学生の発言記録の一部である。他にも同様に，「よく知らなかったからこそ衝撃を受けたし，読書ノート作成のためにはじめて真剣に考えた」と話す学生が大勢を占めていた。
　セッション1のグループディスカッションではまず，当該章に登場する重要なキーワードや論点，近年の関連ニュースなどをグループ内で確認・共有したのち，ディスカッションリーダーが提示したテーマでのグループ議論をおこない，次にそれを全体で共有する形をとった。各グループで確認したキーワード等は図表8-5の通りである。以降，各グループの議論の様子をいくつか抜粋して紹介する。

**図表 8-5　第４章を読んで学生たちが議論したキーワード・関連ニュース・論点**

（上2021年度，下2022年度）

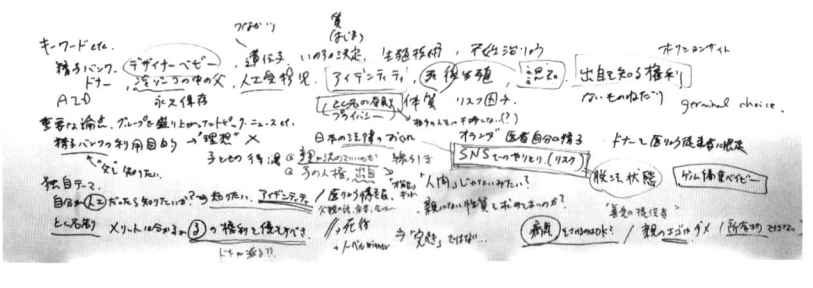

## （2）子の「出自を知る権利」と「アイデンティティ」

　2021年度・2022年度のどちらでもグループ独自のディスカッションテーマとして取り上げたグループがあったテーマの１つが「もし自分が精子バンクで生まれた子どもだったら，その事実や父親について知りたいか」であった。2021年度・2022年度ともに，当該テーマでディスカッションしていた学生たちの意見は初めから「知りたい」で一致しており，ディスカッションが早々に終わるような気配をみせていた。

　そこで私からそのグループに対して「なぜ，知りたい？　何を知りたいのだろうか？」と問いかけてみた。そうすると学生たちは口々に「自分の出自が半分しかわからないとアイデンティティ喪失につながるから」と言う。課題文献の中で，子どもの「出自を知る権利」や「アイデンティティ」について言及されていたため，ただそれを表面的になぞって回答しているようにも思われた。AIDで生まれた事実や父親についての情報が隠されていたら，なぜ自分が何者かという認識が揺らいでしまうのだろうか。そこに「血縁」や「自然な生殖」

をあるべき善とする無意識の前提があるのではないか。そうした観点について，この段階では学生たち自身が掘り下げていくことはなく，グループの議論は「何を知りたいか」へと移っていった。

　議論の中で学生たちは，「知りたい」という意見は同じでも，「何を知りたいか」にはどうやら違いがありそうだということを自分たちで明らかにしていった。以下は2021年度のあるグループの学生の発言である。

　　私は父親の顔もだけど，持っている遺伝子とか病歴とか，才能とか，体質とか，身長とか，そういう情報が知りたい。将来のリスクとか，こんな感じになるというか。「未来」の自分の可能性を知ることにつながると思うから。（Fさん）

　　私はそういうの（いわゆる遺伝的特性）は知りたいとは思わない。親がこうだから〇〇は諦めなさいって言われたくないし。でも，精子バンクで生まれたって事実や父親がどんな人なのかっていう情報は知りたい。そういう意味で日常の写真とかエピソードとか，精子ドナーになった理由とか。私が知りたいのは，自分につながる「過去」なのかも知れない。（Dさん）

Fさんも Dさんも，それぞれ自らのアイデンティティを喪失しないために父親について知りたいと言う一方で，知りたいことの内容が少し異なっている。彼女らはその違いを「未来」と「過去」という対比される言葉で表現したのである。Dさんはその日の出席票で以下のように授業の感想を書いていた。

　　グループで議論していて，同じ結論であっても，理由やその結論に至るまでの考え方が人によって違うことが面白かった。グループみんなが同じ本をしっかり読んできて，その感想をきちんと言語化しようとしたからこそその違いがわかったのだと思う。みんなで本を読むということが楽しいと感じた。（Dさん）

　Dさんは初回の授業で「普段本を読まないし読みたいと思ったこともほとんどない」と発言していた学生である。そのDさんが「みんなで本を読むということが楽しい」との感想を書いたのだ。Dさんのこの感想は仮に教員へのリップサービスを含んでいたとしても，とても嬉しく，いくばくかの手応えを感じさせてくれるものであった。


### （3）どこまでが「親のエゴ」なのか

　第4章のグループディスカッション（セッション1）で，多くのグループが口にしていたのが「親のエゴ」という言葉である。2021年度も2022年度も，ほとんどのグループで「親のエゴでのAID利用はダメだが，そうでないのであればむしろ積極的に容認されるもの」との"合意"が，いとも簡単に形成されていった。残念ながら学生たち自身によって掘り下げられることはなかったものの，その"合意"に至る学生たちの議論には非常に面白い観点がいくつも含まれていたように思われる。

　以下はその一例として，「親のエゴによるAID利用はダメ」というグループ合意に至ったあるグループでの議論の一部を当日のメモをもとに再現したものである。


　　　Hさん「不妊夫婦や同性カップルにとっては，無くてはならない技術だし，
　　　　　　精子バンクはあって然るべき。でも，理想の子が欲しいみたいな，
　　　　　　親のエゴでの利用はダメ」
　　　Iさん「でもさ，結婚して子どもが欲しいって相手を選ぶときも好みのタイプがあるわけじゃん。なんで精子バンクから好みのタイプを選ん
　　　　　　じゃダメなの？」
　　　Hさん「ああ，そうか。うーんでも，やっぱりそういう場合と精子バンク
　　　　　　から選ぶのとでは違う気がする。結婚相手を選ぶときは，才能とか
　　　　　　見た目とかを完全に好きに選べるわけじゃない。相手にも選択権が
　　　　　　あるっていうか，なんだろう，うまく言えないけど，結局完全に
　　　　　　「子どもに遺伝して欲しい条件だけで選ぶ」ことにはならない。で

　　　　も精子バンクだと好きに選べてしまう。そうすると見た目も良くて
　　　　優秀な父親の精子から100人とかの子どもが生まれていても不思議
　　　　じゃない」

　　Ｊさん「そうそう。だから精子バンク利用で親のエゴを許したら，みんな
　　　　優秀なのを選んで，生まれてくる子の個性がなくなってしまう」

　　Ｉさん「確かに。画一的になってしまう。それは不自然だね」

　　Ｋさん「うん。親のエゴはダメ」


　子どもを産むことと結婚が当たり前に繋がっているのだなという点はとりあえず置いておくとして，なるほど，どうやら多くの人に共有される画一的な「優秀さ」や「望ましい形質」があるということは，学生たちの間では暗黙の了解として扱われるもののようであった。実現可能なのであればその画一的な理想を実現しようする人は多いはずである。つまり，多様性やその人らしさ（個性）が大切というがそれは建前で，本音では画一的な理想を求めることは「自然」な欲求であるということだろうか。一方で，その「自然」な欲求が実現してしまった世界は「不自然」なのである。

　さまざまな論点での議論展開が可能な学生たちの議論に，つい個別に色々と質問したくなる気持ちをぐっと堪えつつ，私からは以下の一点について，学生たちに問いかけた。


　　標葉「精子/卵子を選別する理由として許されない「親のエゴ」って具体
　　　　的にはどのようなものだろうか？」


この一点に絞った理由は，セッション２のディスカッションに移る前に，学生たちの言う「親のエゴ」をめぐる議論の粒度を細かくしておきたかったからである。

　私からの問いかけを受け，改めてグループで「精子／卵子の選別」理由としてなにが親のエゴでなにはエゴではないかを議論してもらった後，クラス全体で再議論した結果，学生たちは以下のような線引きを提示した。

① 病気や障がいを回避するのは親のエゴではない（そのための精子／卵子の選別はまったく問題ない）

② 不妊カップルや同性カップルが自分たちに似た特徴（人種・身長・体型・学歴・才能）を求めるのは親のエゴではない（そのための精子／卵子の選別は許される）

③ 性別は親のエゴだが場合によっては許される

④ 特に才能・見た目に関して，自分（たち）にない特徴を求めるのは親のエゴであり許されない

　ざっくりと言えば，「治療」「救済」としての精子／卵子の選別は許されるが，「便宜的利用」での精子／卵子の選別は許されないのではないか，というのが学生たちの主張のようであった。なおお議論中に意見対立があったのは③に関してのみであり，①，②，④に関してはどのグループでも驚くほど意見の対立をみなかった。③性別の選択で最後まで意見が対立していたのは，「本来は望ましいことではないが，生まれてくる子の性別プレッシャーからの救いが必要な場合もあるのではないか」という考えに共感を示す学生が一定数いたためであった[7]。

　さて，学生たちが「許されないエゴ」として断じた④について，いくつかのグループでは，生まれてくる子どもに「成功作」「失敗作」とのラベリングがなされてしまうことへの懸念が指摘されていた。本当にその形質・能力に恵まれるかどうかはわからないにも関わらず，特定の形質・能力を発現することを過剰に期待されてしまうことの弊害を考えるべきであるという。

　　親の思うままのように作られた子どもは，成功作・失敗作といった基準で振り分けられるのではないだろうか。親の期待通りに生まれた子供は，その能力を生かすことばかりに育て上げられる予感がする。逆に期待どおり

---

（7）　授業時間内ではこの点を深く掘り下げられなかったが，女子大学の学生が「後継である男子を産むことを求められる家業もあると思うし……」と発言し，その発言に共感を示す学生が一定数いることに，彼女らが受けてきたある種の社会からの抑圧を感じずにはいられなかった。

でなかった場合，育児放棄や虐待などの社会問題が増加するのではないか
と感じた。（Sさん）

　AIDの便宜的目的での利用によって「失敗作」のラベリングがなされてしま
うという指摘はとても重要な指摘である。科学技術の進展は著しく，ある特定
の形質・能力を遺伝子操作によって任意にコントロールすることが可能になる
未来はそう遠いことではないかもしれない。しかしながら，すべてが望み通り
の子どもを「つくる」ことなど到底不可能であろう。学生が思うほど簡単に人
間の「有能さ」を指標化できるとも思わないし，操作可能な少数の遺伝子配列
に人間や社会が求める「有能さ」を落とし込めるものでもないだろう。確かに，
生殖補助医療の便宜的目的での利用は「失敗」するリスクが高いと言えるかも
しれない。

　では，求める形質・能力が発現する成功確率が高い技術があれば許されると
彼らは考えるのだろうか。それとも成功確率にかかわらず，やはり許されない
と考えるのだろうか。許されないとしたら，それはなぜだろうか。病気や障が
いを避けることをなんら躊躇いなく無邪気に「善いこと」という彼女らが，優
生学や新優生学をめぐる議論に向き合うとき，何を考えるのだろうか。学生た
ちの議論を聞いていた私はそのようなことを考えながら，学生には「ここで自
分たちが引いた線の意味を考えながら，次のセッション2（事前に提示した共通
テーマでのディスカッション）に取り組んでほしい」と伝え，セッション1を終
了した。

## （4）自分の中にある「無意識の偏見」に向き合う

　セッション2は，事前に提示していた共通テーマでのディスカッションであ
る。第4章はAIDを中心にデザイナー・ベイビーについて考えるものであった
が，当該書が出版された2011年以降も生殖補助技術やその研究は著しい進展を
見せている。その結果，新優生学などに象徴されるように，生まれてくる子ど
ものいのちの「質」をめぐる議論はより複雑になってきている。こうした背景
を踏まえ，私からは共通テーマとして近年の生殖補助技術やその研究からいく

つかを抜粋し，それぞれの技術・医療行為に対する学生自身のスタンスとその理由を問う事前課題を出していた。

　そこでセッション 2 では，学生たちが事前課題として考えてきたこととセッション 1 での「親のエゴ」の線引き議論を踏まえながら，グループディスカッションを実施した。紙幅の都合上そのディスカッションの様子をすべて詳らかにすることはできないため，ここではその日の出席票に多くの学生が記載していた内容に焦点をあてて記述することとする。それはすなわち，「自分の持っている無意識の偏見への気づき」である。その気づきが，彼女らがセッション 1 で躊躇いなく簡単に引いてしまった線に揺らぎと迷いを生じさせたようであった。

　セッション 2 では，彼女らの持つ「無意識の偏見」への気づきを促すために私から意図的に問いかけを行った点がいくつかある。ここではそのうち二点について紹介したい。

　まず 1 つは「障がい者差別」の視点である。セッション 2 の冒頭で私から学生たちに「心身の障がいを持って生まれてくる子の「生命の質」を低いものとし，生きるに値しないと断じることに本当に問題はないのか，ナチスの優生学と何が違うのか」と問いかけた。また「生きにくさ」は社会がつくっているとは考えられないだろうかとも問いかけ，「障がいは社会の側にある」という障害の社会モデルについても紹介した。

　私からの問いかけを受けて学生たちは再び線引きを見つめ直した。その結果，「染色体／遺伝子異常を持った受精卵の選別」に関して「親が望めば原則できるようにするべき」のスタンスを崩さないグループ，「できる限りすべきではないが諸般の事情により例外的に認められるケースが出てきても仕方がない」へと考えが移行したグループ，「社会として認めるべきではない」との強固な反対へと変わったグループとに分かれる結果となった。以下は「親が望めば原則できるようにするべき」のスタンスのまま変わらなかったグループの学生のコメントである。「障がい者差別」という視点が追加されたうえで，それでもなお葛藤して容認を選んだことが窺えるのではないだろうか。

私は遺伝子治療も増強も障害の回避も，すべての遺伝子操作を親のエゴだと認めたうえで，それでも何不自由ない健康な体で子どもが生まれてくるためのデザインは，大手をふってとはいかずとも，消極的容認はされてもいいのではないかという意見をもつようになった。障害をもつ者に対して，現在の社会やそこに生きる人々は冷たく厳しい印象をもっている。私はもしも親として子どもを産むことになったとして，その子どもに先天的疾患があると判明したら，私は私のエゴで子どもに生きやすい体を押しつけてしまうだろう。（Tさん）

　もう1つは，「血縁」や「自然な生殖」をあるべき「善」とする無意識の前提があるのではないかという視点である。生殖補助医療の進展は不妊で悩むカップルにとって福音となる技術とされている。自分やパートナーに似た子／遺伝子を受け継いだ子が欲しいという欲求は「自然」な欲求であるということに疑いの目を向ける人はそう多くないだろう。実際，授業の中で学生たちがそこに疑いを抱くことはなかった。「幸せな家族のカタチ」は多様であるというならば，血縁関係のない特別養子縁組や里親制度もまたその多様性の中にあるはずである。しかしながら子を望む人が妊娠・出産することのできる身体を持たない場合，海外では体外受精で得られた受精卵での代理母出産や子宮移植なども現実になってきている。このとき，多大なリスクを他者に負わせてまで求めるものは一体何なのだろうか。

　先生から指摘されて初めて，自分は当たり前に血縁にこだわっていると気づいた。あまりに前提になりすぎていて，そこを疑ったことがなかった。でも，みんな同じだったのでは。だとすれば，それはやはり自然な要求だし，「親のエゴ」ではないって私は思ってしまう。それが倫理的に正しいのかはわからない。（Kさん）

　最初に自分たちに似たドナーからの精子／卵子の利用や体細胞から生殖細胞を誘導する基礎研究があるという話を聞いたとき，とても素晴らしいこ

とだと思った。血のつながりがあってもなくても「親子」なのではないか
と思っているが，心のどこかでは血がつながってこそ親子だと考えている
のかもしれないと思った。（Fさん）


　私からの問いかけは学生たちの意見や命の線引きのラインを変えることを求
めたものではない。命の選択という正解のない問いに答えるにあたり，学生た
ちに葛藤や迷いを感じて欲しかったのだ。結果として学生たちは自分の中にな
る「無意識の前提」に向き合っていたようであった。


## （5）脱線したのではなく，むしろ繋がったのだ

　さて第4章では死後生殖の事例として，白血病で死んだ夫の凍結精子から夫
の死後数年後に「夫の子ども」を出産した女性の話が取り上げられていた。こ
れを受け，あるグループのディスカッションリーダー（Mさん）がセッション
1で「自分が卵子凍結をしていたと仮定し，死後に"親になる"ことは有りか
無しか」とのテーマを提示し，ディスカッションをおこなっていた。このグ
ループの議論で興味深かったのは，「親による生まれてくる子のいのちの「質」
への介入はどこまで許されるのか」という第4章の主題からは一見離れながら
も，それまでの章（第1～3章）で取り上げられていた論点の1つである「自
己決定権」の適用範囲をめぐるディスカッションへと自然に発展していったこ
とである。

　グループの議論ではまず，そもそもなぜ生前に卵子を凍結していたのか，そ
の理由に焦点が当たった。きっかけは，Oさんの以下のような発言であった。


　　卵子バンクにドナーとして卵子提供するために凍結していたのなら，第三
　　者による死後利用はもちろん有りだと思うけれど，自分で妊娠・出産する
　　つもりで凍結していたのなら，自分じゃない人が自分の卵子を使って子ど
　　もを産むのはちょっと嫌かもしれない。（Oさん）


死後生殖が有りか無しかはそもそも自分がなぜ卵子を凍結していたのかの理由

図表8-6　自分が卵子凍結をしていたと仮定し，死後に "親になる" ことは有りか無しか

| | | 死後に誰が利用するか | |
|---|---|---|---|
| | | 自分のパートナー | 第三者 |
| 卵子凍結の理由 | 卵子バンクにドナーとして提供 | 無し | 有り |
| | 自分で妊娠・出産するために保存（生前はドナー提供の意思なし） | 無し | 無し |

に左右されるという。Ｏさんのこの指摘にテーマを提示したディスカッションリーダーのＭさんも同意し，いくつかの場合分けが試みられた。その結果が図表8-6である。

　このグループでは，自分の意思で卵子バンクにドナーとして提供していた場合のみ，自分の死後に第三者がその卵子を利用して子を産むことは「有り」だが，それ以外のケースでは死後に親になるのは「無し」だという意見で一致していた。議論の中で，どうやら「有り」か「無し」かを分けるのは自分が明確に意思表示をしていたかどうかなのではないかということに気づいたＰさんが，「臓器提供の可否について意思表示しているか」という素朴な疑問を発したことにより，このグループの議論は怒涛の展開をみせていくこととなった。

　このグループで臓器提供の可否についての意思表示をしているのは5名中1名のみであった。臓器提供の合意について日本ではオプトイン形式が採用されているが，海外ではオプトアウト形式を採用している国もある。たまたま他の授業でその話を聞いたことを覚えていたというＰさんが，「仮に日本でもオプトアウト形式だったとして，明確に拒否の意思表示をしていないと死後に臓器を使うことに同意したものとして扱われるが，それも「無し」か」とグループメンバーに問いかけた。それに対し，臓器提供の可否について意思表示していなかった4名の学生含む5名全員が「（生前に明確な意思表示をしていなくても）臓器提供は別に構わない」と回答した。

　オプトイン形式での生前同意無しの卵子提供は絶対に嫌だというのがこのグループでの一致した意見であった。それに対して，臓器提供であれば生前の同意がなくても構わないという。なぜそのような違いが生まれるのだろうか。グループの議論の中心は「卵子」と「臓器」との違いへと移っていった。

臓器は身体の一部というか言葉は悪いけど部品というか，でも卵子は「いのち」になるからかも。自分の遺伝子を次の世代に繋ぐっていうのは，明確に自分の意思がなければならないことだと思う。さすがにそれは自分で決めたい。（Qさん）

　自分の身体に関わることを自分で決める。「自己決定権」は，第1章から第3章でも繰り返し登場するキーワードの1つである。グループの議論は，死後の身体・卵子利用の話を超え，死後に「自分」が勝手にバーチャルで復元されることについてどう思うかという議論へと展開していった。

　　Mさん「じゃあさ，身体ではなくて，死後にAIで言動とか映像とかを復
　　　　　元されちゃうのは？　AI美空ひばりみたいに，バーチャルで生きて
　　　　　いるようになるやつ」
　　Nさん「絶対に嫌！　私じゃないのに私のように振る舞い，それを「私」
　　　　　だと残された人が思うなんて」
　　Oさん「私も嫌。ああいうのは，それこそ歌手とかのパフォーマンスの再
　　　　　現に留めるべきで，パーソナリティまで無断で復元しちゃうのは違
　　　　　うと思う」
　　Qさん「わかる。決めるのは自分。死後にAIで誰かに勝手に復元されて
　　　　　いるかもしれないと思うと怖すぎる」
　　Rさん「自分については自分で決めるって先週やったよね。なんだっけ」
　　Pさん「あーそうだ，自己決定権だ」

　あとで聞いたが，死後生殖をテーマに挙げたディスカッションリーダー自身は，まさか当日の議論が「そっちに行くとは思っていなかった」そうだ。

　　独自のディスカッションテーマを考えるのが正直難しくて，本で「死んだ
　　夫の凍結精子」ってあったから，じゃあ自分が死んだときの凍結卵子だと
　　どうなのかなって。（第4章の内容とは）離れたテーマにしてしまったと

思ったけど，それが前の章で出てきた話と繋がったのがすごくびっくりした。そっか，繋がるのかって。（Mさん）

　彼女らは，これまでに読んできた章で出てきたキーワードが直接書かれていなくとも関連しているということに「脱線」を通して気づいたのだ。第1～3章までの議論では，このグループはどちらかと言えば大人しく，淡々と読書ノートに書いてきたことをただ共有する時間のほうが多いようなグループであった。しかしながら第4章でのこの気づきをきっかけに，第5章以降の彼女らのグループは読書ノートを作成する際もグループディスカッションをする際も，積極的に他の章で扱ったキーワードとの関連性を議論するようになっていったのである。

　もちろんここまで劇的な変化があったグループばかりではない。ただ2021年度・2022年度ともにいくつかのグループが，第4章・第5章以降から当該章に出てくるキーワードだけでなく今までの章で扱った概念や自分たちの気づきとの関連性をディスカッションの中で探るようになっていった。授業時間の都合上，学生の議論を中断させなければならないことも増えていった。本をほとんど読まないと言っていた学生たちのグループ講読が自走するようになっていったのである。そこに学生たちの大きな成長を感じずにはいられなかった。

## 4　専門書を読むことの意義
### ──学生は自分たちの取り組みをどう振り返ったのか

　学生たちは7章すべてを読み終えた後，導入で提示した6つのトピックスをもう1度とらえ直すとともに，その中から学生自身でテーマを選択し，当該テーマに関する「ELSI（対話）啓発メディア」を作成・相互評価するグループ活動を3週にかけて行った。その後最後の2週で学生たちは，グループ講読とメディア制作というそれまでの一連の活動を振り返った。図表8-7は，学生たちにグループで振り返ってもらったことをクラス全体で共有した際のホワイトボードの写真である。

図表8-7　学生たちによる授業全体の振り返りを共有した際のホワイトボード
（上2021年度，下2022年度）

　両年度とも本を読む習慣がないという学生たちが大勢を占めるクラスであったが，多くの学生が1冊を読み切った達成感が気持ちいいと振り返っていた。1週間で1章ずつというペースについては，最初は読書ノートの作成にかなり時間がかかり，何度も章を読み返すことにも慣れておらず大変だったという。しかしながら，回を重ねるごとに自分のペースができ，グループ講読が楽しくなっていったとのことであった。

　　最初は関連するニュースが見つけられなかったし，疑問点や自分の考えも何を書けばよいのかわからなった。でもグループ講読を進めていくうちに，自然と関連ニュースが目に入るようになり，他の授業で聞いた話との関連性にも気づけるようになった。毎回全員が読書ノートを作成し，全員で議論できたことがよかった。おかげで視点が広がっていったし，自分の考えを言語化することの感覚が摑めていったように思う。（Uさん）

　　大学生になると，主にパソコンでの情報収集など，パソコンでの作業が増える中で，目で文字を追い，ひとつひとつを理解し，自分の知識が増えて

いく感覚，読みながら疑問に思って調べたり，共感したり，その感覚の楽しさを得ることができた。（Wさん）

　最後に改めて授業冒頭で示した6つのELSIトピックについて考えてもらい，「専門書を読むことの意義をどう思うか」と問いかけ，本授業の締めくくりとした。これに対し学生たちは，6つのトピックスについて考え方が変わったもの・変わらなかったもののどちらもあるとしながら，専門書のグループ講読を通した自らの変化を振り返って「トピックスの解像度が上がった」「自分とは異なる立場・意見の人たちの存在・背景がみえるようになった」「それまで漠然としていた自分の考えを言語化できるようになった」とまとめていた。以下は最終回授業のある学生の出席票に書かれた内容の一部抜粋である。少し長いが上述の振り返りがよく表れているためここに引用する。

　　初めの方の授業で「AIに命の選択を任せるべきか」と聞かれた時，私はあくまでも参考に留めるべきだと回答したが，その理由については「やっぱり人間でないと」以上のことが言えなかった。でも授業が進むにつれ，命の選択にあたっては誰が何を基準に決めるのかが何かアルゴリズムでビシっと決められるものではないということ，多様な立場や視点があり，どの視点に立つかによって「最善の利益」が変わり得るのだということを嫌というほど思い知った。命の選択は正解がない問いだからこそ，その選択には葛藤があるべきだと感じる。人間にはそれができる。だからこそAIはあくまでも参考に留めるべきだと今ではその理由を言葉にすることができるようになった。（Hさん）

## 5　おわりに

　本稿第1節で述べたように，本実験は「専門書を読むことで，世界の見え方の解像度が上がる／アウトプットの質が変わる」という〈体験〉を授業で生み出せるか，という問いに対する試みであった。はたして本実験により意図した

〈体験〉は生み出せたのだろうか。

　その答えはイエスでもあり，ノーでもあったように思われる。本稿第3節や第4節で記述したように，本授業で「世界の見え方の解像度が上がる」経験を得ていた学生がいたと考えてもよいだろう。一方でそうした学生たちの様子はいわゆるチャンピオンデータのようなものであるとも思うのである。実際，メディア制作では課題文献での学びを活かした議論ができず，インプットとアプトプットが関連づけられなかったと最後に反省しているグループもあった。しかしながらそうしたグループに所属していた学生も「みんなで本を読むのが楽しかった」との感想を述べていたことは補足しておきたい。

　さて，本実験の課題文献である小林（2011）『はじめて学ぶ生命倫理──「いのち」は誰が決めるのか』は一般向けの入門書であり，読み手に語りかけるように書かれているためとても読みやすい。また「いのち」というテーマはもともと学生からの関心が高いテーマである。そのおかげもあっただろう。それでも学生たちは全員が毎回の読書ノートを欠かさず作成し，授業では白熱した議論をみせてくれた。その様子はまさに期待以上のELSI対話であった。普段は本をほとんど読まないといっていた学生らがこれだけ真摯にグループ講読に取り組んでくれたことをとても喜ばしく感じている。

　では学生たちは本授業の体験をもとにその先に自ら進んでいくのだろうか。たとえば，新書ではないより専門的な生命倫理の学術書や他のテーマのELSIに関わるような書籍を授業で強制されることなく読もうとするのだろうか。本授業のその先への接続には果たして何が必要なのか，今もまだその悩みは抱えたままである。願わくは，本授業を履修した学生たちの1人でも多くが何がしかの「専門書」を自ら手にとって欲しいと思う。

**参考文献**

藤垣裕子 責任編集，小林傳司，塚原修一，平田光司，中島秀人 協力編集（2020）
　　『科学技術社会論の挑戦2　科学技術と社会──具体的課題群』東京大学出版会

# 第 9 講

# 『女性の生きづらさとジェンダー』を読み，対話する

## ——埋もれた声に気付くための方法

荘島幸子（帝京平成大学）

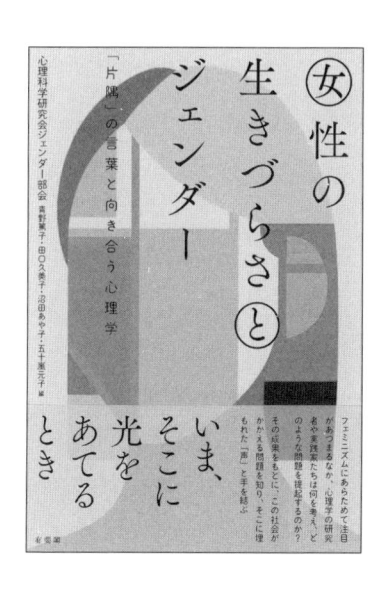

| 実施期間 | 2022年度前期 |
|---|---|
| 科目区分 | 健康メディカル学部専門科目 |
| 科目名 | ゼミ（演習）（心理学） |
| 書籍名 | 心理科学研究会ジェンダー部会（2021）『生きづらさとジェンダー——「片隅」の言葉と向き合う心理学』有斐閣 |
| 学　年 | 学部3年生 |
| メンバー | 14名 |

# 1　はじめに

　丸ごと1冊の専門書を読むことは，大学生にとってハードルが高すぎるのではないか。逆に学問に対する興味や関心を失わせることになるのではないか。漠然とそんな風に考えていた私は，これまでの授業では「おいしい部分をつまみ食い」させるような形で，研究資料や統計データを切り貼りした配布資料を使うことが多かった。視覚情報優位で活字の苦手な学生達に専門書を1冊読ませる＝輪読実践は，それをどうやって学生に読ませればよいのかと日々頭を悩ませる私自身にとっても大きな挑戦だったのである。

　私の専門は心理学であり，なかでも臨床心理学，発達心理学に主軸を置く。研究の手法としてはフィールドワークやインタビューといった質的な方法論を得意とする。担当授業の中で自分の専門性を発揮できるのは，3年生対象のゼミである。よし，輪読のフィールドはゼミに決定だ。ゼミの学生たちに専門書を読ませよう。いや，学生たちと一緒に輪読しよう。前期のゼミで掲げた目標は「1冊の専門書をみんなで読む」である。本章はゼミメンバー14名＋教員1名が輪読実践に関与した過程の記録である。

# 2　授業情報

## （1）授業の概要

　ゼミの学修内容（テーマ）は，「ジェンダーにまつわる心理学×質的手法の会得」とした。ゼミの最終目的は，各自（グループ）が研究計画を立て，調査を遂行することである。よって，輪読は前期に行うこととした。表1は，学生が年度初めのゼミ選びの参考にするゼミの案内文である。ジェンダー問題に興味がある仲間と勉強したい，どうしたら差別がなくなるのか考えたい，卒業研究で質的な方法を使いたい，などの理由で最終的に男子学生9名，女子学生5名が集まった。基本的なゼミの運営方針は，主体性を育む学生同士の運営である。適宜教員が介入を行いつつも徐々にゼミの進行を学生に任せる割合を増やして

図表 9-1 ゼミの案内文

| |
|---|
| 1. ゼミのテーマ<br>　ジェンダー，性の多様性，性教育など「ジェンダー心理学」（2年生対象）の授業で扱ったテーマをさらに掘り下げます。<br>2. 授業のすすめかた<br>　＜前期＞輪読および研究計画の立案<br>　　①下記の専門書の輪読を通じて，研究知見を習得します。<br>　　　心理科学研究会ジェンダー部会（編）女性の生きづらさとジェンダー<br>　　　──「片隅」の言葉と向き合う心理学　2021年　有斐閣<br>　　②グループでテーマを定め，発表＋議論を通じて研究計画を立てます。<br>　＜後期＞研究の実施<br>　　①研究計画を精緻化し，調査，分析，考察，発表をします。データをもとに問いを鍛え上げる訓練を行うので，発表，議論が中心となります。<br>3. 得意とする方法論<br>　質的研究法です。背景にある思想にも触れ，後期はインタビュー技法の習得を目指します。 |

いった。


## （2）選定図書

　輪読テキストとして，心理科学研究会ジェンダー部会（2021）刊行の『女性の生きづらさとジェンダー──「片隅」の言葉と向き合う心理学』を選定した。本書には不利な生活環境で生活せざるをえない人たち，マイノリティと呼ばれる人たち，身体的・精神的なハンディキャップを経験している人たち，悪条件での労働につかざるをえない人たち，労働，ワンオペ育児など，いわば社会的疎外の中で生活を余儀なくされている女性の生きづらさが描かれている。現在問題になっているジェンダーをめぐる実態を知ることができる点が第1の選定理由であった。第2に心理学の質的研究としての入門書にもなっている点である。質的研究における問いの立て方やさまざまな分析方法を知ることができるだけでなく，当事者の生の語りに触れることで具体的な問題や事例を想像しやすくなると考えた。各章の分量も多く，内容的にも社会制度や歴史，理論がちりばめられており，平易に読める本ではないが，本書を読むことで，社会の「片隅」にいる人々の埋もれた声に気づき，向き合うための方法を模索できるのではないか，そんな期待があった。

図表 9 - 2　報告担当者の役割

（2）各回の報告担当者（2－3名）の役割
①レジュメを作成する
・もともとフランス語で「要約」という意味。作り方に決まったルールはない。口頭発表を理解
　しやすくする補助的手段である。A4で2－3枚程度
・章全体の主張，立場，重要な部分の解説，テキストには書かれていない重要な関連事項，具体
　的事例の追加
・テキストから読み取った自分の理解を，価値判断・意見を含めて提起する

※誰が作成したのか，記載の責任の所在を明記する。引用元を記載する（読んでいるテキストの一
部なのか，別の文献からの引用か，それとも報告者自身の言葉か？）

②発表
・口頭発表のほかレジュメ，板書，資料掲示など分かりやすく工夫する
・最大40分の発表とする
・発表練習をすること

# 3　輪読の計画および学生に対するオリエンテーション

　第1回のオリエンテーションで，輪読について「演習メンバーで同じ本や論文を読み，その要点や解釈を確認しあう研究体験」であり，「専門的な学問分野への理解を深める方法」であることを共有した。輪読の形式は「事前の文献購読・レジュメ作成＋発表聴講＋全体討論」とし，1コマ90分授業の内，発表時間を最大40分，討論の時間を30分程度として輪読実践の計画を立てた。1グループ2－3名からなる報告担当者で各章を担当し，①レジュメの作成，②当日の議論を促す「問いかけ」の検討，③発表の1週間前にゼミ内でアナウンスする。図表9－2は報告担当者の役割に関する配布資料を抜粋したものである。報告担当者以外のメンバーにも役割があり，事前にテキストを読み，発表者から投げかけられた問いに対する自分の意見や質問を考えてくることであった。これは輪読実践をするうえで重要なルールであった。

　一連の輪読実践は，正規の授業時間に行われる対面の場に加えて，大学で導入しているクラウド型支援サービスであるmanabaやTeams（マイクロソフト社）も活用した。manabaではコースニュース機能によるアナウンスや，配布資料をアップするほか，コンテンツ上での対話を継続的に行うために活用した（図

図表 9 - 3　manabaの活用

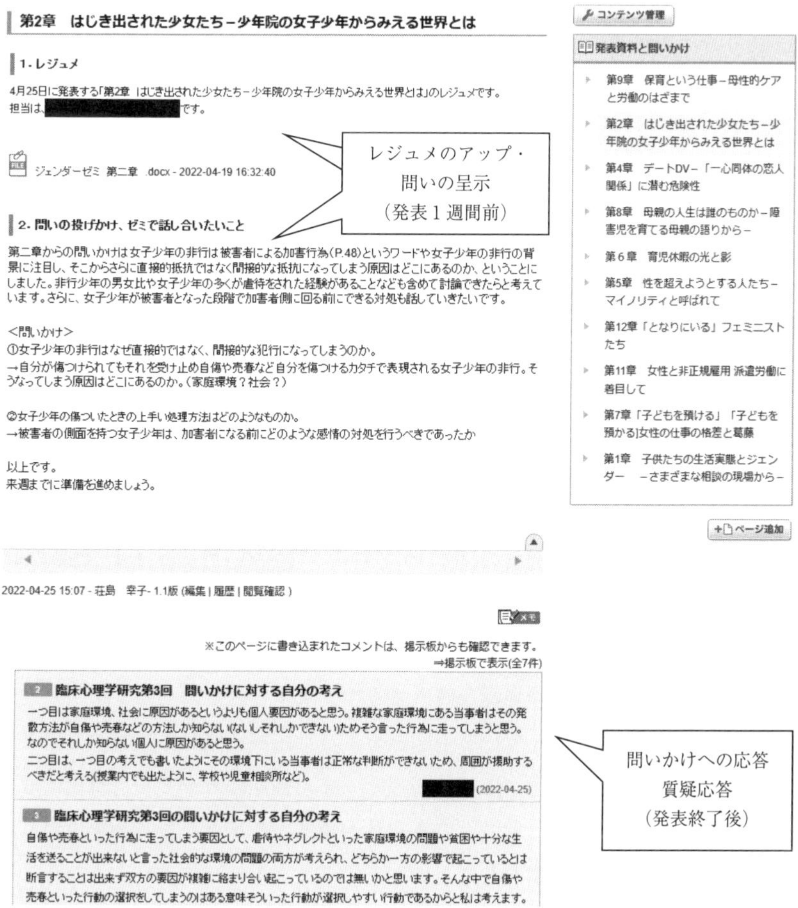

表 9 - 3）。授業中に発言や質問ができなかった学生が授業終了後にmanabaの掲示板を使って自分の意見を述べたり，さらに質問が出ることもあった。こうして学生たちは対面，オンラインの場を通じて輪読実践に参与した。

## （1）教員の役割

　教員は輪読実践の過程（レジュメ作成・問いかけ・発表・全体討論）で随時サポートに入った。全体討論では安心して対話できるよう見守りつつ，討論に交

じった。また輪読実践中のよい点を積極的に評価した。学生間でよい点を評価する姿勢が，仲間同士の成長に欠かせない（安田・サトウ 2007）ことをゼミでも伝え，実践させた。もちろん，注意や指摘は排除しない。そのせいもあって，ゼミは適度な緊張感と労いにあふれた場となっていった。

## （2）学生に期待すること

　学生への期待は2つあった。1点目はテキストを読み込み，問題を明確にし，自分なりの問いを立ち上げることである。オリエンテーションでは，「ゼミは勉強（＝強いられる学び）ではなく，学問（問いを学ぶ）をする場である」ことを伝え，「あなたの発表で聞きたいことは，『その章において著者が最も主張したかったことは何か』『報告者が最も興味をもったポイントは何か』を掲示すること，つまりあなたにしかできない読み方，あなたにしかできない問いの投げかけ，問題の位置づけ方があるはずであり，それを聞きたい」と強調し，配布資料に記載した。研究上の問いの立ち上げについて，やまだ（2007）は「『何を問うのか？』『何が問題なのか？』というリサーチクエスチョンを明確にすること」を研究法の基礎として最も重要と考えた。問いは突然にひらめくものではなく，テキストの地道な読み込みや，現象の観察のうえに成り立つものであるから，自分が読んでいて違和感をもった内容に関して，問いを立ち上げ，言語化していく練習をしてほしいこと，また後期のゼミで各自研究に取り組むための前段階として，輪読という実践が重要な訓練となることを説明した。

　2点目は，全体討論を楽しむことである。テキストいう定点があるからこそ，その内容を起点とした対話が可能であり，個人の感想や体験を共有できる（竹田・田中 2021）。入学直後からコロナで対面授業はおろか，学生同士の対話も制約され，個人的な体験の共有が乏しかった学生たちである。教員としては純粋に，輪読実践を通した対話を楽しんでほしいと考えていた。特にジェンダーをめぐっては，これまでの育ちや環境の中で作り上げられた価値観や信念が色濃く反映されやすい。学生の中には傷つきを抱えている者もいるかもしれない。それでもテキストを媒介することで，語りやすくなったり，自分の言葉で表現することが可能になるのではないか。コロナ禍で実現できなかった集団での対

図表 9 - 4 全15回の授業の流れと概要

| 授業の段階 | 授業コマ数 | 授業スタイル | 具体的な内容 |
|---|---|---|---|
| 準備段階 | 1回 | オリエンテーション | 授業の目的・シラバス・評価・前期授業内容（輪読実践）の説明，使用テキストの説明 |
| | 2回 | 教員によるモデル授業 | 自己紹介・ゼミを希望した理由・ゼミ長決め・教員による発表と討論 |
| ゼミ学習段階（前半） | 3回〜6回 | 学生主体の輪読実践 | 報告担当は1週間前にレジュメを提出し，問いかけをアップロードする。討論で発言や質問ができなかった学生は授業終了後にmanabaに発言を残す |
| | 7回 | ふりかえりワーク | テーマの捉え直し |
| ゼミ学習段階（後半） | 8回〜12回 | 学生主体の輪読実践 | 前半の輪読実践と同様 |
| | 13，14回 | ふりかえりを兼ねた映画視聴 | 映画『ヘルプ〜心がつなぐストーリー』を視聴（2コマ連続）し，manabaで感想を共有する |
| ゼミ発展段階 | 15回 | プチ研究構想発表会 | 後期の調査遂行に向け，現在関心のある研究テーマや知りたいことを発表する |
| | 授業外の課外活動 | | 「ジェンダー心理学」の授業で大学院生の発表（CMに描かれるジェンダー）を聞く・研究構想おしゃべり会in夏休み（6時間） |

話によって引き出される語りがあるのではないか（もちろん，集団では語れないことがあることへの気づきも含めて）。学生にはテキストとの対話，さらにテキストを媒介した他者との対話によって，他者との違いや自分自身への理解を深めてほしい，そんな想いがあった。アカデミックスキルの観点からみれば，建設的で批判的な討論が目指されるのだろうが，今回の輪読実践ではテキストの多様な読みや，体験の共有をより重視していたといえるだろう。

# 4 授業の過程

## （1）授業全体の流れ

前期授業内の実践内容と教員の役割を図表9-4に示した。前期全15コマの授業の内，輪読にあたる回は10回であった。輪読初回（第2回）は教員が発表と討論のファシリテートを担当し，残りの9回は学生主体で進行した。授業の

中盤（第7回）で，それまでの授業の「ふりかえり」の回を設けた。第13，14回授業では映画『ヘルプ——心がつなぐストーリー』（2011年制作／アメリカ）を視聴し，文化的，歴史的な観点からジェンダーについて考えを深める機会とした。最終授業（第15回）は，「プチ研究構想発表会」と題し，輪読実践の学びをふまえ，後期に取り組みたい研究活動の構想を発表してもらった。そのほか，授業外の課外活動もあり，教員は意識して縦と横のつながりをつくり深めようと積極的な参加を呼びかけた。

### （2）輪読実践による学び

　輪読実践は学生にどのような学びをもたらしたのだろうか。先に結果を示したい。通年のゼミを終えた学生たちに「前期（輪読実践），後期（研究活動）を通じて，自分自身にとってインパクトのあった学びを3点教えてください」と質問し，自由記述で回答してもらったところ，全員が「輪読実践」をあげた。輪読実践に関連する回答結果を分類すると，以下の5つにまとめられた。

①輪読を実りあるものにするための準備の必要性

例「輪読会で発言をする際やレジュメを作る際に事前学習をしておくことで根拠ある情報を伝えられると感じた」

②輪読会のためのスムーズな運営

例「輪読会でグループワークをする際，役割分担やタイムマネジメントが重要であると改めて学ぶことができた。積極的な声掛けを行うことを意識すると作業がスムーズに行うことができると感じられた」

③ジェンダーに対する視点と専門的な理解が深まり，問題意識を持てた

例「輪読会を通して，ジェンダーに対して以前よりも興味・関心を持つようになった」

　「前期後期を通してジェンダーに対する視点が広がり，問題意識を持つことができた」

　「先生やほかの学生の意見を聞きながらジェンダーに関わる専門的な理解を深める機会にもなり，非常に学びになったと感じる」

「自分の身の回りで意識しているジェンダー問題や社会問題は記事で読んだり動画の中で見て消化していましたが，実際に本を読んで学びを深めたら知らないことばかりだったので勉強になった」

「自分も同じような経験（テキスト中の事例）をして，自分と重なる部分や自分はこうならなかったのに（たとえば，非行）どうしてなんだと思う事やいろいろな考えが浮かびました」

④ジェンダーをめぐって対話をすることの楽しさや対話による気づき

例「ディスカッションを深くやったのが初めてだったので有意義な時間を過ごせた」

「輪読を通して実感したのは，文献の内容について他者と話し合うことの大切さである。話し合いを通して，内容について理解が深まっただけでなく，自分とは異なった価値観について知ることができたからである」

「同じものを読んだにもかかわらず，考え方や捉え方が違い面白かった」

「一般と自分との差や，友人と自分の考えの違いを感じることができ，驚くことが多かったです」

⑤レジュメ作成・発表・対話スキルの向上

例「レジュメ作りから発表までの一連の流れについて，教科書の伝えたい部分を自分で考え，見やすいレジュメを作ることで内容が一段と頭に入ってきました。発表では，レジュメを読むだけでなく質問を投げかけたり詳しい説明を別途で付け加え，より議論がしやすいように進めることを学びました」

「自分の考えを発信する力が身に付いたり，何よりも本を読むことがさらに好きになり，とてもよい経験だったと感じる」

「いろいろな意見を持っている人が多く，15回の授業を通じて『こういう見方もある』ということを知り，柔軟性が高まったように感じます」

「毎回ディスカッション形式をしたことにより，自分から意見を出すというのが容易に出来るようになりました」

「初めは他の人たちに圧倒されて意見を聞いているだけでしたが段々と慣れてきて自分の意見も出せるようになりました」

　これら5つの学びは，大きく〈形式的な学び〉と〈内容的な学び〉に分けられるだろう。〈形式的な学び〉とは，輪読実践を支えるテキストの読み込み・レジュメの準備やタイムマネジメント，学生間の声かけといった，いわば学ぶための知や実践である（①，②）。一方，〈内容的な学び〉とは，テキストの内容やジェンダーに対する理解の深まりや気づきといった，専門的な知識の修得であり，特に全体討論について「楽しい」「面白い」という感想が多く挙がった（③，④）。意見の違いに「衝撃」や「新鮮さ」を覚えた学生も多くいた。例年のゼミと比較して，授業を欠席する学生がほとんどいなかったというある種の異例事態もそれを裏づけている。〈形式的な学び〉／〈内容的な学び〉により，レジュメ作成・発表・問いの立ち上げ・対話スキルといった各種スキルの総合的な向上（⑤）につながったと学生たちは感じたようである。さらに，輪読実践を通じて「思想が変化した。人間とは脆く弱い存在（であるという気づき）」「自分の幼少期の親子関係を見直すことができた。自分のアイデンティティや生い立ちについて考え直すことができた」「今後の人生を考えさせられた」など，思想や人間観の変化，人生やアイデンティティの深いレベルでの気づきや変化を報告した学生も数名いた。次項では，紙幅の都合上〈内容的な学び〉のみに焦点を当て，学生に内省をもたらした輪読実践の具体的なやりとりをみていく。

### （3）輪読実践の記録

　内容的な学び（③ジェンダーに対する視点と専門的な理解が深まり，問題意識を持てた，④ジェンダーをめぐって対話をすることの楽しさや対話による気づき）は，テキストを1人で読みすすめるという個人作業の中でも生じうるが，③，④ともに「文献の内容について他者と話し合う」対話を通じて，「同じものを読んだにもかかわらず」「考え方や捉え方の違い」が生じることに気づき，「自分とは異なった価値観について知ることができた」部分が大きかったと思われる。対話は，異なる性別を生きる学生たちがそれぞれの人生でどのような経験や境遇にあっているのか初めて知り，そこにある生きづらさに気づいたり，想像を膨らませる機会となっていた。たとえば，女子学生からは「女性に焦点が当たり

がちなジェンダーの問題を男性目線から解くということは新鮮な体験だった」「実際にゼミの男の子の話を聞き，男性だからこその生きづらさについて初めて考えることができた」という声が授業内外であがっていた。また，マイノリティをめぐるテーマに関しては，学生がマイノリティとしての当事者性をもつ場合には，マジョリティ側の意見を聞いて，内心ではひそかに驚きやショックを受けていることもあった。[1]自分の考えや意見を伝えあい，「あなたの読み」をぶつけあうことは，ジェンダーやセクシュアリティといった普段おおっぴらに語りにくい自己の一側面を開示しあうことでもある。語る内容だけではなく，何をどこまで語れるのかもここには含まれる。だからこそ，学生にとって違いを知ることは「衝撃」「新鮮」と表現されるほど情緒的強さを伴った体験となったのである。以下，討論の内容や学生の姿勢，発言に変化がよくみられた輪読実践の前半（第3回〜第7回）までの過程をみていきたい。

### ■第3回授業のテーマ：女子少年の非行（第2章）

　第3回は，少年院に入所する非行少女に焦点を当て，女性が子供から大人になる過程で引き受けざるをえなかったジェンダー社会の矛盾を，法務教官の立場から女の子たちの心の世界を通して考察した章であった。①売春や自傷がなされる理由はどこにあるのか，②加害－被害の連鎖を止めるためにとるべき対応はなにかという問いが投げかけられた。図表9-5は問いに続く対話である。

　第3回の討論は，非行になる理由と対応（解決方法）をめぐって学生それぞれが考える理由と対応を共有していくなかで自身の経験の開示が行われていた。また，「男と女で違うのかもしれない」という性別による差異に関する語りがみられたり，女性のみで賛同し，わかり合うような場面もみられた（男性はそこに加わらなかった）。男女で経験が異なることが強調されるような場面であった。

---

(1)　傷ついている可能性がある場合には，こちらから声をかけたり，話を聞く時間をもうけてフォローを行った。また，ある学生は対面での討論に参加ができなかった理由について，被害体験があったことを後日manaba上でコメントに残していた。翌授業回において，自分の体験について話をしたくない場合や辛いときには無理に輪読実践に参加する必要はないこと，経験が共有された場合には聞き手に守秘義務が発生することをルールとして明示化した。

図表 9-5　全体討論における対話

| 男子学生 | 自傷について調べてきた。家庭や社会にも原因があるけれど，その人にとっては太刀打ちできるものではないと思う。 |
|---|---|
| 男子学生 | 男女でものの考え方に違いがあるのではないか。売春について考えていたが，それは安全基地を求めての行為なのではないか。たとえば，「優秀な男性に守られたい」といった……。 |
| 男子学生 | 個人が対処するというよりも，社会を変えていくことを考えなくちゃ。家庭環境は変えられないよ。たとえば，学校に相談場所を作るとか。 |
| 女子学生 | 居場所のなさというのがやっぱりあると思う。SOSも出せない。こういう状況に誰が寄り添えるの？　世間体ばかり気にしているからSOSが出せない。そう考えると，とるべき対処は，「NO」の出し方を教えること。いやだといえること。こうなりたい，愛されたい。「これ」といえるようになればいいと思う。 |
| 教員 | 道で転び，痛くて泣いている子供に対して，「そんなの痛くない！大丈夫！」と言ってしまう親がいる。子供からのSOSに対して肩を並べて「痛いね」と共感することが必要なんだよね。十分わかっているが，私自身も「痛くない！」と子どもに言ってしまったことがある。 |
| 女子学生 | それはわかる（２名が賛同）。 |
| 男子学生 | ちょっともとに戻ります。そもそも，自分を表現できるような場所がない（安全基地を求める行為，という発言に応答）。男と女で違うのかもしれない。吹奏楽部などの女子生徒の多い部活では男子生徒は肩身が狭かったという経験もある（笑）。環境の影響もあるかもしれない。 |
| 教員 | 女性はさみしさでつながっていく強力なきずながあるとされる。 |
| 男子学生 | ご近所づきあいも大切なのでは？　みんなが見守っている環境も重要なのではないか。 |
| 女子学生 | 相談の最初の働きかけ方っていうか。人に相談するのは難しいけど，思い切って言ってみるのも必要かな。 |
| 男子学生 | 今は，普通にグループワークとかやっているけど，小学校では教えてくれない。発言の仕方とか。 |
| 男子学生 | 環境的にも相談できない。相談させない環境になっている。 |
| 女子学生 | ネットでも悩みを打ち明けられない。「いい子」になってしまう。 |
| 女子学生 | 自分が留学した先では，先生になんでも話せた。コメントの返し方や議論の仕方についても学んだ。 |

　テキスト自体の主眼やジェンダーという問題設定が前提にあるとはいえ，学生の問いかけや議論の中心は「どうやったら○○の問題が解決しそうか？」という問題解決型に偏る傾向にあった。さまざまな意見が上がり議論は白熱するのだが，問題の所在が「個人にあるのか，環境にあるのか」という上滑りの議

論になりがちで，拡散してしまう。また，非行という現象を一足飛びに解決すべき「問題」としてまなざすことには待ったをかける必要がある。むしろ，非行を「問題」として成立させているのはどのようなまなざしによるものか——これは質的研究において重要な構成主義の見方である——，背後にある文脈にも関心をもってほしいと思うわけである。場を見守る教員としては，学生が自分の考えを一生懸命伝えようとする姿勢と白熱している議論に耳を傾けつつも，時折，親としての経験や，研究報告など具体的な話を織り交ぜながら，現象への深い関心と理解に進むように働きかけを行っていた。

### ■第4回授業のテーマ：デートDV（第4章）

　第4回は，デートDVをテーマに，ケータイ小説の登場人物の分析を交えながら，恋愛観や依存性にジェンダーが深く関連していることを考察した章であった。ここでの議論は，男子学生からの発言から始まった（図表9-6）。

**図表9-6　全体討論における対話**

| 男子学生 | 京都が作っているDVサイトなどいくつかのサイトを調べてきた。男だからリードしてくれるべき，恋人だから束縛しても平気であるべき，携帯を見られても何も言わない，甘やかしてくれるべきなど，おごるべきなど，女性側の理想の彼氏像を相手に押し付けているのではないか。女性が男らしさを強要しているのではないか？ |
|---|---|
| 男子学生 | 空気を読んで行動しすぎるところはある（結果，男らしさがつくられるのでは？）。 |
| 上記の発言に対して，女子学生やほかの男子学生からは，率直な意見が上がった。 |
| 女子学生 | 他人のカップルと比較してしまったりするかも。100％の相手はいないのに。 |
| 女子学生 | 愛されている証が欲しい。求めるというよりも，満たしてほしい。前提に疑いとか不安がある。 |
| 女子学生 | 別れたくないっていう気持ちとか。 |

　テキストという題材があったからこそ，学生が本音を出せる場になっている。その後，討論は女性が被害者になる理由に関する「生育環境が影響するのでは？」「性格や素質によるものなのでは？」など根拠のない憶測が舞ったところで，カップル間でのコミュニケーションの大切さについて議論が移っていった（図表9-7）。

　最終的に討論は，コミュニケーションのあり方と教育，ツールの考案まで発

図表 9-7　全体討論における対話

| 女子学生 | デートDVは連鎖する。被害を受けた人が加害に回ることも多い。 |
|---|---|
| 男子学生 | 2人の間でどれだけコミュニケーションをとっているか。言い合いになったときも，ちょっとした火種のうちに消せることが大切なんじゃないか。お互いの認識を共有するとか。 |
| 男子学生 | 言葉でコミュニケーションすることが大切。周りの人の意見も聞くこと。 |
| 男子学生 | どういう対話の仕方がいいんだろう？　感情を爆発させるようなコミュニケーションはよくないと思う。 |
| 女子学生 | ……でも，DVとDVじゃないことの境界線がわからなくなってきた。 |
| 男子学生 | ウィル・スミスの平手打ち(2)，あれってアメリカではウィル・スミスがだめで，日本ではその逆らしい。文化的な違いもあるんじゃないかな？ |
| 女子学生 | 「暴力」という言葉は軽いから，犯罪だということを周知したほうがよい。 |
| 女子学生 | 法律で行動を規制するだけで，どうにかなる問題？　教育も大切だよね。 |
| 女子学生 | 私たちができることは何だろう？　自分たちのコミュニケーションに気づくための教育を考える……ツールが必要なんじゃないかな。 |

展した。授業終了後は，manaba上でも「爆発しないようにコミュニケーションができるのかについて，いかにお互いが対等な立場になって話し合いや感情の共有ができるかという点が大事になると思う」など，発言が続いた。それまで疑問に感じることなく当たり前のこととして捉えていた「対話は大切」であったり，教科書的に学んでいた「DVの定義は〇〇」という認識がいったん崩壊し，「どういう対話の仕方がいいんだろう？」「DVとDVじゃないことの境界線がわからなくなった」という疑問や混乱につながっている。それに続き，ウィル・スミスの振る舞いの捉え方の違いが共有され，「文化的な違い」という新たな視点が生成された。「犯罪の周知が必要」という意見に対して「それでどうにかなる問題？」と疑問符を投げかけたうえで，「教育も大切」という新たな視点が生まれている。

---

（2）　アカデミー賞授賞式で，司会のクリス・ロック（コメディアン）がウィル・スミスの妻であるジェイダ・ピンケット・スミスの脱毛症をネタにしてジョークを言い放った。これに対してウィル・スミスが壇上でクリス・ロックに平手打ちをした。その後，この行動をどう受け止めるのか，日米で温度差があることがネットニュースに上がっていた。

## ■第5回授業のテーマ：障害児の母親という生き方（第8章）

　第5回は，障害児を育てる母親たちに焦点を当て，子どもの成長を願って懸命に子育てをする母親たちが，どのようにして自分の人生を生きようとしているのかを母親の語りから読み解く章であった。ここでの議論は，「人工中絶について，賛成か，反対か」を問うことから始まった。賛成の理由として，「予期せぬ妊娠や望まない妊娠があるうえに，その事実を誰にも言えない女性も多いはず。中絶の選択肢がないのは女性の権利をはく奪していることと同じだ」「中絶できず産んだとしても，虐待のリスクが上がるのではないか」という意見や「テキストを読んで，女性は妊娠した時点で身体の自由がなくなり，まるで社会に権利が移った（テキストでは，「女性と子供は社会の周縁に置かれる」と表現されている）というように感じた。中絶の権利がないのは，その象徴だと思う」といった意見が上がった。中絶反対の意見としてはじめに「産む覚悟がないなら作らなければいい」という個人に責任を還元する発言が上がったが，「中絶ではすでに時遅しだ。アフターピル（緊急避妊薬）を入手できる環境にすることが最優先ではないか」「『ハンディキャップがあるから生きづらい』というのは私たちの視点というよりは，社会のまなざしなんじゃないか？　障害をもった子供を産み育てる制度が十分とはいえない，周囲の理解も足りないと思う」という意見があがり，賛成・反対どちらの意見であっても重要なのは「支援の拡充」であるという意見に着地した。学生は，単に自分自身の視点から意見を述べるだけでなく，著者の視点や障害児の母親の語りを参照し，取り入れながら，中絶という難しいテーマに向き合おうとしていた。

　「母親を取り巻く問題はどのようなものがあるか。また問題を社会に訴え，解決するにはどうすればよいか」という2つ目の問いに対しては，「ワンオペ育児」「就労機会が狭められること」「相談先がなく，悩みを1人で抱える」などが挙げられた。「相談先がない」という意見に対して，内閣府のHPを事前に目を通してきた学生から，「本当にそうだろうか？　内閣府のＨＰからは，母親が家族や友人のみに子育ての悩みを話していることがわかった。保育の専門性（第2回）で出てきたが，なぜ保育士に相談しないのか不思議だ。母親の周囲には相談できる人はいるはずだけれど，母親が子育てサービスを利用しない，

周りを巻き込んで子育てしないということが問題ではないかと思う」と別の視点からの意見があがった。社会問題として取り沙汰され，聞きなじみのあるテーマの内実が複雑な様相を孕んでいることへの気づきがここにみられる。「問題」は複雑であるから，解決方法も一筋縄には見つからない。このあとの議論では「省庁を作れば行政にいきわたる」「インターネットでの支援」といったやや具体性に欠けた，行政レベルでの支援しか意見が上がらなかった。教員は，最後のまとめで「データに根付いた議論が必要，それができつつある」とフィードバックした。

### ■第6回授業のテーマ：育児休業（第6章）

　第6回は，育児期の働く親の負担を軽減するかにみえる育児休業制度が，現実には母親のワンオペ育児を推奨する側面を有していることを，待機児童問題などと絡めて制度の変遷とともに考察した章であった。授業冒頭では「先生，スウェーデンはやっぱり進んでいるんですか？」といった素朴な質問や「テキストにあった『3歳児神話』なんて本当にあるんですねぇ」といったテキストを中心とした発言が出るようになっていた。討論の際も，男女での育休取得率の違いなど自分で調べてきた情報をもとに意見を展開したり，ドイツの育休制度について調べてきた学生の発言に対して「それで出生率は上がったの？」と実態に踏み込んだ発言が聞かれるようになった。日本の男性の育休取得率の低さを知った男子学生からは「女性の妊娠を知る，出産の痛みを知る，女性がやっている家事を知る……女性の大変さを知ったら，男性側の意識の改革が起きるのではないか？　会社で講習会を開いてはどうか」という意見が上がり，別の男子学生からは「常識を変えるのは時間がかかるので，小さいころから教育したほうがよい」と提案がなされた。自身が片頭痛持ちの男子学生からは，「『生理休暇』含め，もっと気軽に休めるようにしたほうがいい。自分も休みやすくなる」と意見が上がったが，女性からは「『生理休暇』というネーミングもどうかと思う」と突っ込まれ，その反応には驚いた表情であった。教員からは自身の経験も交えながらさまざまな状況におかれる母親たちが戦略的に子育てやキャリア形成している姿を学生に話した。学生たちは初めて知る現状に目

を丸くし，やや混乱した様子であった。そして，次回授業に向け「次回は振り返りである。自分たちの問いかけにはなんらかの『前提』がある。フィルターやバイアスのようなものかもしれない。何を問題と捉えるのか。そのうえでどのような社会が望ましいと考えるのか。もう一度考えてみましょう」と声をかけた。

### ■第7回授業のテーマ：ふりかえり

　ここまでの輪読実践で学生たちは総じて活発な対話ができていたが，時折議論が上滑りすることが気になっていた。教員はテキストも使いながら，具体的な実態や事例に目を向けさせてきた。第7回では，自分のパンプスを授業の小道具として持参した。女子学生は全員がパンプスを履いた経験があったが，男子学生は1名もいなかった。「女性が式典や就職活動で履かなければならないとされるパンプスがこれです。見ての通りつま先が尖って，ヒールがある。痛みを抱えながらも履かざるを得ないパンプス，履いてみますか？」と聞くと，はじめは照れていたが，男子学生全員が履き，教室内を歩いた。「歩けない」「痛い」「膝が曲がる」と口々に悲鳴が上がる。「その人が日常的に使っているものを実際に使ってはじめてみえる世界がある。たとえば，このパンプスは女性が大股で歩けないように作られている，ということが実際履いて歩くことでわかる。ジェンダーを考えるうえでは頭だけで考えるのではなく，身体も使って具体的に考えてみることが大切」と話した。すると，車いす使用の学生から「僕の車いすに座ってみませんか？」と話がふられた。数名の学生と教員がかわるがわる車いすにのり，乗り方を教えてもらった。好みと乗りやすさを考えて自分仕様にカスタマイズされた車いすに乗ることは，「車いす体験」と表現される以上の体験であったにちがいない。その車いすは，たしかに単なる「障害者のための乗り物」ではなかったのである。

　その後，これまでの授業で扱った保育，非行，DV，母親の人生，育休のテーマを振り返るために，模造紙を使い，気になったことや疑問点を書き込んでいったが，学生たちが複数の視点から現象や問題を眺めていることが伺えた。たとえば，母親の就労機会が狭まるという問題は，単一の原因から生じている

217

わけではなく，複雑な社会情勢や文化に支えられている可能性があること，さらにその問題の裏側には男性であれば就労できて当たり前，育休を取らずに働くのが当たり前というメッセージが含まれていることが理解できるようになっている。このような捉え方は，質的研究でも重要な考え方とされる，問題を一方的に問題としてみなさない構成主義的見方や，価値中立的な姿勢にもつながると考えられた。

### ■第8回以降～第14回の輪読実践

　第8回以降の討論のテーマは，性的マイノリティ，フェミニスト，女性と非正規労働・仕事格差，子どもを取り巻くジェンダーであった。第8回以降も，授業の小道具として，教員が使っていた育児日記や保育園の連絡ノートを使い，中身も見せた。ある男子学生はお気に入りのウエスタンブーツを持ってきて紹介してくれた。第13回で投げかけられた「自分が感じる生きづらさとは？」という問いかけに対して，学生が自分の経験をゼミの場で語ることができたのは前提にこのようなやりとりがあったからだろう（図表9-8）。

図表9-8　全体討論における対話

| | |
|---|---|
| 男子学生 | セーラームーンやプリキュアが好きだったが，好きなアニメを見せてくれなかった。ようやく好きなことを好きと言えるようになった。好きなものを好きと語れない自分は悔しかった。 |
| 男子学生 | 好きな色（ピンク）を語れなかった。男の子は青，女の子はピンクと大人が決めてしまっている。大学に入って，好きなピンク色の服を着られるようになった。でも，男らしくしなきゃって今でも思ってる。 |
| 男子学生 | 「男に二言はない」と言われて傷ついた。なんで男だけが言われるんだろう。いや，言った人の気持ちもわからないではない。自分にも潜在的に「男は強いものだ」という考えがあると思う。 |
| 男子学生 | 「男は外，女は内」という性別役割分業について。これがダメと言われているようでモヤっとする気持ちもある。 |
| 男子学生 | 重いものを当然のように運ばされるとき。性別が最優先されると生きづらくなる。 |

　性的マイノリティがテーマの第8回では，同性愛女性について悪意なく「レズ」と発言した学生に「その発言はNG。レズビアンと呼ぶのがマナーである」と穏やかに注意する姿があった。勇気のいる行動であるが，「口だけで，『差別

や偏見はダメ』というのは簡単だが，実際に行動を起こすことはハードルが高い。このような場を通して少しずつ実践に移せるようになるとよい」と教員もコメントし，行動を支持した。また，第9回では「先生，産後はどのくらいで身体が戻るんですか？」「生理はどのくらいで戻るんですか」と男子，女子学生から質問が飛んだ。おそらく実の母親にも聞いたことのない（ほど，それまでまったく視野になかった）話題について，単刀直入に質問できたことについて「質問が出てきたことは素晴らしい。実態がみえない，漠然としたイメージしかないものに興味関心を持ててきたということ。加えて性に関するテーマはなかなか聞きづらい。一歩踏み込んで聞けたことはとてもよい」とフィードバックした。扱われるテーマが内容的に難しく，学生にとって身近でない場合にも討論の中では具体性を帯びた内容やテーマを掘り下げていくような対話もみられるようになっていった。

　第13，14回は映画を視聴した。映画『ヘルプ——心がつなぐストーリー』は1960年代の米ミシシッピを舞台に，白人女性と黒人家政婦たちの友情が旧態依然とした街を変革していく様子を描いており，テキスト第7章に出てくるナニー制度とも関連が深い。学生の感想からは女性役割に対する疑問や，白人同士の差別，白人の生きづらさへの気づきなど，さまざまな立場におかれる人た

**図表9-9　映画視聴後の学生の感想（抜粋）**

| 女性役割に対する疑問 | 「あの時代の白人は，言い方は悪いが，子どもを産む機械のようにみえた」<br>「この作品での女性の役割は何だったのだろうかと常に疑問だった。メイドを雇っている家庭ではほとんどの家事をメイドがしており，それ以外の家での役割を私には見つけられなかった。役割を見つけることが正しいことなのかわからないがメイドの登場により，自分のやるべき使命が失われていたのではないか」 |
| --- | --- |
| 白人同士の差別 | 「白人から黒人への視線は当たり前に厳しかったが，白人から白人への視線も厳しかった」 |
| 白人の生きづらさへの気づき | 「この作品は単なる「女の差別」「白，黒の差別（肌の色）」ではないと思った。世の中には黒人が白人に対して強く立ち向かい，権力を得ていくといった作品を見聞きすることが多いが，この作品は違った。権力を得たとは言えない結末で，後味も悪い。その中で，黒人の生きづらさだけではなく，白人もすごく生きづらそうにしている様子が印象的だった。マウントをとる，強そうな人の見方をする，自分の地位やプライドが傷つかないように必死な様子，子どもを産むのに必死でそれに悩み苦しむ母親の様子。メイドに任せてまで仕事やパーティーに行かなければならない母たちの様子。メイドの生き方，母の生き方，女としての生き方がすべて見えて，『ジェンダー問題』も明瞭で，学ぶものが多かった」 |

ちの差別や葛藤，生きづらさを発見する契機になったことが伺えた（図表9－9）。

　第15回はプチ研究構想発表会であった。①後期の研究活動で取り組んでみたいテーマ，②テキストをふまえてさらに発展させたい内容や収集したいデータ，③現象の背景にありそうなメカニズムに関する自分なりの考えや解釈について5分程度の発表を求めた。ある学生は，これまで女性の派遣労働ばかりが弱者の声として取り上げられてきた現状に違和感を抱き，むしろ女性の社会参加に伴って男性側の意識や態度も変化があったのではないかと予想し，研究を計画した。女性雇用の問題に男性がどのように関与しているのか，男性の立場から読み解こうとするものである。また，ある男子学生は，職場における女性のストレスについて，育休制度，性別役割分業，非正規雇用の問題に加え，授業で扱わなかった女性管理職の少なさや，女性が就きにくい職種に言及し，女性労働者を取り巻く現状とストレスについて掘り下げる計画を立案した。そのほかにも輪読をきっかけに興味をもち，それぞれの問いを深めるような研究テーマが並んだ。ゼミの輪読実践はこうして幕を閉じた。

## 5　教員の学生集団に対する主観的評価

　学生への期待として掲げた，①テキストを読み込み，問題を明確にし，自分なりの問いを立ち上げる，②テキストを中心とした討論を楽しみ，多様な読みや体験を共有する，この2点はどれほど達成できたであろうか。どの学生も輪読実践を踏まえて問い（研究構想）を立ち上げたが，その過程では，問題は明確になるどころか逆に摑みどころのないものになっていったのではないかと思う。私のゼミを希望する理由の多くは，ジェンダー問題を中心に「○○に関心がある」「○○に対する差別や偏見をどうやったらなくしていけるのか知りたい」というものであった。このとき学生は○○（問題）の外側にいたのではないだろうか。しかも，このとき自分が外側にいることへの自覚はまだない。学生はテキストを読み込むなかで，国の統計資料や研究資料，生の語りデータに触れ，それをレジュメ資料に落とし込み，自分なりの問いかけを考える（担当

ではない学生も問いへの応答を準備する）。問いかけを起爆剤に，育ちの異なる同性代のメンバーや教員と対話するなかで，それまでの自分にはなかった異なる解釈が提起される。学生は，多様な読みが展開される輪読実践の場において，別の人生を生きてきた他者と出会う経験をした。それは車いす学生の「車いす」，学生が愛してやまない「自分のブーツ」，教員の履きこんだ「パンプス」に触れる経験と通じるものでもある。そこにあるのは「障害者」，「女性／男性」，「母親」という言葉に落とし込むことのできない，その人の生／性の息吹である。ただ耳に流れゆくネットのニュースや動画の中に見つけることは決してできないものである。さらに学生たちは，自分の中に埋もれていた自分自身の声とも出会った。他者と自己との出会いこそが，一見すると地味な学びにみえる輪読という実践に参加した学生に「衝撃」を与え，自己や他者に対する深いレベルでの捉え直し（思想・人間観の変化や内省）をもたらしたといえる。このような経験が，無自覚に問題の外側に立ち，問題を眺め，ひいては問題を作り上げてきた自分のまなざしに気づくきっかけをもたらしたのではないか，自分たちが発する問いかけの裏に隠れている前提に気づくきっかけとなったのではないかと感じている。もちろん，輪読実践をするうえでのルール，発表時のタイムマネジメントや声かけ，授業導入時の小話や学生への細かなフォローなど，形式的な学びと相まって深い学びが生じることも忘れてはならない。

　輪読実践により多様な読みが展開されるなかで，「問題」とは文字通り「　」付きであり，見方によって問題になったりならなかったりするもの，すなわち問題は構成されていくということを体感的に会得する学生がいた。質的研究を行ううえで重要な価値中立的な姿勢を持てるようになったのである。この点は，輪読実践が質的研究を学ぶうえでも意義があるという点にも通じる。これまで質的研究の手法（インタビュー，観察，分析手法など）の修得に重点を置いて指導してきたが，学生が一方向からしか現象を眺められず，問いが立ち上がらなかったり，深まらなかったりすることがたびたびあった。今回選定したテキストは質的研究の入門書としての特徴も備えていたが，本書に記載されているさまざまな語りのデータや分析方法が直接的に役に立つというよりも，輪読実践を通じて質的研究の核や理念を学習するツールにもなったと感じる。前期の輪

読実践のおかげで，特に問いの立ち上げやデータに関する質疑応答が例年以上に深まりのあるものになった。

　最後に，この輪読実践が学生たちの今後の人生の折々で立ちはだかるジェンダーの壁に打ちのめされることなく向きあうために少しでも役に立つことを願っている。

**参考文献**

竹田信弥・田中佳祐（2021）『読書会の教室』晶文社

安田裕子・サトウタツヤ（2007）「フィールドワークの論文指導」やまだようこ編『質的心理学の方法──語りをきく』新曜社，pp. 224-236

やまだようこ編（2007）『質的心理学の方法──語りをきく』新曜社

# 書評執筆は専門書理解を促進するか

—— 『ルポ　教育困難校』『「つながり格差」が学力格差を生む』を読み込む

濱中淳子（早稲田大学）

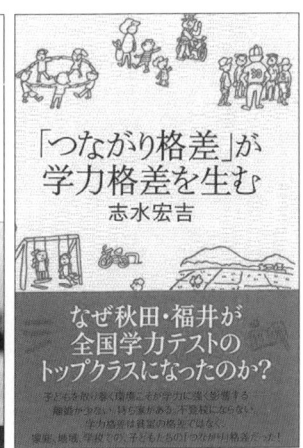

| 実施期間 | 2022年度春セメスター |
|---|---|
| 科目区分 | 教育学部専門科目 |
| 科目名 | ゼミ（演習） |
| 書籍名 | 朝比奈なを（2019）『ルポ　教育困難校』朝日新書<br>志水宏吉（2014）『「つながり格差」が学力格差を生む』亜紀書房 |
| 学　年 | 学部 3 年生 |
| メンバー | リョウ，ショーゴ，ユースケ，ヒデキ，マナブ，シンヤ（以上 6 名，いずれも仮名） |

## 1　授業の概要——なぜ，書評なのか

　専門書を読み，理解する。そのために書評を執筆する必要はない。にもかかわらず，この実験で書評執筆を課したのは，その取り組みが専門書の深い理解につながるかもしれないと考えたからだ。

　魅力的な書評を執筆するためには，専門書が土台とする学術領域に加え，その書籍が出版された当時の社会情勢を知らなければならない。そのうえで内容を的確に読み取り，その強みと弱みを判断することが求められる。こうした作業を課すことがどれほどの効果をもたらすのか。この問いを検討したいというのが，実験のスタートだった。

　図表 10 - 1 に具体的な15回の流れを示した。前半で新書 1 冊，後半で学術書 1 冊と，2 冊の書籍を取り上げる構成である。授業の目標として掲げたのは，①本の内容を的確に評価する力をつける，②必要かつ適切な情報を収集する力をつける，③社会情勢について相対的に理解する力をつける，④自分の意見を作り上げ，ほかの人と調整するための議論ができるようになる，⑤論述する力をつける，の 5 点。どの書籍にするかは，履修生自身に選んでもらったが，担当教員として選定に際して次の条件をつけた。第 1 に，教育学部の演習なので，教育や学びを扱ったものにすること，第 2 に，新書と学術書は同じテーマを扱っているものにすることである。

　学術書の前に新書を読むという計画にしたのは，日常的に本を読んでいない学生が履修生になった場合，いきなり学術書を読むのは難しいと判断したからである。大学生の読書離れが指摘されるようになって久しいが，おそらくこの授業の履修者にも本を読まない学生は少なからずいるだろう。だとすれば，堅苦しくない書籍で助走をつけることから始めたほうがよいのではないか。こうした考えからシラバスを作成した。

　本講は以上の実験の記録である。具体的に扱った書籍は冒頭に示したとおりだが，記録に入る前に 3 点ほど断っておきたい。

　第 1 に，一口に新書といえども，なかには研究者が記したプチ専門書のよう

図表 10-1　授業の流れ

| 回 | 授業の内容 | 次回までの課題 |
|---|---|---|
| 1 | オリエンテーション<br>書評とは何か | WEBで公開されている書評をいくつか読み，よく書けていると思った書評を選んでくること |
| 2 | 具体的な書評に学ぶ | 1冊目の課題図書として取り上げたい新書を選び，紹介の準備をする |
| 3 | 課題図書①（新書）選び | 課題図書（新書）を読み，コメントを考えてくる |
| 4 | 課題図書①（新書）についてフリーディスカッション | 書評案執筆（3,000〜4,000字程度） |
| 5 | 書評案発表→コメント | 書評の修正（3,000〜4,000字程度） |
| 6 | 書評修正案発表→コメント→提出 | 各自振り返り |
| 7 | 担当教員との振り返り | 2冊目の課題図書として取り上げたい学術書を選び，紹介の準備をする |
| 8 | 課題図書②（学術書）選び | 課題図書（学術書）をすべて読み，Ⓐ担当章の内容要約資料作成，Ⓑ書評に書くことの検討，の2点の準備を進める　※第11回授業まで |
| 9 | 映画を題材に教育・社会について考える① | 第8回授業課題に引き続き取り組む |
| 10 | 映画を題材に教育・社会について考える② | 第8回授業課題に引き続き取り組む |
| 11 | 課題図書②（学術書）の内容共有→フリーディスカッション→次回「著者と語る」で志水氏に質問したいことを整理する | 次回「著者と語る」に向けてさらなる準備 |
| 12 | 著者と語る：著者である志水氏とのディスカッション※Zoomにて | 書評案執筆（3,000〜4,000字程度） |
| 13 | 書評案発表→コメント | 書評の修正（3,000〜4,000字程度） |
| 14 | 書評修正案発表→コメント→提出 | 各自振り返り |
| 15 | 担当教員との振り返り | |

（第8回〜第11回の右側に縦書き：学術書を読み進め，検討する期間）

なものもある。しかしながら，本授業で読んだ一冊目（朝比奈なを（2019）『ルポ　教育困難校』朝日新書，以下「ルポ本」）は，そのようなものではなく，ルポタージュとして書かれている。著者である朝比奈氏は，公立高校の地歴・公民

**図表 10 - 2　専門書への「抵抗」**

あなたは，自分の専攻の「専門書」を読むことに抵抗はありますか。

| | | |
|---|---|---|
| 抵抗がある | … | ヒデキ |
| やや抵抗がある | … | リョウ，ショーゴ，ユースケ |
| あまり抵抗はない | … | マナブ，シンヤ |
| 抵抗はない | … | 該当者なし |

科教論として約20年間勤務したことがある教育ジャーナリストだ。教諭経験があるからこそ観察されるリアリティが描写されており，興味深い書籍ではあるが，研究成果というタイプのものではない。

　第2に，したがって2冊目（志水宏吉（2014）『「つながり格差」が学力格差を生む』亜紀書房，以下「つながり格差本」）からいよいよ研究という文脈で書かれた書籍を扱うことになるが，幸いにも著者の志水氏は筆者の知り合いであり，その関係から，志水氏と履修生との直接のディスカッション機会——「著者と語る」——が設けられた。こうした志水氏の協力が，履修生たちの2冊目に対する構えにプラスの影響を与えたことはたしかだろう。

　第3は，読書をめぐる履修生6人の状況についてである。授業2回目に，大学に入ってからどれほどの本を手に取っているかを尋ねた。結果，マナブは普段から専門書を読んでいた。教育学，哲学，ときに数学なども読むらしい。実際，その日も教育学の専門書がカバンの中に入っていた。また，ショーゴは小説をよく読むと言っていた。ヒューマンミステリーの長編小説を好み，感想を言い合う友人もいるようだ。ただ，残りの4人（リョウ，ユースケ，ヒデキ，シンヤ）については，読書はほとんどしないという回答だった。なお，図表10 - 2は，「あなたは，自分の専攻の『専門書』を読むことに抵抗はありますか」という質問に答えてもらったときの回等分布である。6人中4人が「抵抗がある」という構成となっている。本章は，こうした6人を対象に行った実験結果をまとめたものである。

## 2　学生たちはどう取り組んだのか

### （1）「ルポ本」の書評経験はどのようなものだったか

　彼の進学した中学は地元でも有名な荒れた中学だったが，その荒れ方は

予想以上で，連日のように器物破損，暴力事件や恐喝等が起こった。教員はもちろん注意はするが荒れた生徒は全く意に介さない。指導するための集会の際にも，教員に対して「話，なげーぞー」といった暴言が飛び交った。また，荒れた生徒たちに論理的，組織的に対応するのではなく，彼らを凌ぐ暴力的な威圧感や恫喝のような言葉だけで解決しようとするタイプの教員が多数派だった。「中心となっていた教員の口ぐせは，当たって砕けろでした」とTさんは話す。

（朝比奈 2019：35）

それらを行ううちに教員は深刻な問題に気付く。商店や商品の名前にこれだけ英語などが多用されているのに，実は「教育困難校」にはアルファベットを正しく書けない生徒が相当数存在するという問題だ。特に，bとd，mとn，qとgなど似た文字を書き分けられない生徒が多い。全く勉強をする気がなく覚えようとしない生徒も少しはいるが，先天的な学習障がいを持ちながら，今まで気付かれず何も訓練を受けなかったからという理由がほとんどではないかと推察できる。

アルファベットはなんとか書けるが，英語の語句と語句の間のスペースが全く意識できず，アルファベットの文字列をどこで区切るのかが理解できない生徒もいる。これも視覚障がいや学習障がいに起因する混乱であろう。

（朝比奈 2019：53）

「ルポ本」では，このようにリアルな情景やその切実さが，平易な表現で綴られていく。全224ページ，目次は図表10−3のとおりである。ややボリュームはあるが，ストレスを感じることなく読了することができるように思われる。履修生たちからも，「久しぶりに本を読み，不安だったけれど，意外と読めてよかった」という感想が寄せられた。読み終えるまでにかけた時間を聞いたところ，平均にして224分（3時間44分）だった。

加えて，身近でありながらまったく知らない世界が描かれていたことが，履修生たちをひきつけたようだった。ほとんどの履修生が驚きをもって「ルポ本」を読み進めたと話しており，第4回授業のフリーディスカッションも，ど

図表10－3　朝比奈なを（2019）『ルポ　教育困難校』朝日新書　目次

第1章　「教育困難校」とはどのような高校か
　　1　高校入試は，多くの人にとって人生最初の試練である
　　2「教育困難校」とは何か
第2章　「教育困難校」に通う生徒たち
　　1「教育困難校」の日常
　　2「教育困難校」の典型的な授業風景
　　3　生徒の学力や意欲はどのようなものか
　　4　定期試験にも独特の慣習が存在する
　　5「教育困難校」の生徒たちの類型を考える
　　6「教育困難校」の生徒たちの家庭環境
第3章　「教育困難校」の教員たち
　　1「教育困難校」特有の忙しさの原因
　　2「教育困難校」教員が陥る心性
第4章　「教育困難校」の進路指導
　　1　高校は学力により進路指導も全く異なる
　　2　教育情報企業から見た「教育困難校」の進路指導の変遷
　　3「教育困難校」で実際に行われている進路指導
第5章　脱「教育困難校」を目指して
　　先駆的な脱「教育困難校」改革の動き
第6章　それでも「教育困難校」は必要である
　　1「教育困難校」の存在意義
　　2「教育困難校」の将来のために，今，必要なもの

図表10－4　「ルポ本」議論時に書かれたメモ

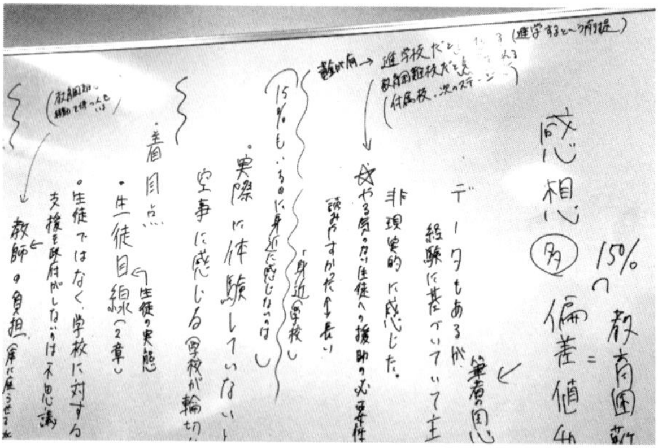


こに驚いたのかということを中心に展開し，議論が途絶えることはなかった（図表10－4は，その議論のときに書かれたホワイトボードのメモの一部である）。

では，書評を書くという作業に取り組むことは，その先に何を生み出したの

か。3,000〜4,000字というそれなりの分量の書評執筆を求め，持ち寄り，修正を加えるというプロセスを経た後，1人ひとりの面談で振り返りを行ってもらった。その振り返りは，書評という課題を課すことの可能性が感じられるものだった。リョウとショーゴの語りを要約すれば，次のようなものだ。

### リョウの中間振り返り
理解は深まったと思う。書評を書くことは本を誰かに紹介することであり，紹介するにはその本について，背景や目的など，さまざまなことを念頭に置かなければならない。つまり書評は「理解」していないと書くことはできず，いい経験になった。

### ショーゴの中間振り返り
ただ本を読むだけであれば著者や作品背景など調べもしない。アバウトな記憶で読み進めても問題はないが，書評を書くこと前提の読書はいままでの読書と違った。メモを取ったり，大事な箇所を要約したり，自分の意見をまとめたりしながら読まなければならない。加えて自分の解釈であっているのか何度も何度も読み直す必要があった。気に入っている小説を読み返すこともあるが，今回の読み直しはその回数をはるかに上回った。単純に何回も読んだから内容理解が深まったというよりは，考えながら読むことによって内容理解が深まったと感じた。

　なお，ショーゴは，書評執筆に1,140分（19時間）かけたという。他の履修生たちの執筆時間は3〜4時間だったから，「何度も何度も読み直す」「考えながら読むことによって内容理解が深まった」というショーゴの指摘は，かなり重みがあるものである。
　ただ他方で，ユースケからは次のような内容のコメントが寄せられた。

### ユースケの中間振り返り
書評は，本書について自分が理解した範囲内で書いたし，それで書けた。理

解を深めるのであれば，要約のほうが効果的だと感じた。


　考えてみれば，たしかに書評は，書籍全体の中のごく一部を引用することで書き上げることもできる。際立っているエピソードを抽出し，その面白さや意外性を強調するかたちで書籍の紹介を行う。とりわけ現状描写が中心のルポタージュが対象であれば，その手法は取りやすいだろう。いくつかの事例を選び，「このような現実を知っているか」「ぜひ知るべきだ」という論調で書けば，文字数は埋まる。

　書評を課すだけでは不十分なところがある——こうした点に気づきつつも，「ルポ本」を取り上げた前半を終え，授業後半へと突入することにした。


### （2）専門書によって引き起こされた混乱

　第8回の授業で，2冊目の課題図書について話し合われ，投票の結果，「つながり格差本」に決まった。ソフトカバー，Ａ5版，256ページの学術書であり，図表 10-5 に目次を示した。履修生それぞれが読み，考える時間を設定するため，第9回と第10回は映画を題材にした授業とし，第11回に「つながり格差本」について議論，第12回の志水氏とのディスカッションに備えることにした。

　著者と直接議論できる機会が用意されていれば，これまでほとんど手にしたことがなかった専門書であっても対峙しようとするのではないか。「ルポ本」の書評執筆経験で得られた反省点，つまり「読み込まずとも書評は執筆できてしまう」という点はクリアされるのではないか。期待を抱いて第11回の授業に臨んだが，そこで展開されたのは，そのような反省点を吹き飛ばすような状況だった。苦い表情をして教室に入ってきた履修生たちからは，「わからない」「腑に落ちない」という言葉が何度も出てきたのである。

　断っておけば，文章の難解さからくる混乱ではない。「つながり格差本」は志水氏の研究の成果が記されたものであり，数量データの分析や理論なども登場する。ただ，専門的な内容を扱っているとはいえ，一般向けに書かれたものなのだろう。文章自体は決して難しいものではない。参考までに，以下の引用

部分をみてもらいたい。実際，履修生たちに「ルポ本」＝100としたときの「読む大変さ」を評価してもらったところ，その数値は110付近に集中していた。

　　図序-1をごらんいただきたい。これは，両方のテストの都道府県別の「平均点」を求め，座標軸上にプロットし，似た位置にある都道府県をグループ（＝クラスター）にまとめたものである。平均点は，以下のようにして単純に求めた。すなわち，昭和のテストであれば，「4つの教科（小6国語，小6算数，中3国語，中3数学）の数値を足して4で割る」，同様に平成のテストであれば，「8つ（小6国語AとB，以下同様）の数値を足して8で割る」。(中略)

　　出てきたクラスターは，全部で6つあった。中央に来るのが，「昔も真ん中あたり，今も真ん中あたり」という安定グループであり，全体の約半数がこのグループに入る。その左に隣接する2番目に大きなクラスターが上昇型である。(後略)　　　　　　　　　　　　　　　　　（志水 2014 pp. 13-14）

　　パットナムとの対比で言うなら，ブルデューの注目する社会関係資本は，「個人財」としての側面が強い。すなわち，生き残りをめざす家族なり個人なりが，いかに戦略的に利用可能な資本を活用するかという点に，氏の関心はあった。氏の議論のユニークな点のひとつは，上に述べた「転換」という視点にある。例えば，学はないが経済資本に恵まれたお金持ちが，潤沢な資金を注ぎ込んで子どもにさまざまな教養を身につけさせようとしたり（経済資本→文化資本），地域の有力者が強力なコネを生かして，子どもを医学部や名門校に入学させたり（社会関係資本→文化資本）……。とは言うものの，彼の議論の焦点は主として文化資本の方にあり，社会関係資本について深く掘り下げることはなかった。　　　　　　　（志水2014 p. 141）

　では，履修生たちは何を「わからない」と言っていたのか。挙げられた疑問は，およそ次の3つに集約されるように思われた。

**図表 10－5　志水宏吉（2014）『「つながり格差」が学力格差を生む』亜紀書房 目次**

序章 「つながり格差」の発見
- 1 平成の全国学力テスト
- 2 衝撃的な調査結果
- 3 学力格差の原因を求めて
- 4 社会的構成物としての学力

1章 学力格差とはなにか
- 1 学力格差とはなにか
- 2 学力格差の歴史
- 3 学力格差の現状
- 4 世界のなかの日本
- 5 考えなければならないこと

2章 なぜ学力格差が生じるのか
- 1 学力の構造——学力の樹
- 2 なにが学力格差をつくり出しているのか
- 3 家庭環境の問題
- 4 学校の問題
- 5 社会構造の問題
- 6 学力にかかわる「心」の部分

3章 「つながり格差」の主張——社会関係資本と学力
- 1「つながり格差」をどう導き出したか
- 2 もうひとつの調査から
- 3 秋田・福井の子はなぜできるのか？
- 4 社会関係資本の考え方
- 5 社会関係資本の３つのタイプ
- 6 社会関係資本と学力
- 7「つながり格差」の克服

4章 学校の力を探る——「効果のある学校」論
- 1「効果のある学校」とは
- 2 2001年調査でのひらめき
- 3「７つの法則」
- 4「力のある学校」のスクールバスモデル
- 5「効果のある学校」を日本全体に
- 6「効果のある学校」から「効果のある教育委員会」へ

5章 学力格差克服のための政策的努力
- 1 教育政策の移り変わり——イギリスを事例に
- 2 ブレア政権下の学力格差是正政策
- 3 学力格差是正をめぐる世界の動向——どこに向かおうとしているのか
- 4 日本の現状を振り返る
- 5 まとめにかえて——大阪の現状から

✓　2014年に出版したこの本では，2000年代のデータを分析した結果を根拠にしている。しかしいまは2022年であり，状況はすでに大きく変わっているのではないか。

✓　学力向上，ひいてはそのための上位層引き上げも大きな課題であるはずだ。格差是正のための施策は，勢い上位層引き上げを後回しにすることに繋がるように思われるが，その点は考えなくてよいのか。

✓　結局，どうすれば格差問題は解決するのか。

　社会科学，とりわけ社会学の領域では，ある現象を解決すべき社会の問題だと位置づけたとき，まずその背景を特定の切り口から探ろうとする。こうした営みの蓄積こそが問題の解明に寄与すると考えるからだが，それぞれの研究が提示する示唆にはどうしても弱さが含まれる。すなわち，設定した切り口以外の要因がもたらす影響を考えれば，容易に「こうすれば解決する」と言い切ることができず，また，抽出された要因の影響が今後も変わらず続くのか読み切れないため，おさえた書き方になってしまうのだ。そして「つながり格差本」も同様の特性を持つ。

　ここで今回の実験に話を戻せば，おそらく履修生たちの反応は，こうした「『つながり格差本』の特性」と「履修生たちの状況」との掛け合わせから生じたものだったと考えることができる。

　本ゼミの履修生たちは，いわば有力大学に難を抱えることなく進学することができている。加えて全員が男子，ほとんどが首都圏出身，半分が早稲田の附属系属校出身という構成だ。教育機会をめぐる困難さからもっとも縁遠いメンバー構成ともいえる。他方で世代的にYouTubeなど社会問題を歯切れよく解説する媒体に慣れているところがある。加えて中学・高校などの小論文の授業で，具体的な解決策を書くようにと指導を受けた者も少なくない。だからこそ，なぜ，（自分たちのような）学力が高い層の引き上げに言及しないまま，教育格差や困難を抱える学校や児童・生徒のことを問題視するのか。なぜ，社会関係資本（つながり）に原因があるとし，200ページを超える紙幅を割いて説明をしているのに，もっと明快な解決策が提示されていないのか。10年以上も前の

データを用いて書かれた本に，もはやそれほどの説得力はないのではないか。こうした「わからない」という履修生たちの発言は，正確に言えば，「わけがわからない」というものだったのではないかと推察される。

　そしてその翌週，第12回の「著者と語る」において，履修生たちは以上の3つを柱とするさまざまな疑問を志水氏にぶつけた。「学力上位層を伸ばすことだって大事じゃないですか!?」「つながりが大事だっていうけれど，なんかすっきりしない書き方だし，つながりなんか強調されたら『ありがた迷惑』だと思う人もいるんじゃないですか!?」「そもそもデータ古くないですか!?」そしてこうした問いかけ1つひとつに志水氏は丁寧に答えてくれた。「教育社会学的に言うなら，『公正』より『卓越性』を重視すべきという意見だと思うけれど，私自身は，公教育では『公正』こそ優先されるべきだと考えています。価値観の違い，ということなのかもしれないけど，『公正』と『卓越性』，そして『公教育』という3つのキーワードを前にもう一度考えてみてもらえるかな」「社会にはいろんな人がいて，それぞれが懸命に生きています。その瞬間は『ありがた迷惑』になるかもしれないけれど，異なる他者に対する共感を大事にするあり方が，いずれは支えになっていくというイメージは描けないかな」「たしかにいまはさまざまなことが急速に変わっていくよね。けれども，社会経済的なことは数年で大きく変わるということはあまりないし，手元にあるデータをとにかく丁寧に分析する，そしてその作業を続けていくということが重要だと考えているよ」等々。同じ領域を専攻する者からすれば，志水氏の回答はいずれも適切かつ妥当なものだったが，わずか90分のやりとりで履修生たちが納得するのは難しかったようだ。考えてみれば，当たり前かもしれない。価値判断や専門的な方法論の話であり，それは，一朝一夕で体得できるものではない。

　その後，2週間かけ，第2弾の書評が執筆された。「書く」という作業を通して，状況が打破されることもあるかもしれないと考えたが，残念ながらそこまで到達したケースはなかった。とりあえず締め切りが設定されているから，第1弾で書いた時と同じような型で第2弾の書評も書いた，というのが，実際のところだった。

## （3）かれらは授業をどう振り返ったか

　魅力的な書評を執筆するためには，まず，専門書が土台とする学術領域や発刊された当時の社会情勢について知らなければならない。そのうえで内容を的確に読み取り，その強みと弱みを判断しなければならない。こうした作業がもたらす効果がどれほどのものか。繰り返せば，この実験は以上のような関心と期待から進められた。図表 10 - 1 に示したように，２つの書評を書き終えた後，最終授業で面談を行ったが，かれらは授業をどう振り返ったのか。まさに六者六様であり，以下，ポイントを簡単に示す。

### マナブの最終振り返り

✓　普段から専門書を読んでいるので，このゼミの課題は，刺激的なものではなく，どちらかといえば負担だと感じていた。

✓　書くということに時間を割くのであれば，もっと「読む」こと自体に時間を割きたかった。次のセメスターでは，もっと専門性の高い学術書を（書評執筆抜きで）皆で読みたいと考えている。

### リョウの最終振り返り

✓　小学生のときはハリー・ポッターシリーズなど，分厚い本も読み，図書館にも通っていたが，小学生高学年で引っ越してからは図書館に行かなくなった。中学，高校と，本とは縁遠い生活を送っていた。だから，ゼミが始まる前は，自分が一冊の本を読み切ることが出来るのかどうか不安だった。

✓　久しぶりに本を手に取ったが，新書も学術書も意外と読めた。面白いとも思った。これまで知らなかった世界を知ることが出来てよかった。

✓　（面白いと思ったのであれば，夏休みに本を読んでみるつもりはあるのか，という教員の問いかけに）夏休みに本を読むことは特に考えていない。

### シンヤの最終振り返り

✓　小学生のときは（リョウと同じく）ハリー・ポッターシリーズなど，よ

く読んでいた。しかし，中学進学とともに，部活動中心の生活となり，自然と本を読まなくなった。

✓　「ルポ本」は久しぶりに手に取った本だった。正直億劫だなと思ったが，読みだしたら普通に読めた。内容も面白いと思ったし，読み通せたことに満足もしていた。けれども2冊目に読んだ「つながり格差本」については，どうしても共感することができず，書評執筆も進まなかった。

✓　もともと自分は，批判的に物事を捉える癖がある。1冊目の「ルポ本」は，単にこれまで知らない世界が描写されているだけだから，「こういうこともあるんだな」という感覚で読み進めることが出来た。まるでドキュメント番組をみている感じだった。しかし著者の価値観や判断が強く反映されている「つながり格差本」は，自分の考えと違う意見，自分の認識と異なる分析結果が最初から散りばめられていて，その段階で素直に読めなくなった。どこに違和感を覚えるかということを探しながら読むことになり，最後までそうなってしまった。

### ユースケの最終振り返り

✓　大学では，語学など，就職後のキャリアにわかりやすく結びつくものを学びたいと思っていた。留学にも興味がある。逆にキャリアに結びつかないものには，極力時間を割きたくない。だから，本を読み，書評を書くというこの授業も，自分にとってはそれほど大事ではなかった。

✓　「ルポ本」は，「この現状を知ってほしい」という著者のメッセージがかなり明確だったので，それをそのまま受け取った。ただし，受け取っただけで，そのメッセージから何かを感じたわけではない。「つながり格差本」は，「格差是正が大事」という著者の考えから書かれていたものだったが，自分はそもそも格差問題が大事だと思っていない。だから「そういった考えもあるんだな」という気持ちで読んでいた。

✓ 「知ってほしい」という目的で現場の描写がなされていた「ルポ本」はゴールを達成していると思ったが，「つながり格差本」は格差是正が大事といいながら明快な解決策まで書いていないから，「じゃあ，なんで書くのかな」という気分になった。モヤモヤし，第11回の授業ではそのことを話したが，いまとなってはどうでもいい。とくに気にしていない。

#### ショーゴの最終振り返り

✓ 書くのは得意ではなく，最初の書評には多くの時間をかけた。けれども，もともと小説をよく読むし，今回も「読む」ことはたいして苦労しなかった。

✓ 小説については，読書仲間がおり，お互いに感想を言い合っている。読むことが好きというより，その感想を言い合う時間が好きといったほうが正確かもしれない。

✓ 「つながり格差本」だが，率直なところ，理論などが用いられており，慣れていないこともあって，よくわからないと思った。「ルポ本」のほうはすっと頭に入ってきたが，「つながり格差本」は読み取るのに苦労した。

✓ ただ，個人的には議論が盛り上がった「つながり格差本」のほうが楽しかった。第11回の授業は本当に活発に意見を交わしたし，それぞれの引っかかった部分が違うというところも興味深かった。そもそも小説の感想は「あそこがおもしろかった」「感動した」というものになりがち。「わからない」ことを柱にした議論は初めてで，新鮮だった。

## 3　考　察

　書評の執筆を通して，専門書の理解を深める。今回のこの試みに及第点をつけることは難しいのではないかと考えている。マナブ，シンヤ，そしてユースケの最終振り返りが（ユースケの場合は中間振り返りも）それを物語っている。

とはいえ，ふだんから専門書を自分で読み進めているマナブはともかく，ほかのメンバーを「専門書を読む入口」にまで連れてくることはできたかもしれないといえば，楽観的に過ぎるだろうか。

　上述の彼らの最終振り返りだが，実はある履修生の振り返りをまだ示していない。ヒデキのものである。ここで最後に，ヒデキによる最終振り返りのポイントを示したい。

### ヒデキの最終振り返り

- ✓ これまで本というものは，単純に自分の気持ちを入れて読むものだった。学校生活で，「本を読む」ことと「感想を書く」ことがセットで扱われることが多かったからだと思う。
- ✓ 「ルポ本」の書評執筆は，気持ちを入れて読む，批評するために読むということに終始してしまう読書から違う次元の読書にいくためのいい練習になったと思った。著者がなぜそのようなことに興味を持ったのか。これを知ることが何を意味するのか。そのようなことを考える時間をもたらしてくれた。
- ✓ 「つながり格差本」では，さらに読み方が進化したように思った。というのは，「ルポ本」で1回書評を書いているので，書評を書くための準備をしながら，つまり1つひとつ確かめながら，考えながら，そして先生が「背景を調べろ」とよく言っていたので，2000年代の状況や著者の経歴などを調べながら読まなければいけないという姿勢で読んだ。
- ✓ 第11回の授業のとき，ゼミメンバーからあれだけ「わからない」という論点が挙がり，著者の価値観や分析への疑問が語られたのは，おそらく皆がそのような「確かめながら，考えながら読んだ」からではないかと思った。他の人がどれだけ「調べながら」読んでいたのかはわからないが，さらっと読むだけでは，あのような濃い時間にはならなかったのではないか。

　吟味しながら，感想以上のものを書く。他人に紹介するような文章を書くということを意識しながら読むということを皆がしてきたからこそ，あの第11回の議論があった。もしこのヒデキの指摘が正しければ，「書評を執筆する」という作業を求めるこの方法は，専門書を読むための最初のステップとして，悪くないともいえそうだ。

　ただ，だとすればここで指摘すべきは，継続することの重要性である。普段から本を読まない学生が，必ずしも関心を持っているわけではない専門の書籍を読み，書評を執筆する。最初は難しく，抵抗があるかもしれないが，3冊目，4冊目と続けられたら「専門書を読む入口」から先に進むこともできるかもしれない。確かめながら，考えながら，そして調べながら読むということができるようになるかもしれない。1セメスターの試みをいかに広げ，膨らませていくか。これをひとつの課題として提示しておきたいと思う。


　さて，担当教員として，以上のヒデキの最終振り返りにはかなり救われたが，同じころ，もうひとつ嬉しいことが起きた。マナブの最終振り返り「次のセメスターでは，もっと専門性の高い学術書を（書評執筆抜きで）皆で読みたい」という意見に，皆（リョウ，ショーゴ，ユースケ，ヒデキ，シンヤ）が賛同したのだ。

　夏休みに自主的に本を読むというところまでは導けなかったし，書評という側面は取り払われてしまうが，「専門書を読む」ことに関しては次につなげることができた。「専門書を読む入口」から先に行くことができそうだ——しかし喜びも束の間，秋セメスターになり，ある教育社会学の専門書をテキストとして設定し，読み始めるやいなや雲行きがあやしくなった。提出されるレジュメ（コメントや議論したい論点をまとめたもの）が明らかに手抜きなのだ。履修生の話を聞くと，「もう本を読むのはいい。学卒後につながるような内容，分析手法を学びたい」という返事だった。皆で決めたのだからとテキストを読み進めることもできたが，履修生たちの要望の大きさを目の当たりにし，方法論のゼミに切り替えることにした。なお，方法論に切り替えてからのゼミでは，真面目に取り組む履修生たちの姿がみられた。

　専門書を読み，読み続ける。そのきっかけとなるような授業をする。上述の

結論を覆すことにもなるが，トータルとして履修生たちから教えてもらったのは，これがやはりかなりの難題だということである。

　何がこの難題を解くカギになるのか。書評執筆の可能性を意識しながら，しかしながらそれにこだわることなく，今後も探っていくことにしたい。

### 謝辞

志水宏吉氏には，第12回「著者と語る」において履修生たちに指導してもらっただけでなく，最終的に書かれた書評を渡したところ，丁寧なコメントをいただいた。履修生のみならず，私自身，多くのことを学ばせてもらった。心から感謝の意を表したい。

### 参考資料

　シンヤによる書評2点を参考資料としてこちらに掲載しておく（提出されたものをそのまま載せている）。「書評：ルポ教育困難校」については，書評というものの「存在すら知らなかった学生が「型」を学ぶことでここまでのものを書いたという視点で読んでいただきたい。また「書評：「つながり格差」が学力格差を生む」に関しては，シンヤが誰よりも強く，読んだときの「わからなさ」を表現していた。本文で示した履修生たちの「わからなさ」をこの書評から感じとっていただきたい。

---

#### 書評：ルポ　教育困難校

　著書は教員として実際に勤務し，一般的に呼称される「底辺校」（以下，著者の言葉を用い「教育困難校」とする）から「進学校」までの多様な高校生を，約20年間教えてきた経験の持ち主である。個性豊かな教員と友人に囲まれた，自由でアカデミックな進学校での高校生活を過ごし，当然のように大学へと進学した著者にとっては，高校時代に出会わなかったタイプの生徒たちが独特の雰囲気の中で高校生活を送っていた「教育困難校」での勤務が，高校教育の目的や社会的意義について考えるきっかけを与えることとなったようである。

　本書が出版された2019年は高校教育が大きく変わろうとしている節目でもあった。2018年には学指導要領が改訂され，今年度（2022年度）から実施されている。また，大学側が求める資質や能力の育成が高校に課されるという観点から，2020年度からセンター試験が「大学入学共通テスト」となっている。このように，高校教育を変えようとする最近の動きは非常に目まぐるしくなっているが，実際に「教育困難校」に関わっている著者は，多くの「教育困難校」は，現時点ではこれらの改革を受け入れられる状況にないと感じている。理由としては，これらの改革が，決められた目標に向かって進める能力を持ち，それを可能とする環境にある高校生だけを

対象としているものであり，現実には，高校の中には，何とか生徒を学びに向かわせるだけに多大な苦労を強いられ，最近の改革に関する議論は遠い異国の話のように思われる学校もあるからである。また，本書出版直後にコロナウイルスが日本に渡来してきており，コロナ禍というこれまでの学校の形態の変化が求められる状況になっていることも，こうした変化に対応することが難儀である「教育困難校」にとっては向かい風となっていることであろう。

　このような高校の実態を描写しつつ，在学する生徒たちはどのような問題を抱えているのか，この現実に教員をはじめ学校や社会はどう向き合っていくべきか等を少しでも多くの人に考えてもらう契機としたいという目的で本書は書かれている。

　ここまで説明は省いてきたが，「教育困難校」とは著者による造語であり，その定義としては，「高校教育の本来の目的である多彩な教育活動に困難が伴っている学校」である。一般には，高校入試の偏差値の序列の下部に位置づけられる高校を「底辺校」と呼ぶことが多いが，著者はその呼称を意図的に避けている。その理由として，この呼称が非常に侮蔑的であることや，この呼称が広く使われるようになった1970年代・80年代とは生徒の質が大きく変わっているということなどを挙げている。

　また，「教育困難校」に通う生徒の割合であるが，著者の基準からすると，最小の県であっても14％，多いところでは40％超の割合の学校が「教育困難校」にあたるとされている。筆者のイメージからすれば，どんなに少ない県であっても14％というのは多すぎるのではと考えてしまうが，これも「教育困難校」に関わりを持ってこなかったが故の考え方なのかもしれない。

　筆者は，小学生までを地元の公立校で過ごし，中学受験を経て附属校に入り，そのまま大学へ進学するという，「教育困難校」に無縁な人生を歩んできた代表例のような人間である。中高時代の友人のほとんどが同じ大学に在学していることもあり，「教育困難校」について，友人伝いで聞くことすら非常に困難な状態にある。

　そんな筆者であるが，「教育困難校」の実態についてうっすら触れる機会があった。それは成人式に参加した時のことである。中学入学後は通学の利便さから引っ越していた

　筆者は，小学生ぶりに地元の友人と再会した。小学生時代は割と治安のよいほうであると考えていたが，成人式の会場には柄の悪い「ヤンキー」と呼ばれるような集団が確かに一定数存在していた。その時はまだ本書を読んでおらず，「教育困難校」という言葉も知る前であったため，「意外とまだヤンキーチックな人がこんなにも多くいるんだな」というようにしか考えなかったが，今振り返れば，二割から三割ほどの成人がそのような状態にあったように思える。

　また，「教育困難校」に通う生徒は，筆者が遭遇したヤンキータイプだけではなく，コミュニケーション能力や学習能力に困難さがあるタイプや，外国にルーツを持つタイプなどなど（他２タイプについては本書にて紹介），著者はそのタイプを５つに分類し，さらにそれらが複合したタイプが存在することまでを想定する必要

があると述べている。

　このように少なくない割合で存在している「教育困難校」であるが，政府が教育について支援するような対象は，進学校や中堅校など，大学への進学を目的としている高校，つまり，エリートを育てるような高校が主であり，「教育困難校」に対する支援の実施状況は，高校を設置する自治体によって大いに差があるというのが現状である。

　ここで，本書で筆者が印象に残ったこととして，「教育困難校」の教員はとにかく忙しい，ということについて触れていく。

　「教育困難校」には，まともに授業に入るまでの手間と時間がまず存在する。また，小中学校で学力の基礎ができていないため授業も進めにくく，経済的に辞書も買えない生徒が多いため，学校で辞書を用意したり，自作の教科書を作るケースもあったりするのだとか。

　また，「教育困難校」では就職や進学にかかわる進路指導も大変である。進学校の進路指導は，偏差値などの客観データで予測可能であり，予備校や大学の資料も充実している。しかし，就職させるにしても，大学に進学させるにしても，「教育困難校」の場合は難儀である。

　「教育困難校」の生徒の入学する大学は，偏差値では判定できないレベルの大学が多く，大学の特色や生徒の個性に合わせた大学選びがより難しくなる。「教育困難校」の生徒の保護者の多くは大学卒ではなく，大学の仕組みも理解していないというケースや，そもそも関心のない場合が多い。

　就職指導についても，社会性が身についていなかったり，両親が忙しくて家庭でのしつけもあまり受けていなかったりする生徒が多いため，基礎的なことから教える必要が出てくる。

　以上のように，「教育困難校」の教員には特有の忙しさが存在し，その結果，うつ病になったり，生徒と向き合うことを放棄するようになったりする教員が出てくる。政府は，このような特殊な条件下で働く人を評価し，支援していく必要があるのではないかと，筆者は考えている。

　ここまで，「教育困難校」の負の部分ばかり触れてきた。しかしながら，「教育困難校」には，もちろん，必要性や意義も存在する。具体的には，「高卒」としての「資格」の場を与える場としての意義や，不足しがちな労働力を供給する場としての意義などである。

　先にも説明したように，「教育困難校」に来る生徒は，家族構成や経済面での不安定な家庭出身であることや，本人が持つ生来の特性や能力などの自己責任では片づけられない問題を抱えている場合が多々ある。そのような生徒たちにとって，「教育困難校」は教育を受けることのできる最後の砦や，社会へ羽ばたくための準備を完了する場といったような存在になっているのである。

　最後に，本書を推薦する対象として，高校教員などの教育者を目指している人たちを挙げる。

　著者が，進学校での三年間の体験がのちに高校教員を目指した最大の理由である，と本書で語っているように，教員を目指すような人は，高校時代に熱心に指導してくれる先生に出会ったり，進学校を経て大学へ進学し，そこで教育について充分に学んだりなど，「教育困難校」とは縁のないような人生を歩んでいる人が大半であると予想できる。そういった人たちが，「教育困難校」の実情を知らずに配属され，その結果，「異動までの数年間を黙って耐えればよい」という考えから，生徒たちに目を向けることすらしないという事態に陥ってしまうことだけは，是が非でも避けなくてはならないことである。よって，教育者の卵たちに本書を読んでもらい，覚悟と責任を持ったうえで，また次の世代の成長を手助けする存在になってほしいと切に願っている。

---

### 書評：「つながり格差」が学力格差を生む

　「学力格差」という言葉を聞いて，どのようなイメージを抱くだろうか。生まれ育った環境，特に親の収入の違いによって，学習塾に通える状況にあったか否かなどが，格差の生まれる要因として真っ先に思い浮かばれた方が多いだろう。
また，格差が存在するという前提条件のうえで，学力水準が高い地域は高所得層が集まりやすい都市部であり，一方で，郊外や田舎のような生活の多様性に欠ける地域は学力水準が低い値で落ち着いていると考えるのが一般的であろう。
　評者も実体験として学力水準が「都市部＞郊外」の関係にあることは，時を遡り，小学生時代から気づいていたことであった。当時，中学受験に取り組んでいた評者は，千葉県出身・在住であるにも関わらず，何の疑いもせずに東京の学校を第一志望校としていた。理由は，東京のその学校のほうが千葉の多くの学校と比べ偏差値が高く，用意されている学習環境が優良であるからだ。このように，東京のような都市部は学力水準の優劣において，それ自体が目指すべき存在のようになっている。
　しかし，『「つながり格差」が学力格差を生む』で示されていたものは，上記のイメージとはまったく正反対なものであった。平成に行われたテストによる全国調査の結果，秋田や福井といった「いなか」地域の成績が高いものであり，大阪のような都市部地域の成績が下位に沈んでいたのである。
　この結果を聞いて，率直に驚かれる方が大半であろう。評者自身もその一人である。確かに，昭和のテスト成績は，経済的諸要因が学力と密接に関わっており，その結果，「都会の子どもはできるが，いなかの子どもはできない」という「都鄙格差」に由来していた。ところが，平成になるとその状況は変わり，別の要因が浮き彫りになった。
　本書は「都鄙格差」に代わる新たな学力格差の要因として，「つながり格差」という独自の仮説を立て，主に「離婚率」（家庭・家族と子どもとのつながり），「持ち家率の高さ」（地域・近隣社会との子どもとのつながり），「不登校率の低さ」（学

校・教師と子どもとのつながり）という三つの観点から，学力と高い関連を持つ現代的要因を多くのデータを用いながら考察する，といったものである。

　著者は東京大学教育学部助教授を経て，現在は，大阪大学大学院人間科学研究科教授である志水宏吉氏。主な専攻は，学校臨床学や教育社会学である。また，本書の主題である「つながり格差」が独自の仮説であるという着眼点からもわかる通り，先進的な研究を多岐にわたって行っており，著書や共同研究によって発表された共編著も多数存在する。

　本書は序章から始まり，1〜5章と続く，6つの章から成り立っている。
　序章【「つながり格差の」発見】では，志水氏が「つながり格差」という仮説を立てるに至った経緯について，平成の学力テストの結果をもとに語られている。志水氏本人も学力テストの結果について，衝撃を受けたと述べられていたことが印象的である。
　1章【学力格差とはなにか】では，章題の通り，「そもそも学力格差とはなんなのか」という根本的な部分についてフォーカスしている。また，世界と比べて日本の「学力格差」がどのレベル深刻であり，早急に解決に取り組む必要のある事案であるのかについても触れられていることが，注目すべき点である。
　2章【なぜ学力格差が生じるのか】では，1章で説明された「学力格差」について，その発生原因を，ミクロな視点とマクロな視点の両側面から，具体的に解き明かしている。
　3章【「つながり格差」の主張】では，本書の主題である「つながり格差」という考え方が学力にもたらす影響について，さらに章の後半部では「社会関係資本」的な観点からも議論が展開されている。
　4章【学校の力を探る】では，3章の最後で述べられた子どもたちの学力のうち，その一つの要素である「学校の力」にフォーカスを当て，欧米で行われた先行研究との比較を，日本との文化の違いを示しながら考察している。
　5章【学力格差克服のための政策的努力】では，4章から考察している教育行政の役割をより限定的に考えるために，「学力政策」の次元まで落とし込み，検討し，本書を締めくくっている。

　正直に言おう。評者は，本書を読んで「つながり格差」が一体何者であったのか，「学力格差」をなくすためにはどのような工夫・政策を取っていくべきであるか，秋田や福井の成績がどんな理由で高い水準にあり，一方で大阪がどのような課題を抱え，低水準の成績になっているのか，これらの核心を突く答えにはたどり着くことができなかった。正確には，著者が述べている答えを見つけることができたが，納得するところまで至らなかったということになるだろう。もちろん，読み手によって，文章に対する受け取り方や，抱く感想というのは変わってくるものであり，

人によっては志水氏の意見に全面的に賛同し，納得することができる人もいるであろう。結果的に評者にとってはそういった部分が見当たりづらかっただけである。

　そんな評者であるが，本書からは唯一，「下層階級（マイノリティ）の現状に目を向けてほしい」という気持ちだけは感じ取ることができた。非常に上から目線の汲み取り方であることは重々承知である。しかし，本書では「都市化によって生まれたひずみの影響を受ける家庭」や「しんどい子」といった，学力面に関して，何不自由なく暮らす「上流階級」と対極の存在に位置する「下層階級」について焦点を当てる機会が間違いなく目立っていた。また，幸いにも先日，著者本人と話す機会をいただくことができたのだが，その際も，「学力向上を目指すうえで，世間的によく注視されるのは成績優秀者の子どもたちであり，成績が下の方に位置している子どもの存在は気にもされておらず，その解消についての取り組みは行われてきていない」ということを志水氏は述べられていた。その発言には，怒りともいえる強い気持ちが込められていたように評者は考えている。

　前述した通り，評者は中学受験を経験しており，その後はエスカレーター式で大学まで進んでおり，学力面に関しては「下層階級」にあたる人たちと共にする時間が極端に短い人生を送ってきたと言える。よって，身近に「教育格差」に苦しむ人がおらず，そういった人々の現状を理解する経験が不十分であるため，本書で志水氏が伝えたかったことに対する共感が難しかったのであろう。

　しかし，ここで一つ反論がある。それは本当にこれまでマイノリティの人々が教育の分野において，ないがしろにされてきたのかということである。日本全体の学力底上げということに関して言えば，学力面での「下層階級」（マイノリティ）の人々の困難を解消することが最重要事項の一つであるということは事実である。それは認めるとして，そのような取り組みがされてこなかったのかと言われたら，その言い分には懐疑的な立場を示す。

　実情としては，文部科学省が「学力層に着目した指導方法等に関する分析」という名目で低学力層の関心・意欲・態度等に関する分析を行っていたり，また，同じく文部科学省が委託研究として「小学校から中学校までの低学力層の学力の変化とその要因に関する研究」を行い，学力水準変化の要因を導き出したりなど，マイノリティ側の研究は日本においても，比較的進んでいるように見える。

　一方で，「上層階級」側の研究は進んでおらず，日本が学力において，世界基準で上位レベルに立つためには，むしろこのような高学力層にスポットライトを当てることの方がより効果的であるというのが評者の意見である。

　最後に，本書を推薦する対象として，これまで「教育格差」の問題に対峙することなく，今日の教育についてなど考えることも，それを思考する必要性を感じる場面にすら遭遇せずに過ごすことができていた，いわゆる一般の人々を挙げる。

　本書は学術書という扱いであるが，難しい語句はほとんど使われておらず，稀に

登場する専門用語にも，補足が丁寧になされているというのが特徴である。よって，これまで学術書に触れてこなかった人たちや，教育の分野に精通してこなかった人たちでも，読むだけであったら，非常に易しく，短時間で読破することのできる代物である。問題は書かれている内容の受け取り方であり，人によっては評者と同様，共感する部分が少ないまま終わってしまう方もいるかもしれない。しかし，そのような人たちこそ，本書を手に取り，「普段，表沙汰にはされない人たちの存在を認識し，そういった人たちの気持ちを理解する」心を養うことは好ましいことである。また，これは単なる望みであるが，読み終えた後の率直な感想や意見などを評者のもとへ届けてほしい。評者自身は本書を読んであまりにも共感できる部分が少なかったため，同じような境遇に立っている人が本書を読んだときにどのように思われるかということに興味を持っている。

**参考文献**

広島大学（2012）「平成23年度文部科学省委託研究『学力調査を活用した専門的な課題分析に関する調査研究』報告」。https://www.mext.go.jp/component/a_menu/education/micro_detail/__icsFiles/afieldfile/2014/02/17/1344302_002.pdf（2022年7月13日閲覧）

文部科学省（2008）「平成19年度全国学力・学習状況調査追加分析結果」。https://www.mext.go.jp/a_menu/shotou/gakuryoku-chousa/zenkoku/08020513/001.htm（2022年7月13日閲覧）

# ブックガイド
## ——「大学生の読書」を考える18冊

渡邉浩一

　若者の「読書離れ」が喧伝される一方で——あるいはだからこそ——読書に
まつわる文献は引きも切らず出版されています。ここではその中から「大学生
の読書」の現状把握と現場での実践に資すると思われるものを，観点別に数冊
ずつ紹介することにします。

## 1　「最近の学生は本を読まない」という言説の歴史——新旧読書調査

①飯田一史（2023）『「若者の読書離れ」というウソ——中高生はどのくらい，
　どんな本を読んでいるのか』平凡社新書
②IDE大学協会（2020）『IDE現代の高等教育』No. 621「大学生と読書」
③安江良介 編（1985）『世界』第476号「特集　大学生と読書」
④河合榮次郎 編（1938）『學生と讀書』日本評論社

　そもそも「若者の読書離れ」の実状はどのようなものか。①が各種の読書調
査によって示すところでは，「若者」のうち小中学生の読書量は2000年代以降，
「朝の読書」の推進・普及などによってV字回復しているといいます。それが
高校生，大学生，大人と進むにつれて下降していくわけですが，同書は大学生
の読書離れに関して次のように喝破します。「大学進学率が上昇して"全入時
代"になり，入試制度が多様化したことで，『本を読み，文字ベースで学習す
る』タイプ以外の人たちも大学に入ってくるようになった。結果，今や大学生
の不読率は，大人と変わらない状態になった。『大学生の不読率上昇』とは，
おそらくそれだけのことである」（p. 42）。

そのうえで，大学教員には耳の痛い次のような指摘も。「もし本当に不読が問題だと考えるなら『○冊読んでレポートを書くことを卒業要件とする』と強制すればいい。そうしていないということは，多くの大学は，自ら学生の不読を容認しているのである」(p. 240)。たしかに，教員・科目レベルでの取り組みはあっても，国内で「グレートブックス」型の学位プログラム（「3」で後述）を実施しているという話は聞こえてきません。

　しかし課題へと話を進める前に，今日に至る経緯を見ておきましょう。大学生の読書調査は全国大学生活協同組合連合会（全国大学生協連）が継続的に行ってきましたが，35年の時を隔てて同じ特集名で発表された②③は，ともにその調査結果の紹介・分析を含んでいます。

　③は大学生の「活字離れ」が広く取りざたされるようになった時期のものですが，①に通じる次のような指摘がなされています。「同年齢層の3〜10％程度の者しか大学に学ぶことのできなかったエリート教育の時代の目で，今日のマス教育の段階にある大学生を見るから，『活字離れ』に見えるのか。それとも，生まれたときからテレビが身のまわりにあり，マンガがふんだんにあるという映像文化の中で育ってきた今日の大学生にとって，情報伝達手段としての活字の占める役割は，そう大きなものでなくなっているのか」(p. 91)。

　一方，②では直近の生協調査（『学生生活実態調査』），および東京大学による『全国大学生調査（第2回）』(2018年) の結果が紹介・分析されています。この間，社会ではインターネット，大学教育においてはアクティブラーニングの普及が見られるようになりましたが，どちらも自律的・主体的な読書に結びついていないという指摘は，先の①のそれとあわせて各教員・機関がよくよく考えるべきところかもしれません。

　ところで時代は一気に遡りますが，④には戦前の「エリート教育」期の読書調査（京城帝国大学予科および成城高等学校）が収められています。そこに見られる以下のような文言は，「最近の学生は……」という言葉遣いへの反省を促すという点でも貴重なものです。

　「社会の進歩と共に色々な娯楽がふえ，ことにスポーツと映画が流行普及することによって，読書の占める役割は狭められて来たかも知れない。近来の学

生が昔ほど読書をしないというのも実情であるかもしれない。むしろ，それは自然の勢いであるかもしれない」（高橋健二／p. 247［旧仮名遣は現代仮名遣いに改めた。以下同様]）。

　「或る大学図書館の調査によると，学生総数の約五分が閲覧票を所持していないということである。［……］講義にすら一度も顔を出さず，試験はプリントと一二の参考書ですまして置くというような傾向も相当に強い大学もあり，特に私立大学の野球選手などの多くは講義には殆ど顔を出さないのが多いと聞いているから，そういう学生が図書館などに足を向けないのは，むしろ当然の事柄といえよう」（吹田順助／p. 67）。

　「学生であるからには，読書の趣味を解さなければ嘘である」（山田珠樹／p. 43）。


## 2　大学生協の問題提起──「読書指導の時間」

⑤宮腰賢 編（1988）『大学生の読書問題とは何か』全国大学生活協同組合連合会
⑥全国大学生活協同組合連合会教職員委員会 監修／玉真之介 編（2017）『大学教育と読書──大学生協からの問題提起』大学教育出版


　「1」で見たように大学生の「活字離れ」「読書離れ」は短く見積もっても40年来のものですが，この間，関係者たちはただ事態の推移を見守っていたわけではありません。たとえば全国大学生協連は毎年の調査とともに読書推進活動も展開しています。⑤⑥はそれに関連したシンポジウムの記録です。

　⑤には，③の雑誌特集を企画した安江良介（岩波『世界』編集長）が参加していますが，そこで次のように提言していました。「大学教育の中でそろそろ読書という問題についてある仕組みをつくるべきところへきているのではないかと思っています。大学外のものがいうのは乱暴な話ですけれども，大学の各学年に，2単位なり4単位なりの講義として読書の時間とか，読書指導の時間を設けていただく。必須の単位として学生が必ずとって，そのことによってガイ

ダンスを受けてということがあっていいところへきているんじゃないか」（p. 24）。

　下って⑥は——②の生協調査と対応するものですが——この間の大学教育の変化を反映して，アメリカ流のリーディング教育（橘由加），初年次教育としてのリーディング・ライティング（杉谷祐美子），図書館のラーニングコモンズ（佐々木俊介），電子図書館（針持和郎）や現場の授業実践例などを紹介しています。より詳しくは「5」で見ますが，教育現場は間違いなく変化しましたし，なおその途上にあります。

## 3　「何をいかに読むべきか」——グレートブックス

⑦R. M. ハッチンズ　田中久子　訳（1956）『偉大なる会話』岩波書店
⑧M. J. アドラー・C. V. ドーレン　外山滋比古・槇未知子　訳（1997）『本を読む本』講談社
⑨麻生磯次・木村健康・玉蟲文一・淡野安太郎　編（1950）『大學生の讀書——何をいかに讀むべきか』山根書店
⑩H. ヘッセ　岡田朝雄　訳（2004）『ヘッセの読書術』草思社文庫

　ところで大学生の読書離れの主要因が進学率の上昇にあるとすれば，それは日本に限った話ではありません。やはりアメリカ合衆国がこの点でも先進国なわけですが，あちらでは⑥のリーディング教育のような一般的なものに加えて，「グレートブックス」という読書に徹底したユニークなカリキュラムがあることも知られています。

　学士課程の4年間を通じて古今東西の人文・社会・自然科学の古典を読み，それに即して少人数の討論を行うこのカリキュラムは，セント・ジョンズ大学をはじめ一部のリベラルアーツ・カレッジの特徴となっていますが，⑦はこのカリキュラム運動の主唱者ハッチンズによる趣意書ともいうべきものです。「付録　西洋のグレート・ブックスを十年間にどう読むか」では，プラトン『ソクラテスの弁明』にはじまりフロイト『精神分析入門』に及ぶブックリス

ト——各学年18冊，計180冊を10年かけて読むカリキュラム——が示されています。

アドラーとヴァン・ドーレンによる⑧は読書指南本のロングセラーですが，実はこれもグレートブックス運動に掉さすものです。本論は初級読書から点検読書，分析読書を経て最終的にレポート・論文執筆につながる「シントピカル読書」へと至るステップの手ほどきで，翻訳はそこで終わっています。しかし原著には⑦と同様，ブックリストが付いています。両者を読み比べてみる，そして自分（たち）のバージョンを妄想してみる……そんな教員研修（FD）をやってみるのも面白いかもしれません。

⑨は，このグレートブックス・カリキュラムも含め，戦後改革によってアメリカ流の一般教養（general education）課程が日本で熱く展開された時期の産物です。当時の東京大学教養学部の人文・社会・自然科学，体育・芸術・外国語の学科目担当教員34名が，密度の高い学科・文献紹介を執筆しています。

ブックリストというのは本好きには楽しいもので，⑩には文豪ヘッセがレクラム文庫——岩波文庫のモデルとして知られる——に求められて執筆した「世界文学文庫」というエッセイとそれに対応する「世界文学リスト」が収録されています。ヘッセでなくとも，それぞれの好きな作家・アーティストによる「おすすめリスト」的なものは，今でも相当な感化力をもつように思われますが，どうでしょうか（学生の好きな作家・アーティストは誰で，彼らは「おすすめリスト」を公表しているでしょうか）。

## 4　何をいかに読んできたか——読書史

⑪R. シャルティエ，G. カヴァッロ 編／田村毅・片山英男・月村辰雄・大野英二郎・浦一章・平野隆文・横山安由美 訳（2000）『読むことの歴史——ヨーロッパ読書史』大修館書店

⑫サン＝ヴィクトルのフーゴー　五百旗頭博治・荒井洋一 訳（1996）『ディダスカリコン（学習論）——読解の研究について』上智大学中世思想研究所 編『中世思想原典集成9　サン＝ヴィクトル学派』平凡社，25-199頁。

⑬前田勉（2018）『江戸の読書会——会読の思想史』平凡社ライブラリー

　カリキュラムとして展開されるグレートブックスは，しかし文化的対立を惹起しうるものでもあります。⑪は古代ギリシアから中世・近代を経て今日に及ぶヨーロッパの読書史——何がいかに読まれてきたかの歴史——ですが，その最終章では1988年にアメリカの大学で起きた学生たちによるグレートブックス的な「カノン（正典）」への異議申し立てをとりあげています。その際，学生たち（とりわけ黒人，アジア系，ヒスパニック系の学生たち）が「『カノン』を変更して，ヨーロッパ偏重を改め，より『アメリカ的』にする」よう，つまり「西洋の伝統をひく『白人』文化以外の文化も，対等の立場で高等教育の中に含められるべきであ」ると主張したのに対して，大学当局者側は概して「ギリシャからサルトル，フーコーにいたるまでの，西洋中心的な文化の伝統的『カノン』」を強く擁護したといいます（p. 509）。

　はるかに遡って⑫は，パリ大学の成立と前後する時期の自由学芸（リベラルアーツ）の教師の手になる読書・学問論ですが，そこで自由七科を中心とする諸学は究極的には『聖書』の読解につながるような仕方で秩序付けられています。権威づけられた書物に即して読解・討論・註解を事とするのが，洋の東西を問わず近代以前の「読書の学」（吉川幸次郎）の本質でした。この伝統を継承する側の保守性と，その伝統の外部から来た新メンバーによる革新は，そういう意味では今なおその只中にある近代の科学・学問の発展の本質的契機といってよいのかもしれません。

　ところで⑬は，タイトルの通り，江戸から明治初期にかけて一般的に見られた読書・学習方法である「会読（かいどく）」——経書の素読・講釈に続く学習ステップ——の変遷を扱ったものですが，元来儒学の学習から始まった方式が，やがて蘭学や国学という新興分野にも広がっていきます。身分にとらわれない討論を許す読書形態が新たな文化摂取・創造の推進力となったというのは，なんとも示唆的なことではないでしょうか。

## 5　大学内外でのさまざまな試み——ビブリオバトル・読書会・ライティング

⑭ビブリオバトル普及委員会（2023）『ビブリオバトルガイドブック——ルール改訂版』子どもの未来社

⑮竹田信弥・田中佳祐（2021）『読書会の教室——本がつなげる新たな出会い 参加・開催・運営の方法』晶文社

⑯井下千以子 編（2022）『思考を鍛えるライティング教育——書く・読む・対話する・探究する力を育む』慶應義塾大学出版会

⑰M. M. サルト　宇野和美 訳（2001）『読書へのアニマシオン——75の戦略』柏書房

⑱山元隆春 編（2015）『読書教育を学ぶ人のために』世界思想社


　大学生を対象とした読書推進は，文化伝統の違いもあってのことでしょうが，高等教育システム全体としてはアメリカのようには進んでいません。しかし「活字離れ」がいわれはじめた80年代と比べると，個々の教員レベル・カリキュラムレベルでさまざまな変化が見られることも事実です。

　⑭は2007年に考案され，この間，全国的に普及を見た書評合戦＝ビブリオバトルのルールブック（最新版）ですが，大学図書館でのイベントや初年次教育にこれを取り入れている事例はよく見聞きするとおりです（⑥）。

　大学教員は学生・院生時代に多かれ少なかれ読書会——⑬の「会読」に連なる活動——を経験していますが，近年，オンラインツールの発展も手伝ってか，大学外での読書会もかなり盛り上がりを見せているようです。大学院生の少ない大学では学部生が自発的に読書会を始めることはなかなか難しそうですが，そのノウハウや実践例をまとめた⑮はギャップを埋める手がかりの一つとなるでしょう。

　作文・ライティング教育もこの間の大学教育の変化を特徴づけるものの一つで，実際，教えれば学生はある程度書けるようになりますが，定着・質向上のためにはインプットとの循環が不可欠です。⑯はライティング教育本の中でも

「リーディング」との接続を扱ったもので，正課内での読書推進のために事例と理論の蓄積がなおいっそう期待される分野です。

　いずれにしても，①や⑤の指摘のとおり，学生に本を読んでほしいと思うのであれば正課内外でそのための具体的な手ほどきを行うことが必須です。それには初等・中等教育段階の知見も役に立つかもしれません。⑰は物語・詩を楽しく読解させる技法集（全75例）で，大学の初年次教育などに活用できそうなものも含まれています。⑱は，学生が大学入学以前にどのような読書教育を受けてきているのかを知るうえで有益です。

# 《鼎談》読むことの楽しさを伝えられたか

## ——講読プロジェクトを終えて

吉田文×濱中淳子×渡邉浩一

### ◆本書の編纂の意図

吉田：本書は当初から明確な目的があって編んだというよりは，自分の授業で学生に専門書を読ませる試みを記録し，現在の学生にとっての読書とは何か，大学教員として何をすべきかを考えようという目標があって，それに向かって皆で議論しながら作り上げたといった方がよいでしょう。途中，執筆者全員による企画会議も経過報告会も数回開催しましたね。

　私自身のことを申し上げれば，これまでのゼミの中で専門書を読むということはそこそこやってきてはいますが，なかなかうまくいかない。学生は，授業だから指定されたら読んで来るし議論もします。でも恐らく，読んだ内容や議論したことが，その後に残ってはいないんだろうなっていうのが，すごく気になっていました。でも，大学でしか読まないような専門書を手に取ってほしいし，加えて，学生にとって読書は楽しいと思えるような授業にするためには，何をやったらいいのだろうって模索をし続けてきました。

　そんなところに，編集者の本田さんからお話を頂いて，じゃあ，若手の教員はどうやってクリアしているのだろう，若手教員の実践を集めた書籍にしようと，まず，渡邉さんにお声がけしました。そして自分の授業で専門書を読ませる実践をしている人文社会科学系教員で，この企画に乗ってくださる方を集めていただきました。濱中先生には，当初は，執筆者を探していただくことをお願いしたのですが，この企画そのものに賛同し，執筆者の1人として手を挙げて下さったという経緯があります。

渡邉：お話をいただいたとき，私は渡りに船という感じでした。というのは，もともと教養主義的な文化に憧れて大学に進学して，その流れで哲学史を専攻するようになったんで，根っこに「（古典を）読んでなんぼ」という価値観がある。教員としても，学生が自発的に読まないなら授業を通じて読むように仕向けるべきという考えで，それで前職の私大の教養部で始めた試みを現職でもう一歩進めようとしていたところだったので。

　そういう意味で今回の企画は，これまでやってきて，これからも続けていくつもりのことを，いったん立ち止まって省察する機会になりました。

濱中：このプロジェクトに参加させていただいたのは，基本的に授業に自信を持っていないからなんです。そもそも，大学教員って教育をどうするのかというトレーニングを受けているわけではないですよね。私自身は，自分が学生だったころに受けた授業を思い出したり，教授法の本もたくさん出ているから，それらを参照したりしながら授業を作ってきましたが，悩みも多くて。私にとっては，いろいろな領域の先生方の授業を見せていただきながら，どうやったら専門書を使ったゼミがうまくできるかを学ばせてもらえるいい機会だなと思って，参加させていただきました。

　書かれたご論稿を拝読すると，古典，社会科学の基礎，現代的なトピックなど，授業で取り上げた書籍の性格は多様，そしてテーマや目標も多様でしたが，困難や工夫のありようには共感できるところ，参考になるところがたくさんあり，多くを教えていただきました。

### ◆読書のゴールをどこに設定するか

吉田：読書を授業として扱う以上，読書のゴールをどこに設定するか，そのゴールに向けて毎回の授業をどのように進めるか，ここが教員としての悩みどころで腕の見せどころですが，本当に各人各様面白かったですね。

　私のことを申せば，第2講にも書いたように，学生の選択でジョン・デューイの『民主主義と教育』を読むことになったのですが，自分の専門の教育社会学とは議論の展開がまったく異なる哲学書のため苦労しました。学生にどのような考え方をさせれば哲学的な考え方をしたことになるのか，

ということがわからない。そこで，哲学として正統な読み方ができないの
だから，むしろ，学生が，本を読んで自分たちの問題にどれだけ引き付け
て考えることができるようになるか，ということを重視しよう。私は，書
籍に書いてある論旨の展開を理解しているか否かをチェックし，それにも
とづく議論の内容が少しでも深くなるようにサポートすることにしようと
目標を設定しました。それと，もう1つ工夫をしたのは，ペアで読ませた
ことです。1人1章にすると読み込めないのですが，ペアだと相互に事前
に内容確認してくるし，議論のテーマ設定も相談して作ってきます。

　実際，本の読みは結構粗いです。でも，テーマ設定はいっぱいしてくる。
そこが面白かったですね。だから，考えていないわけではない，というこ
とがわかりました。

　哲学がご専門の渡邉さんにお聞きしたいのですが，1冊の哲学書を読み
こなす場合，どういう読み方をさせると楽しめるのか，あるいは，何か後
に残るのか，その辺のところはどのようにお考えですか。

渡邉：楽しさに関しては，たぶん哲学の教員のほとんどは哲学の問いほど考え
て楽しいものはないと思ってると思うんですよね。それを凝縮したものが
哲学の古典で，面白い問い・議論の宝庫なんで，バランスよくそれが展開
されている本を選べば，初心者でも十分楽しめるのではないかと。

　一方で読みこなすという点については，たとえばプラトンの対話篇を読
みこなす，なんていうのは研究者にとっても果てしのない話で，だからそ
こはある意味割り切ってます。それでも油断すると精読に傾いてしまいま
すが，心構えとして，哲学書との出会いの場ではそれぞれ徒手空拳で誤読
も気にせず自由におしゃべりする方が大事な気がしています。

　要は古典の場合，その授業がなければ一生出会わなかったかもしれない
ものと出会った，というだけで十分ではないかとも思うんです。むしろ，
その点で今回考えさせられたのは，初年次のトレーニングの方ですね。読
書を通じた文章作成・発表・討論等の訓練は一応成立するものの，それが
学生にとって次なる読書につながる体験か心もとない感じがするので。

濱中：ゴールをどのように設定するのかは，いくつか次元があるように思いま

す。私の中で，最初に設定したのは「適切に批判をする」というものだったんです。課題図書を書かれた時代や空間の文脈に位置づけ，その文脈を意識した評価を心掛け，自分だったら，さらにどのように発展させるかを考える。こんなことをやりたかったんです。しかし，これがうまくいかない。

　当たり前のことですが，的確に批判をするためには，いろんな知識が必要になります。時代や社会の背景，他の人たちが何を言っているか，こういうデータがある……そういうことが頭の中にあって初めて批判っていうのができるんだなっていうことを，授業をしてみて改めて気付いたのです。否定じゃなくて批判だと繰り返し言っても，否定ばかりしてくる。1冊の本を読んで批判をするという目標は，かなり難易度が高いのだなと痛感した経験でした。

吉田：執筆者の方々も，そのあたりは苦労しつつも工夫を重ねられていることですね。それぞれの特色を一渡りしてみましょう。

濱中：そうですね。藤田先生は『独裁者のためのハンドブック』，『多数決を疑う』を利用され，畔津先生は『「働くこと」を思考する』を用いられていますが，このお二人は，社会科学的に議論するとはどういうことなのか，筆者のロジカルな思考法をきちんと追えているかということに力点を置いた授業をされているように見えます。

　一方で，標葉先生とか，荘島先生とか，現代的な課題を選んでいらっしゃる方は大きく異なる取り組みをされていて，専門書に書かれていることを手掛かりに，関連した課題や他者理解，多様性など，いろんなところに発想を拡げて課題の理解を深めようとされていたように見えます。

　八谷先生は，批判力の涵養をものすごく意識していらっしゃいました。初年次教育の授業なのですが，否定と批判は違うというようなことから始める。批判とは著者の意見を把握して，それとは別の観点がないかを考えることだと教えるなかで，学生は徐々に批判ができるようになっていく様子を詳述されています。私のゼミも「批判」がキーワードだったので，この取り組みはかなり参考になりました。

標葉先生の場合，アウトプットの作り方に工夫されていて，メディアとして何かを作るなど，遊びに近い部分，クリエイティブな部分があるのは参考になりました。トレーニングの面と楽しみの面が両立できたら効果的だろうなって思います。

渡邊：議論・討論は多くの方が採用されていますが，齋藤先生はディベート形式で議論を戦わせるという方法を実践されているところが面白いですね。学生にとってはグループでの議論より数段難しいものだと思います。でもそれは是非とも大学時代に体得してほしいことの1つではある。

　　また，多人数の講義での堀川先生の実践も示唆に富んでいますね。『イリアス』という大古典の力と堀川さんの解説力の両方があってのことですが，読むことを必須化しなくても，教員が読んで見せるうちに釣られて自分でも読む学生が出てくるというのは勇気づけられる話です。

吉田：授業で取り上げる読書の方法が，いかようにも設定できることがわかりますね。大きくまとめれば，書籍の内容を理解する，それも新たな知識を獲得するという読み方から，批判的に読む，物語に沈潜していくなどさまざまでした。読んだ後に議論をする，これもグループワーク，ディベートなどの方法がありますが，読んだ内容を確認することから始まり，読者が書籍から引き出した課題について議論するなどまでありました。さらに，読書の最終成果をどうするか，書評を書いたり，議論をまとめて発表したりと形のあるアウトプットを作成するケースもありました。

　　多様な方法がありうることがわかったわけですが，おそらく学生は授業だからここまで熱心に読書に取り組み，グループワークがあるから，モチベーションも続いたという感があります。1人だったら，こうはならないでしょう。

### ◆自発的な読書行動の誘因となるか

吉田：では，少し話を，学生のほうに移しましょう。学生はどう変わったのか，読めるようになったのか，読書そのものを楽しむようになったのか，そのあたりは，先生方の目から見た時に，どんな変化を感じられましたか。

渡邊：まず「読める」という話をする場合，「読んでないから読めない」のを「読ませて読めるようにする」というのが前提になりがちで，私自身もそこから取り組みを始めたわけですが，続けているうちに再考の余地があるな，と感じるようになってきました。

　というのは，直近の学期だとカントの『永遠平和のために』を用いたんですが，その種のテクストを学生間で読み合わせのうえ意見交換させると，意外と「読める」，つまり彼らの現状の理解力・知識に照らして意見表明ができているからです。それができるのは，たぶん高校までの国語の評論文の読解なんかで相応にトレーニングされてきているからですよね。

　そのうえで「読んでないから読めない」の実質はどこにあるかと言うと，評論文の何十倍・何百倍もある・手加減なしに書かれた本を読み通して内容を咀嚼する，結局はそこなんだろうと思います。本をたくさん読んできた・読んでいるという場合も，多くは小説で，始めから終わりまでストーリーを追う読み方をしているので，何らかの知的アウトプットを前提にした読書の経験は乏しく，その意味ではまだ「読めない」。でもそこは練習・訓練次第で，量と質をこなすほどに向上していくんだろうと思います。

　ただ，これはどちらかというと「知的訓練」としての読書で，中にはそのこと自体に喜びを感じて自発的に読書するようになる学生もいるでしょうけど，読むこと自体が楽しいから自ら進んで読むというのとはちょっと違う気もします。古典の読書は，「読める」という点ではみんな途上で，初心者も研究者もグラデーション状だと思うんですが，その「楽しい」の実質はどこにあるのか，それを意図して授業で味わわせられるのか，といった問題意識が新たに浮上してきているところです。

濱中：私の試みは少し特殊でした。単に読むだけじゃなくて，書評執筆というワークを取り入れたもので，「読む」と「書く」との合わせ技のような実験でした。まず，「書く」ほうから話をさせていただきますと，そもそも学生は書評というものを知らなかった。そして3,000字から4,000字というそれなりのボリュームの書評を書くことを課したので，学生からは「こんなに書くんですか」って言われたのですが，2冊目の書評課題のときには

さらさら書けるようになっていました。私が執筆した第10講の最後にある学生が書いた書評を載せましたが、それなりのものは書いてきます。学術雑誌に載ってる書評を参考にして、型を教えました。導入部分を書いて、その後に構成を書いて、どの部分が注目されるのか、面白かったのかを記して、でも、ここはもう少し知りたかったなどの注文を付けるといった型を教えると、それなりの書評を書いてきます。そういった感じで「書く」方はスムーズにいったというか、頭を抱えることはありませんでした。

　けれども、「読む」については心もとないところがあります。最後まで、専門書を読む意義のようなものは伝わらなかった、伝えられなかったと思っています。YouTube世代、インスタ世代、TikTok世代なんです。数十秒の情報で物事を考えることに慣れているので、そもそも300ページもあるような本を読むことを「コスパが悪い」と思っています。専門書を読む意義を伝えることは、以前より難しくなっているのかもしれません。

吉田：私の場合、書籍を1冊全部読み通すと読めるようになる、速くなる、的確に論旨がわかってくる、という学生の変化は、手応えとして感じました。

　でも、読むことそのものを楽しんで読んでいるかどうか、あるいは、楽しんで読むようになってくるかというのは、やっぱりクエスチョンマークが付きますね。というのは、デューイの『民主主義と教育』の上巻を読み終わって、下巻だなと思っていたら、「もういい」となりました。

　大学教員としては、最終的には、学生が自ら本を手に取ってほしい。そのような学生生活をどこかで身につけてほしいと思っているし、あるいは、大学生活が終わったら、単なる雑誌じゃなくて新書の1冊でも手にするような人生を送ってほしいなって思っているのですが。でも、これは自分が読書は楽しいと思わない限りやらないことです。そこまでなったかどうかっていうのは、残念ながら、はなはだ疑問が残りますね。

### ◆大学教育と読書

吉田：私の大学の場合、ゼミが3年からなのですが、新書や文庫で四苦八苦するのをみると、「あなたたち、これまで読まないからいけないんでしょ」

とは言えないです。学生文化として読書をすることがない以上，学校文化として教員がつくるしかないのではと思うんです。大学教育として何か工夫しないといけないんじゃないのかと思います。

濱中：そうなんです。私たちのこの本はひとつひとつの授業の試みの本ですが，最終的には4年間124単位の中のどこにこうした授業を位置づけるかという，カリキュラム全体の設計の話につながっていくと思います。1年生では専門書に関してこういう体験をさせたほうがいい，そして2年生では……というイメージです。ただ，こうなると，もはや授業改善ではなく，カリキュラム改革ですよね。

渡邉：私も同意見ですが，その際，どうしても理解度とか身につく能力みたいな話になりがちなところ，むしろその手前にある「出会わせる」という契機こそが重要ではないかという思いもあります。古典というのはいったん出会ってしまえば，それきり授業で触れなくても，自分（たち）で，あるいは大学を卒業したあとでも，一生かけて読み返せるものになるわけで，そうした出会いの場を用意するのはやっぱり大学のすべきことですよね。

吉田：確かに，そうですね。

濱中：できるだけ早い時期に専門書に触れる機会があったほうがいいと思うのですが，そこはどうでしょう。

渡邉：初年次教育だと，私自身もそうですが，「熱いうちにたたけ」でどうしてもトレーニング，スキル獲得のほうに関心が向きがちですよね。

吉田：アカデミックスキル，たとえばライティングなどは，どこまで何ができるようになったらいいかって，順序を踏んで作ることができるわけです。それによって評価もできます。学生も，次はどこを目標にっていうこともわかる。けれども，本を読むってそうじゃないわけです。とすると，スキルじゃないんだけれども，どこかでスキルのようなものにするために，それをどう作り上げていくかっていうのは難しいです。本を読めるようになったっていうのは，どこの部分をどう見たらそう言えるのか。学修成果の可視化が云々されるなか，そんなことも考えてしまいます。

渡邉：難しいですね。おっしゃるように，とくに初年次では読書に即した作文，

プレゼンなど目に見えるスキルと連動させがちですが，そうするとどうしてもトレーニング，苦行という感じが強くなる。結果，そもそも本に即さなくてもいい感じすらしてくる……。この点はまだまだ試行錯誤の途中ですが，トレーニングが不可避であるなら，たとえばライティングで，よく書くためにはよいものを読まざるをえないことに気付かせる，というような行き方のほうが実のある読書になるような気もしています。

濱中：何をもって，ちゃんと読めているかというのは，目標によって左右されますよね。ロジックを追うことが目標であるのと，いいディスカッショントピックを設定できるというのが目標であるのと，評価の仕方は変わってきます。

渡邉：しかも読書に即してそれをやる場合，読ませ方をどのくらい方法化するかも問題になってきますね。なんとなくの輪読・購読だと，参加学生のキャラクター，教員との相性，その場の空気が中心になって，運よく化学反応が生じれば読解も議論も深まるけれど，そうでないときは残念なことになる。何らかのファシリテーションは必要ですが，といってゼミでの読書に関する汎用的な技法があるわけでもないので，試行錯誤は続く，ですね。

吉田：話は変わりますが，学生や生徒の読書調査をみると，高校生になると途端に読書時間が減っています。多分，受験と部活に時間を取られるからだろうと思います。

濱中：小学校だと，宿題で読書感想文などが出ますし，読んで書く機会はありますよね。また，授業の中で学校の図書室に行くということもあるようです。

吉田：そうそう。それが高校の段階で，読まなくなっている。読まなくても，勉強してれば済むっていうところがあります。それで，大学に入ってくると，ますます読まなくなっているのが現実です。なお，中学ぐらいまで読んでいた本って，子どもの本ですし，せいぜい小説でしょう。それが，大学に入っていきなり新書っていうところには跳べない。すごいギャップがあるのだと思います。そこへ跳んでいけないと思っているように見えます。

　とすると，やはり大学に入った時に，本を読んで当たり前という状況を

どこかで作っておかないとということになります。どうしたものか，っていう気はしますね。

渡邉：そういう意味では，読書を大学のカリキュラム上に位置づける場合，やはり高校までとの違いを受け入れやすい入学直後になるでしょうか。実際，アメリカの大学の中には古今東西の古典の購読を中心とするカリキュラム（「グレートブックス」）を採用しているところがありますが，コロンビア大学なんかの場合，1・2年次にフォーカスした位置づけのようですし。

　また近年，読書会が改めて流行していますが，それも大学での実践の参考になるかもしれません。授業だと教員と学生の権力関係，上下関係がどうしても存在するけど，読書会はそういう縦の関係なしにフラットに好きなこと言い合えるから楽しい，ということもあるようです。授業でもそれに近い空間を作れれば，というのはありますね。

吉田：そうですね。大学の文化ではなくて，学生の文化として本を読むという行為が普及すると，学生も変わってくるでしょう。

　読書の何が楽しいのかっていうことを，どこかで教える必要があって，それが学生間に共有されると学生文化としての読書につながるのかもしれませんね。どう読むのかも大事ですけれども，こういうところが面白いんだよっていう，本から得る面白さみたいな部分の共有というか。

濱中：「楽しい」の言語化ですね。

渡邉：読書会のやり方自体を教える授業があってもいいのかもしれません。

吉田：確かに。ただそれば，私たちのこの試みよりも，さらに高いハードルのような気がしますね。このプロジェクトは，図らずも，今の日本の大学生と大学教育の姿を映し出したように思います。当事者の学生は，これを問題とは思っていない。そのことに，さらなる問題の大きさを感じてしまうのは，教員ばかりなのかもしれないとも思います。

# あとがきにかえて

## 第1講

　相変わらず『イリアス』を読む授業を続けている。毎年の春学期，桜の頃から新緑と雨の季節を経て夏になるまで，時間をかけてこの長大な作品を読んでいる。教室に集まる学生にとってはたいていの場合，古代ギリシャ文学とのはじめての出会いになる。授業をきっかけに自分で翻訳を読む学生もいる。読まない学生もいる。これバかりは仕方がない。全体として読む方向に促すことは可能でも，意思のない者を動かすことはできない。強制的にページを繰らせたとして，それを「読んだ」とは言わないだろう。

　だが何となくの手応えはある。何となく……この頼りない感覚に比較的たしかな裏づけを得られたという意味で，本書の試みはありがたかった。統計的な数値も参考になったが，なによりも学生が折々のレポートに記した言葉を私自身の問題意識と関係づけて観察できたことは，成績評価のために得点を付けるのとはまったく異なる経験となった。学期が終わったずいぶん後になって，彼らの残した言葉と向き合いながら本書の原稿を作るのは，本当に楽しく幸せな仕事だった。

　大学というのはよい場所だなとつくづく思う。授業をきっかけに学生が自身の考えを言葉にし，それを学生同士，また教員との間でやり取りする。どこかにあらかじめ想定される「正解」を求めるのではなく，社会的かつ互恵的な活動を通して考察すべきことを明確にし，それぞれの責任でそれを追求することによって自分なりの専門性を形成してゆく——『イリアス』などの古典作品をめぐってこのようなことができている現状に感謝しつつ，私もまた自身の研究活動を少しずつ進めてゆこうと思う。

堀川　宏

## 第2講

　本を読むことは「楽しい」という感覚を知ってほしい，とずっと思ってきた。

しかしながら，勉強の一環として学生に本を読ませることはできても，「楽しい」という感覚をわかるようにすることは至難の業。どのような工夫があれば，少しでもそれに近づくことができるかと，試行錯誤してきた。

　なので，この実験は，学生が本を読むというプロセスを再確認する作業だった。20世紀初頭のアメリカの教育哲学者ジョン・デューイの書籍を読むことになったが，何よりも哲学書の正統的な読み方を私自身が知らない。そこで，現代の日本の教育問題に置き換えて読むという方式とした。読み続けることは楽ではなかった。それでも，雰囲気があるときポンッと変化するという経験をした。読むことのハードルを1つ越えたのか，議論のレベルが上がったような気がした。このことを当事者である学生たち自身が気づいていたか。いや，気づかせるべきだったか，迷うところだ。

　この学生たちの次の学年は，現代の教育問題を扱った新書を読んだ。読みやすかったが，その分，本と格闘することはなかった。まあ，こんなもんでしょ，という反応だった。そして，さらにその次の学年になった。この学年からは，珍しく，本を読んでみたいという要望が出てきた。古典にするか，現代社会を扱った本にするか，はたまた，理論的な内容にするか，選択は学生に任せている。何を選んでくるだろうと楽しみである。それとともに，どのようにして読んだら，少しでも彼/女らの記憶のどこかに読書したことが残るか，そして，この読書経験が，自分で書を手にするという行為につながるか，まだ見ぬ選ばれし書を思いつつ，いつもと同じことを考えている。

吉田　文

### 第3講

　読書全般の意義を正当化することはますます難しくなっているが，書物の中でも「古典」については，「それを読まないより，読んだほうがいいから」（カルヴィーノ）と言えばそれで十分とも思われる。ただ，よいとわかっていてもそれだけではなかなかできない，というのも確かなことで，だから同時に楽しくもあるのが，とっかかりとしては重要なことらしい。

　そういう意味では読書会——ことに古典の読書会——は楽しい。私自身は学部から大学院にかけて，『省察』『純粋理性批判』『言葉と物』『シネマ』『論語』

『古事記』『善の研究』……等々の読書会を経験してきたが，それは必ずしも「すべき」とか「したほうがいい」という理由のみによるものではなかった。実際，これらを読むことを通じて得たであろう知識・視点について考えようとすると，自ずと誰とどのように読んだかという記憶が伴ってくる。それらはひっくるめて今ある自分を形づくっているものの一部である。

「『本棚に哲学書のある人生』って，なんかいいと思わない？」 本文にも記したように，それをゼミへの誘い文句としてきたが，どうも「よさ」(教養主義) の方に偏っていたようである。もっとストレートに，「哲学の読書会，楽しいよ！」でよいのだ。参加者にアカデミアへの志望や教養主義的なエートスがなくても，「古典」をみんなであーだこーだ言いながら読み進めることは楽しい。身につくものもたぶんいろいろあるが，いずれにしてもそれは大学時代に体験したほうがいいことだ。

ゼミを——できれば講義も——読書会化すること。発生的な順序からするとあべこべかもしれないが，私はそれくらいの気構えでいきたい。『ニコマコス倫理学』『神学大全』『権利のための闘争』『法華経』……次の学期はとりあえずこの辺を候補として挙げてみようと思っている (『ファウスト』『ツァラトゥストラ』なんかも試してみたい気がしている)。 渡邉浩一

### 第4講

私にとって，オリエンテーションゼミは他のどの授業よりも「生もの」である。その年度によってまったくクラスの雰囲気が違うのは当然のこととして，読解力や授業に取り組む真剣さもまったく異なる。したがって，同じテキスト (リン・ハント『なぜ歴史を学ぶのか』) を使用しても，まったく異なる授業が展開することとなる。正直に言うと，私はこの即興性の高さにずっと苦手意識を抱いていた。

2024年春学期のオリエンテーションゼミにおいて，テキストはまた同じものを指定したものの，さてどうしようかと考えた。そして，本書の記載内容とは少しやり方を変えてみることを思いついた。まず，これまでは輪読形式の演習授業 (いわゆる「ゼミ」) に慣れることを主目的とし，毎回1人ずつ担当を決め

てレジュメを作らせていたが，そもそもゼミの何たるかがよく理解できていない
うちにこの形で授業を行ったところで，教員と学生の双方にストレスが溜ま
るだけである。そこで今回は，もっと純粋に共同作業での読書を楽しむことを
目的とし，ざっと読んだうえでまずは素朴な感想を言い合う機会を設けてみた。
さらに，1人ずつ担当を割り当てるのではなく，1章につき5人ずつの学生に
それぞれ担当させた（5人で担当するというわけではなく，それぞれレジュメを用意
する方式）。

　今回に関しては，この「読書会」方式が奏功したように思われる。なにより
素朴な感想を言い合うという方法は非常によかった。「それってあなたの感想
ですよね」が「論破」の一撃となりうる昨今，感想は主観的で説得力を持たな
いものとの先入観を持っている学生は多い。しかしいかなる学びも，まずは感
想を持ち，そのうえで違和感を覚えていくところから始まるものである。それ
を根気強く伝えていくと，次第に学生は彼ら自身の感想を述べ始めた。ちなみ
にこの「まず感想」を述べあう方法については，私自身が欠席がちながらも参
加させていただいている，富永京子さん主催の「スカイプ読書会」でとられて
いる方法であり，そこからヒントを得たものである。貴重なインスピレーショ
ンを与えていただいた読書会のみなさんに，この場で心からの感謝を述べたい。

　さて，この経験によって，私がオリエンテーションゼミへの苦手意識を払拭
することができたかというと，それはやはりまだ難しい。しかし，学生ととも
に格闘しながらテキストと向き合う日々は，自分1人で同じ本を読む時とは
まったく違う刺激を与えてくれるばかりか，私の研究テーマである読書史にも
大きく示唆を与えてくれるものであった。苦手意識とは今後も気長に付き合い
つつ，学生と一緒にこれからも楽しんで取り組んでいきたいと思う。

八谷　舞

## 第5講

　筆者自身が学生として大学に通った頃，ゼミで専門書を読むことはむしろ普
通のことであったように思う。「インプットよりもアウトプットを」といった
風潮も感じながら，研究発表という「アウトプット」中心のゼミ運営が筆者の

中で当たり前になっていた。勿論そうしたゼミであっても，最初の数回は専門書あるいは学術論文を読むことにあててきた。だが，「きちんと」読む訓練はしていなかったことに改めて気付いたことは，収穫であった。

　筆者担当の章で報告した実験は，春学期のゼミで行った。その直後の秋学期に，まったく同じメンバーで，研究発表に向けたグループワークをメインとする（筆者にとっては）通常型のゼミを実施した。研究発表では，当然，先行研究を取り上げる必要がある。この先行研究の取り上げ方，学生たちの研究と先行研究との関係性などに関する考察において，いつものゼミより深みがあることは明らかだった。読むことを通して考え，議論する。こうした伝統的な方法に回帰すべきか，悩む日々である。

　実験対象であったゼミに参加してくれたゼミ生からは，文章にしたものを早く読んでみたいとのリクエストを受けていた。筆者の原稿提出が最も遅かったことは，ゼミ生には秘密にしておきたい。この本に関わった皆様にご迷惑をおかけしたことを深くお詫びいたします。

藤田泰昌

### 第6講

　大学で授業をするにあたり，私は学生たちの関心を刺激することに対して，かなり気を使っている。学生たちの「知りたい」が前提であれば，どれほど気楽であろうか（その場合，授業の質についての別の気負いも必要であろうが）。本書の企画をきっかけにして，タイパ重視のZ世代と呼ばれる近年の学生たちが読書についてどのように考えているかについて，学生たちといつもより深い対話ができたことは大きな収穫であった。学生たちは，知るため，学ぶための手段として，専門書を含めた読書を否定しているわけではなく，その手段の優先度を効率性の観点から高いと判断していないということである。一見，代替的な手段が多い。なぜ大学において専門書を題材にして授業をするのか，読書を推奨するのかについて，学生たちへ伝えることの重要性を再認識することができた。

　自問自答しながら難しい本をじっくり読むのは大変なことである。だからこそ大学では教員や仲間と一緒に本を読む。本書で私が紹介した授業の試みは，

本をじっくり読むための枠組み作りに焦点を当てている。少なくともこの授業が，自問自答しながらの読書体験，仲間とディスカッションしながらの読書体験の場であればよいと思う。授業を経た学生たちのうち幾人かは，私のゼミに入り，現在，卒業研究に取り組んでいるところである。彼らが自発的に専門書を手に取っていることを期待する。

畔津憲司

### 第7講

ゼミなのだから輪読はやるものでしょうという「常識」は持っていたが，一方で，なぜゼミの中でそれをやるべきなのか，その教育効果とは何なのかについて，どこまで真剣に向き合っていたのか，それを問われる実験になっていたように感じている。今回のケースも含め，社会科学系の基礎的な書籍を輪読の題材としている筆者のゼミの場合，書籍に記述されている内容そのものに関する議論をすることは，内容がスタンダードなだけにかえって難しい部分がある。そのため，学生は担当箇所を読んでレジュメを作成，それを元に報告する。続いて議論を促すが，実際には盛り上がらないので，筆者が報告内容に補足説明をするというような形になりがちであった。そのやり方だと，確かに担当箇所についての理解は多少深まるかも知れないが，それ以外の部分については，専門家の講義を聞いた方がよいに決まっている訳で，トータルとしての教育効果を考えると，質の高い講義を目指す方がよいとなってしまう。その問題点自体は常々感じてはいたが，解決するために何をすればよいのか実際に試行錯誤するよい機会であった。

今回得た知見を活かして，現在はよりよい形で輪読が出来ていると言えれば良かったのだが，実際には，試行錯誤は相も変わらず続いている。筆者自身も，自分が何を考えて取り組んだのか，また，他の先生方の取り組みについても書籍という形で読み返し，本を読むことの意味を改めて考えてみたい。

齋藤朗宏

### 第8講

本書での企画をきっかけに始めた「いのち」をめぐるテクノロジーとELSI

(Ethical, Legal, and Social Issues/Implications, 倫理的・法的・社会的課題）対話の授業は，2024年度で４年目を迎えた。同じ課題図書のグループ講読を軸とした授業設計は４年目の今も大きくは変えていない。全員がそれぞれに読書ノートを作成し，ディスカッションリーダーが司会となってグループで議論を深める。１冊読み終えたら，新書やグループ議論で学んだ概念やELSI論点をキーワードに関連ニュース等を読み解き，最新の公的データや自ら実施した調査のデータなどを補足しながらその啓発メディアを制作する。あらためて書き出してみると，普段ほとんど本を読まない学生にとってはなかなかにハードな演習である。受講学生の反応や手応えに若干のばらつきがあることは否めないが，それでも食らいついてきてくれる学生らには心からの敬意を表したい。

　さて後日談として何を書くべきか迷うが，本書第８章で紹介した2021年当時にはほとんどみられなかった「AIによる倫理的判断への強い期待」が，2024年度授業では学生の口から繰り返し語られるようになったことについて触れておきたい。その理由の一つとして，OpenAIが2022年11月に公開したChatGPTの存在は無視できないだろう。学生らにとってモラルジレンマの解決手段としてAIがより現実的な選択肢の一つとして想定されるようになってきていることに，「いのち」をめぐるテクノロジーとELSI対話の価値を改めて感じている。

標葉靖子


## 第９講

　今春，３年次ゼミでの「輪読実験」に参加した学生が無事に卒業した。驚くべきは，「実験」に参加したゼミメンバー14名のうち10名，およそ７割が卒業研究に取り組んだという事実である。私の大学では４年時の卒研は必須ではないため，そもそも卒研に取り組む学生は全体の１割程度である。ゼミで"研究っぽいもの"に取り組んで，おしまいとなることが多い。だから，７割が大変な労力のかかる卒研に取り組んだというのは考察に値するのである（卒研必須の大学院進学者は１名）。彼らが卒研に駆り立てられていった背景に，この「輪読実験」が影響を与えているのでは？と考えてしまうのは独り合点であろうか。

輪読を通じて，「本をみなで読む，問いを投げかける，ディスカッションをして多様な価値観を知る（ぶつかる）」というサイクルを何度も繰り返すことで，彼らの中にまず，隣人との間には強烈な差異があることを気づかせ，問題意識を植え付けた（大学生の会話は，話題の表面を滑っていくようなノリ重視の会話が多いため，普段の生活の中で信念や価値観を共有したり，ぶつけあう経験は少ないようにみえる）。さらに，タイパとコスパ重視で一足飛びに“解決”を目指しがちな彼らに，唯一の解答が見いだせずにモヤモヤするという経験を徹底的にさせたのではないかと思う。ゼミの時間に消化しきれない，言葉にならない鬱憤を各自が持ち帰り，卒業研究で発散させたとのだとしたら……？　妄想にすぎないが，ゼミという限られた時間と場所，限定されたメンバーの中で，1冊の専門書という“道具”がコミュニケーションを変容させた可能性は大いにありえるだろう。名付けて，“モヤるコミュニケーション”。一筋縄にいかないことは大切である。

　章の冒頭に書いたが，当初，学生との輪読に怖気づいていたのは教員である私のほうだった。しかし，こんな事実と必死に卒研に取り組む学生の姿を見せつけられたら，輪読をやめるわけにはいかない。というわけで，その後もゼミでは輪読を続けている。本のテーマを変えたり，ディスカッションの仕方を工夫したり，と学生と共に楽しんでいる。一番変容したのは私なのかもしれない。

荘島幸子

## 第10講

　教育の効果をどう捉えるかというのは，難しい問題だ。授業期間中や授業直後に認められなくても，時間が経ってからじわじわと現れてくる効果もある。いわゆる「長期的な効果」と呼ばれるものだ。今回の実験は，設計上，長期的な効果の検証まで含めることはできなかったが，ここで「実験の一年後」について触れておきたい。

　実験対象となったゼミ生（当時3年生）6名については，無事4年生に進学し，私のゼミで卒業論文を書くことになった。3年進学時に「専門書を読むことに抵抗がある」「研究が何なのか，いまだにわからない」と言っていたかれ

らである。卒論執筆にどれほど困難を抱えるのだろうかと一抹の不安を覚えたが，いい意味で裏切られた。

　まず，かれらは，「耳にしたことがある社会問題」に安易に手を出すことは避け，自分の経験を考察に反映できそうなテーマを選んだ。実験で，自分とは遠いところにある「格差」問題を取り上げ，どうしても考察を深められなかった経験がここに活かされているようにも思えた。そしてこの点以上に強調したいのが，先行研究探しとその批判的検討に関して，こちらがとくに指示せずとも，かれらが「かたち」になっているものを提示してきたことだ。著者の関心はどこにあり，どの時代にそれをとりあげ，何を指摘し，自分はさらに何が言えそうか。未熟な部分はあるものの，それなりにロジカルなストーリーを作り上げ，そのうえでデータ収集に進んでいった。私はあまり手を焼かずに済んだのである。

　かれらは４年生になって専門書を自ら手にとるということはしていなさそうだった。しかし，アカデミアの議論の仕方，研究の作法というものについては，３年のときに身につけていた。書評を書くことを面倒だというぼやきが囁かれ，問題としての格差がよくわからないという発言が頻発し，不完全燃焼だった感は否めない実験だったが，決して無意味なものではなかった。そう信じたい。

濱中淳子

# 書名索引 （　）内は著者名

《執筆者紹介》 ＊は編著者

＊吉田　文（よしだ・あや）序論・第2講・鼎談・あとがきにかえて
　　編著者紹介欄参照


堀川　宏（ほりかわ・ひろし）第1講・あとがきにかえて
　2012年　京都大学大学院文学研究科西洋古典学専修博士後期課程研究指導認定退学
　2016年　博士（文学，京都大学）
　現　在　獨協大学国際教養学部言語文化学科准教授
　著　書　『しっかり学ぶ初級古典ギリシャ語　文法と練習問題』ペレ出版，2021年
　　　　　『アルゴナウティカ』アポロニオス・ロディオス（訳）京都大学学術出版会，2019年
　　　　　『反「大学改革」論　若手からの問題提起』（共著）ナカニシヤ出版，2017年


＊渡邉浩一（わたなべ・こういち）第3講・ブックガイド・鼎談・あとがきにかえて
　　編著者紹介欄参照


八谷　舞（やたに・まい）第4講・あとがきにかえて
　2017年　Ph.D.（歴史学，Trinity College Dublin）
　現　在　亜細亜大学法学部法律学科講師
　著　書　Happiness in Nineteenth-Century Ireland（共著）Liverpool University Press, 2021
　　　　　Irish Women's Writing, 1878-1922: Advancing the Cause of Liberty（共著）Manchester
　　　　　University Press, 2016


藤田泰昌（ふじた・たいすけ）第5講・あとがきにかえて
　2008年　上智大学大学院外国語学研究科国際関係論専攻博士後期課程修了
　　　　　博士（国際関係論，上智大学）
　現　在　長崎大学経済学部総合経済学科准教授
　著　書　State, Society, and Covid-19 in East Asia（共著）Routledge, 2025年
　　　　　『国際関係論入門』（共編著）ミネルヴァ書房，2023年
　　　　　"Is a Free Trade Agreement (FTA) More Than Merely a Trade Policy?", Foreign
　　　　　Policy Analysis, 19 (3), Oxford University Press, 2023

畔津憲司（あぜつ・けんじ）**第6講・あとがきにかえて**

2007年　神戸大学大学院経済学研究科博士後期課程修了
　　　　博士（経済学，神戸大学）
現　在　北九州市立大学経済学部経済学科准教授
著　書　『応用計量経済学研究』（共著）勁草書房，2015年
　　　　『一からの経済学』（共著）碩学舎，2010年
　　　　『学びのシラバス――読むオープンキャンパス』（共著）萌書房，2009年


齋藤朗宏（さいとう・あきひろ）**第7講・あとがきにかえて**

2007年　早稲田大学大学院文学研究科心理学専攻博士後期課程修了
　　　　博士（文学，早稲田大学）
現　在　北九州市立大学経済学部経営情報学科教授
著　書　「アドミッション・ポリシーの分類と作成支援の試み」『大学入試研究ジャーナル』33，
　　　　大学入試センター，2023年
　　　　『消費者心理学のための統計学』（共著）誠信書房，2022年
　　　　「多群・多相データのための集団AHPモデル」『教育心理学研究』55（3），2007年


標葉靖子（しねは・せいこ）**第8講・あとがきにかえて**

2009年　京都大学大学院生命科学研究科統合生命科学専攻博士後期課程修了
　　　　博士（生命科学，京都大学）
現　在　実践女子大学人間社会学部社会デザイン学科准教授
著　書　"Policy Inconsistency between Science and Technology Promotion and Graduate
　　　　Education regarding Developing Researchers with Science Communication Skills in
　　　　Japan", East Asian Science, Technology and Society: An International Journal, 15,
　　　　Taylor & Francis, 2021
　　　　『残された酸素ボンベ――主体的・対話的で深い学びのための科学と社会をつなぐ推理
　　　　ゲームの使い方』（共著）ナカニシヤ出版，2020年


荘島幸子（しょうじま・さちこ）**第9講・あとがきにかえて**

2008年　京都大学大学院教育学研究科教育方法学講座博士課程修了
　　　　博士（教育学，京都大学）
現　在　帝京平成大学健康メディカル学部心理学科准教授
著　書　『からだがたどる発達――人・環境・時間のクロスモダリティ』（共著）福村出版，2024
　　　　年
　　　　「誰も取り残さないために何ができるか？――新しい文化を創発する学校に臨む」『臨床
　　　　心理学』24（2），2024年
　　　　『よそおい行為の心理学』（共著）北大路書房，2023年


＊濱中淳子（はまなか・じゅんこ）**第10講・鼎談・あとがきにかえて**

編著者紹介欄参照

《編著者紹介》

吉田　文（よしだ・あや）

1989年　東京大学大学院教育学研究科教育学専攻博士課程修了
2011年　博士（教育学，東京大学）
現　在　早稲田大学教育・総合科学学術院教授
著　書　『学士課程教育のグローバル・スタディーズ』（共編著）明石書店，2022年
　　　　『文系大学院をめぐるトリレンマ——大学院・修了者・労働市場をめぐる国際比較』（編著）玉川大学出版部，2020年
　　　　『大学と教養教育』岩波書店，2013年


濱中淳子（はまなか・じゅんこ）

2007年　東京大学大学院教育学研究科総合教育科学専攻博士課程修了
　　　　博士（教育学，東京大学）
現　在　早稲田大学教育・総合科学学術院教授
著　書　『〈学ぶ学生〉の実像——大学教育の条件は何か』（共編著），勁草書房，2024年
　　　　『教育劣位社会——教育費をめぐる世論の社会学』（共著），岩波書店，2016年
　　　　『検証 学歴の効用』勁草書房，2013年


渡邉浩一（わたなべ・こういち）

2011年　京都大学大学院人間・環境学研究科共生人間学専攻博士課程修了
　　　　博士（人間・環境学，京都大学）
現　在　福井県立大学学術教養センター准教授
著　書　『観念説と観念論——イデアの近代哲学史』（共編著）ナカニシヤ出版，2023年
　　　　『反「大学改革」論——若手からの問題提起』（共編著）ナカニシヤ出版，2017年
　　　　『『純粋理性批判』の方法と原理——概念史によるカント解釈』京都大学学術出版会，2012年

専門書を読む

——教員と学生でつくる10講座——

| 2025年4月30日　初版第1刷発行 | 〈検印省略〉 |

定価はカバーに
表示しています

| 編 著 者 | 吉 濱 渡 | 田 中 邉 | 淳 浩 | 文 子 一 |
| 発 行 者 | 杉 | 田 | 啓 | 三 |
| 印 刷 者 | 坂 | 本 | 喜 | 杏 |

発行所　株式会社　ミネルヴァ書房

607-8494　京都市山科区日ノ岡堤谷町1
電話代表 075-581-5191
振替口座 01020-0-8076

ISBN 978-4-623-09868-2

Printed in Japan

黒崎 剛／吉川栄省 編著　　　　　　　　　　　　　　　A 5 ・352頁
生命倫理の教科書［第2版］　　　　　　　　　　　本体3,000円

平田 聡／嶋田珠巳 著　　　　　　　　　　　　　　　四六・236頁
時間はなぜあるのか？　　　　　　　　　　　　　本体2,200円

ルイス・ウォルパート 著　白上純一 訳　　　　　　　四六・408頁
ヒトはなぜうつ病になるのか　　　　　　　　　　本体3,000円

石井貫太郎 著　　　　　　　　　　　　　　　　　　四六・244頁
非民主主義の政治学　　　　　　　　　　　　　　本体2,800円

金子 勇／吉原直樹 代表編者　江原由美子 編著　　　A 5 ・308頁
ジェンダーと平等　　　　　　　　　　　　　　　本体3,500円

ダニエル・ウルフ 著　南塚信吾 監修・訳　秋山晋吾 監修　四六・480頁
「歴史」の世界史　　　　　　　　　　　　　　　本体3,800円

学校法人関西金光学園 監修　中村 剛　著　　　　　A 5 ・280頁
大学における教養の新次元　　　　　　　　　　　本体2,800円

竹田敏彦 編著　　　　　　　　　　　　　　　　　　A 5 ・192頁
なぜ学校での体罰はなくならないのか　　　　　　本体3,200円

松尾秀哉／近藤康史ほか 編著　　　　　　　　　　　A 5 ・496頁
教養としてのヨーロッパ政治　　　　　　　　　　本体3,500円

白砂伸夫／浅野貴彦ほか 編著　　　　　　　　　　　A 5 ・338頁
ＳＤＧｓ時代における学問の挑戦　　　　　　　　本体4,200円

ミネルヴァ書房

https://www.minervashobo.co.jp/